Theories of Social Work Practice

사회복지 실천론

최은희
한애경
오정아
김경은
조윤정
공저

Theories of Social Work Practice

양 성 원

머리말

4차 산업혁명을 논하는 요즘 많은 기관들은 미래사회의 변화를 예측한 보고서를 내놓고 있다. 사회과학분야의 일관된 예측은 불평등의 심화로 기술을 소유한 자에게 부(富)가 현재보다 더 집중된다는 것이다. 이것은 불평등의 완화와 복잡해지는 인간의 욕구에 대응하기 위해 체계적인 사회복지시스템과 전문적인 사회복지사가 더욱 필요함을 의미한다.

모든 사람이 사회복지를 전공하지 않았지만 누구나 사회복지에 대해 한마디씩 할 수 있을 만큼 사회복지는 일상의 학문으로 자리매김하였다. 비록 대중의 관심을 받는다고 할지라도 모두가 사회복지를 실천할 수 있는 것은 아니다. 사회복지실천은 도움을 필요로 하는 사람들에게 전문적인 서비스를 제공하는 활동으로 전문이론과 기술 그리고 윤리에 기반한다. 과거 사회복지실천의 전문직 논쟁이 실천기술적인 측면에 있었다면, 현대 우리나라 사회복지 전문직에 대한 논쟁은 사회복지사의 공급팽창에 따른 질적인 부분에 있다. 이 책은 이러한 논쟁에 답을 하기 위해 출발하였으며, 사회복지사에게 꼭 필요한 이론을 담으려고 노력하였다.

이 책은 총 12장으로 구성되었다. 1장은 사회복지실천의 개념과 이념 및 철학을 통해 사회복지실천에 대한 개요를 조망하였으며, 2장은 서구와 우리나라 사회복지실천의 역사를 살펴보았다. 3장은 사회복지실천의 가치와 윤리를 다루면서 윤리적 갈등과 윤리적 딜레마 상황에서의 윤리원칙을, 4장은 사회복지실천 현장 및 실천의 대상, 사회복지시설의 다양한 유형을 다루었다. 5장에서는 인간과 환경을 동시에 바라보는 사회복지실천의 통합적 관점으로 체계이론과 생태체계이론을 살펴보고, 6장과 7장은 클라이언트와의 전문적인 관계를 위한 원칙, 관계형성의 장애요인 및 면접기술을 제시하였다. 8장부터 11장은 사회복지실천의 과정으로 8장은 접수 및 자료수집을 다루면서 자료수집 시 포함되어야 할 내용을, 9장은 클라이언트의 개인적인 문제 영역과 환경에 대한 사정 내용과 사정도구를 살펴보았다. 10장은 계획과 개입 단계로 계획의 목적과 목표, 개입 유형과 개입 기술을, 11장에서는 평가의 유형 및 기술, 종결 유형에 대해 다루었다. 그리고 12장에서는 클라이언트의 문제가 복잡해짐에 따라 실천 현장에서 비중 있게 다루는 사례관리에 대해 살펴보았다.

이 책은 사회복지실천론이 갖고 있는 이론 중심적인 측면에 초점을 두고 쉽게 기술되었다. 본서에서 기술한 사회복지실천에 관한 기본이론을 충실하게 이해한 후, 현장에서 필요로 하는 사회복지실천기술을 습득한다면 전문가에게 필요한 핵심적인 역량을 갖출 수 있을 것이다. 이 책을 일독하는 독자들은 이론과 기술의 갑옷을 입은 전문가로서, 부디 시대가 필요로 하는 사회복지사가 되길 바란다.

그동안 부족한 책을 출판할 수 있도록 도와주신 양성원 강철원 사장님과 관계자 분들께 진심으로 감사드린다.

2017. 2.

저자 일동

차 례

제 1 장

사회복지실천의 이해

학습목표

1. 사회복지실천의 정의를 이해한다.
2. 사회복지실천의 구성요소를 이해한다.
3. 사회복지실천의 이념과 철학을 설명할 수 있다.

개요

사회복지실천은 인간의 삶의 질 증진을 목적으로 다양한 지식과 기술을 활용하여 개입하는 활동이다. 인간과 환경 간에 발생하는 부조화를 해결하기 위한 전문적인 활동으로 상호작용을 촉진하고 회복시킨다. 이 장에서는 사회복지실천의 기본적인 정의, 사회복지실천의 구성요소, 사회복지실천의 이념과 철학에 대해 살펴보고자 한다.

제1장

사회복지실천의 이해

1. 사회복지실천의 정의

21세기를 살고 있는 우리에게 '사회복지'는 이제 친숙한 단어가 되었다. 과거 이타심에 기반하여 빈곤한 사람의 어려움을 해결하기 위한 행위에서 출발한 사회복지는 사회보험 도입과 각종 수당제도를 마련하는 등 정부의 중요한 제도로 정착되고 발전하였다.

Friedlander(1980)는 사회복지란 '개인 및 사회적 관계의 만족스러운 삶과 건강 수준을 유지하고 최대한의 잠재력을 발달시키며, 가족과 지역사회의 욕구와 조화 속에서 안녕을 증진시키도록 허용하는 개인적 및 사회적 관계의 획득을 돕도록 고안된 사회복지서비스와 제도의 조직된 체계'(이원숙, 2014 재인용)라고 정의한다.

Friedlander의 정의는 크게 대상, 목적, 방법의 세 부분으로 구성되었다. 먼저, 사회복지의 대상으로 개인과 집단이 있다. 인간은 사회적인 존재로서 다른 사람들과 교류한다. 가족을 비롯해 이웃, 학교, 직장, 지역사회에서 다양한 사람들을 만나고 이들과의 관계 속에서 자신의 역할을 수행하며 살아간다. 그러나 개인이나 집단이 자신의 역할, 기능을 원활하게 수행하지 못할 경우 잔여적 관점에서 개인과 집단은 우선적인 복지의 대상이 된다.

다음으로 사회복지란 궁극적으로 인간의 행복과 안녕을 위한 것으로 만족스러운 삶과 건강 수준 유지, 잠재력 발달, 안녕을 증진하는 목적을 포함한다. 그리고 대상에게 목적을 달성하기 위한 방법으로 사회복지서비스와 제도의 조직된 체계를 제시한다.

이러한 사회복지의 개념을 바탕으로 사회복지실천을 단순하게 정의하면 '개인과 집단의 안녕을 달성하기 위한 활동'이라고 할 수 있다. 그러나 사회복지 이외의 다른 분야에서도 '안녕을 달성하기 위한 활동'을 수행하고 있어서 이러한 정의를 사회복지실천 고유의 것이라고 보기에는 한계가 있다. 사회복지실천은 다양하고 복잡한 활동이어서 한마디로 정의하기 어려운 가운데, 국내외의 단체 및 학자들이 정의한 것을 살펴보면 다음과 같다.

가장 고전적인 정의로 Richmond(1922)는 '개별실천이란 무엇인가?'에서 '개인에 대해, 그리고 개인 대 사회환경 사이의 관계에 대해 의식적인 조정을 통해 개인의 인격발달을 도모하는 과정'을 사회복지실천으로 정의하였다. 이는 개인의 적응 및 인격발달을 목표로 하여 미시적으로 정의되었으나, 인간과 환경 간의 상호작용을 언급하고 있어 사회복지실천의 고유한 측면을 보여주고 있다(김혜영 외, 2010).

이후 미국사회복지사협회(National Association of Social Wokers, NASW)는 사회복지실천을 '개인 또는 집단, 지역사회가 자신들의 사회기능을 위한 능력을 향상하거나 회복하도록 원조하고, 이들이 자신의 목표에 알맞은 사회조건을 조성하도록 원조하는 전문활동'으로 정의하였다(Baker, 2003; 김혜란 외, 2013 재인용).

국제사회복지사연맹(International Federation of Social Worker, IFSW)은 '사회복지실천은 인간의 삶의 질을 향상시키기 위해 사회변화, 인간관계에서의 문제해결, 인간의 권한 부여와 자유를 촉진한다. 사회복지실천은 인간행동과 사회환경에 관한 이론을 활용하여 인간과 사회환경과의 상호작용에 개입한다. 인권과 사회정의의 원리가 근본원리이다'(IFSW, 2012)라고 보았다. 즉, 인간과 환경과의 관계에 관심을 둔다.

양옥경 등(2010)은 '인간의 삶의 질을 향상시키기 위한 개인, 소집단, 가족 또는 지역사회의 문제 및 욕구에 권한 부여적, 문제해결 접근방법으로 개입하는 종합적인 전문활동'으로 사회복지실천을 정의하였으며, 이는 국제사회복지사연맹의 정의와 유사하다.

황성철(2000)은 '인간의 기본적인 권리와 존엄성을 보장하고 사회정의를 실현시키려는 이념적 기반 아래 인간의 복지증진과 방해요인의 경감과 제거라는 목적을 달성하기 위해서, 인간행동과 사회환경에 관한 다양한 이론과 특정한 실천모델을 응용하여 구체적인 절차와 기법을 활용하는 개입활동'이라고 사회복지실천을 정의하였다.

이상 네 가지 정의를 살펴보면, NASW와 양옥경 등(2010)은 전문적인 원조활동, IFSW와 황성철(2000)은 인간과 사회환경에 대한 개입활동이라는 공통점을 발견할 수 있다. 본서에서는 이러한 정의들을 종합하여 '인간의 삶의 질을 향상하기 위하여 인간과 사회환경에 대한 다양한 지식과 기법을 활용하여 개입하는 전문적인 원조활동'이라고 사회복지실천을 정의한다.

2. 사회복지실천의 구성요소

1) 목적

사회복지를 실천하는 궁극적인 목적은 '인간의 삶의 질 향상'이다. 이는 사회복지가 인간을 대상으로, 지금보다 더 나은 상태를 위해 존재하기 때문이다. 시대에 따라 인간을 둘러싼 사회환경은 끊임없이 변화하고 인간의 욕구도 변화하지만 인간과 환경간의 부조화에 따른 문제를 해결하고자 하는 것은 궁극적으로 인간의 삶의 질을 변화시키기 위한 것이다.

NASW가 주관한 1979년 시카고 회의에서 합의한 '사회복지실천 목적에 관한 실질 성명'(Social Work, 1979; 엄명용 외, 2016 재인용)은 사회복지실천의 목적을 '모든 사람의 삶의 질 향상을 위하여 개인과 사회 간 서로 유익한 상호작용을 촉진 또는 회복시키는 것'으로 규정하였다. 모든 사람은 사회구성원 모두를 의미하지만, 강조하는 것은 사회에서 상대적으로 소외되고 있는 사회적 약자에 대한 관심을 의미하며, 구성원의 사회적 기능을 향상시키기 위하여 개인과 환경 간 상호작용 과정에서 적절한 균형이 이루어지는 것을 목적으로 한다.

Pincus와 Minahan(1973)은 사회복지실천의 목적을 개인과 자원체계의 연계를 강조하면서 네 4가지로 제시한다. 첫째, 개인의 문제해결 및 대처능력 향상 둘째, 개인을 사회자원과 서비스 및 기회를 제공해 주는 체계와 연결 셋째, 그 체계들을 효과적이고 인도적으로 운영하도록 촉진 넷째, 사회정책의 개발 및 발전에 기여하는 것으로 규정하였다(김혜영 외, 2013 재인용). Pincus 등(1973)이 규정한 이러한 목적은 문제해결의 주체를 전문가가 아닌 문제를 가진 자로 확정짓고, 체계의 개념 등장과 함께 자원과 기회, 그리고 서비스 개념을 소개한다. 또한 효과성을 언급하면서 평가의 중요성을 강조하고 사회복지실천을 사회정책과 처음으로 접목하였다(양옥경 외, 2010).

이후 발표된 미국사회복지교육협의회(Council of Social Worker Education, CSWE)는 사회복지실천 목적을 2001년 4개 항목으로 구체화하였다.

① 개인, 가족, 집단, 조직, 지역사회가 목적을 달성하고 고통을 완화시키며 자원을 활용할 수 있도록 도움으로써 이들의 사회기능을 촉진, 회복, 유지, 향상시키는 것이다.

② 인간의 기본욕구를 충족시키고 인간이 갖고 있는 잠재력 및 가능성 개발을 돕기 위해 필요한 사회정책, 서비스, 자원, 프로그램을 계획하고 공식화하며 시행하는 것이다.

③ 곤궁에 처한 집단에게 힘을 실어주고 사회적·경제적 정의를 실현하기 위해 조직적·행정적 옹호와 사회정치적 운동을 통해 정책, 서비스, 자원, 프로그램을 추구하는 것이다.

④ 이러한 목적과 관련된 모든 전문적인 지식과 기술을 개발하고 시험하는 것이다.

2) 가치

사회복지는 인간과 사회를 대상으로 하는 실천적·가치지향적 학문으로 그 시대의 사회, 경제, 문화를 반영하고 사회복지의 가치는 이를 반영한다. 뿐만 아니라 클라이언트가 처한 상황의 다양성과 고유성으로 사회복지를 실천하는 데 있어 사회복지사는 바람직한 개입이 무엇인지 늘 가치판단에 직면한다. 사회복지실천에서 가치는 뺄 수 없는 중요한 요소이다.

가치는 믿음과 같은 것으로 좋고 바람직한 것에 대한 지침이며 적합한 행동의 선택에 대한 기준이다. 사회복지의 기본가치는 Friedlander의 인간의 존엄성, 인간의 자율성, 기회의 균등성, 사회적 책임성으로 전제되고 있다. 사회복지실천에 있어 전문직의 가치는 개인의 가치와 존엄성, 개인에 대한 존경, 개인의 변화 가능성에 대한 가치, 클라이언트의 자기결정, 비밀보장과 사생활보장, 적절한 자원과 서비스 제공, 클라이언트에게 권한 부여, 동등한 기회보장, 비차별성, 다양성의 존중 등이다(NASW, 1995; 양옥경 외, 2010 재인용). 사회복지의 가치는 실천에 중요한 영향을 미치기에 사회복지사는 전문직의 가치를 정립하고 내재화할 필요가 있다. 사회복지실천의 가치에 대해서는 3장에서 상세하게 다룰 것이다.

3) 지식

지식은 증명할 수 있는 세계와 인간을 관찰한 결과를 객관화시킨 사실이다. 사회복지학은 응용학문이자 실천학문으로 다양한 인접학문분야의 이론과 지식들을 실제에 적용한다. 사회복지사는 심리학, 사회학, 정신보건학, 간호학 등의 지식을 인간과 사회의 문제해결을 위해 과학적이고 창의적으로 활용한다.

사회복지사에게 필요한 핵심적 지식은 인간과 사회환경에 대한 기초지식과 사회복지실천을 위한 전문지식으로 구분할 수 있다. 기초지식은 사회복지실천에 적용되는 행동과 사회과학, 기타 인접학문의 지식을 포함한다. 전문지식은 클라이언트에 대한 이해에서부터 실천 과정과 방법, 사회정책과 서비스에 대한 이해를 위한 지식을 포함한다. 보다 구체적으로 인간행동과 발달에 관한 지식, 인간관계와 상호작용에 관한 지식, 실천이론과 모델에 관한 지식, 특정 분야나 대상 집단에 관한 지식, 사회정책과 서비스에 관한 지식, 사회복지사 자신에 관한 지식을 포함한다(Johnson, Schwartz, & Tate, 1997; 김혜란 외, 2013 재인용).

4) 방법

사회복지의 가치와 지식은 방법을 통해 실천 현장에서 구현된다. 사회복지실천 방법은 대상, 방법 및 범위에 따라 개별사회사업, 집단사회사업, 지역사회조직 세 가지 방법으로 교육되어 왔으나 현재는 통합되었다. 일반적으로 적용되는 방법은 관계론, 면접론, 개입과 평가과정이 있다. 이러한 일반적인 방법은 아동, 청소년, 장애인, 노인, 다문화여성 등 실천 대상에 따라, 그리고 클라이언트의 문제영역에 따라 다르게 적용될 수 있다.

사회복지실천을 실천 대상체계의 규모 및 수준에 따라 미시(micro), 중간(meso), 거시(macro)실천으로 구분한다. 미시수준의 실천은 주로 개인의 가장 친밀한 상호작용 과정에 개입하는 활동으로 중간수준의 실천보다는 초점 대상의 규모가 작다. 개인의 심리사회적 상태, 부모자녀관계, 부부관계, 동료와의 관계, 기타 가족구성원들 간의 관계 등에 문제가 있을 경우 클라이언트의 문제해결과정에 사회복지사가 개입하여 지원하는 활동이다. 미시수준의 실천은 주로 클라이언트를 직접 만나서 이루어지기 때문에 직접실천이라고 한다(엄명용 외, 2016).

중간수준의 사회복지실천은 주로 지역사회 내 조직, 단체, 기관 등의 환경체계 또는 지역사회 자체를 대상으로 개입하는 실천을 의미한다. 중간수준의 실천은 개인적으로 의미 있는 상호관계 양상에 관여를 하며 지역사회차원의 발굴 및 연계활동, 자조집단과 치료집단의 조직 및 운영 등의 활동을 통한 사회복지실천이 포함된다.

거시수준의 사회복지실천은 대상체계에 영향을 미치는 사회정책, 제도 또는 행정의 변화를 위한 활동으로 사회복지사는 사회정책의 기획과 분석, 대안 발굴 및 제시, 행정에 관여한다. 거시수준에서는 대상자를 직접 만나기보다 법과 제도의 변화를 통한 간접적인 지원을 한다.

아동학대를 예로 들면, 미시수준 실천에서 사회복지사는 학대받는 아동과 상담하고 가해 부모에게 자녀 연령에 적합한 양육방법을 지도하며 이들에게 아동보호와 학대예방을 위한 지역사회 내 자원을 연계하고 조정하는 서비스에 초점을 둘 수 있다. 중간수준의 실천에서 사회복지사는 학대받는 아동과 가정에게 영향을 미치는 지역사회 내 환경체계를 변화시키기 위한 활동에 주력할 수 있다. 지역 내 학교, 의료시설, 복지시설 등에서 학대아동의 발견과 대처방법에 대해 교육하거나 지역주민들이 아동학대에 대한 민감성을 가지도록 지역사회의 변화를 위해 개입하기도 한다. 또한 지역 내 모든 주민들을 대상으로 아동학대예방 캠페인을 실시함으로써 지역사회의 변화를 도모할 수 있다. 거시수준 실천에서 사회복지사는 아동학대를 예방하거나 서비스전달체계를 향상하기 위해 관련 법 개정, 제도 또는 행정의 변화를 위한 활동에 관여할 수 있다(김혜란 외, 2013).

5) 인가

사회복지실천을 공식적으로 가능하게 하는 것은 사회의 인가(Sanction)를 통해서이다. 소정의 사회복지교육을 받은 사람이 사회복지사 자격을 취득하고, 사회복지전문직을 수행할 수 있는 것은 사회로부터 부여된 전문가로서의 권한과 권위에서 비롯된다. 이러한 권한과 권위는 법으로부터 부여되고 사회적 신뢰와 인정에 의해 뒷받침된다.

사회복지전문직 활동을 인정하는 가장 기본적인 법은 「사회복지사업법」으로 제2조에 규정된 「국민기초생활보장법」을 포함한 27개의 법률과 이와 관련된 자원봉사활동, 복지시설 운영 또는 지원을 목적으로 하는 사업으로 규정된다. 이 법률에 따라 사회복지전문직은 사회복지사업을 수행하는 책임을 부여받고, 중앙정부와 지방자치단체로부터 사회복지사업의 운영비와 운영인력의 인건비를 지원받는다. 또한 사회복지사업의 수행을 위한 서비스전달체계에 대해 사회적 승인을 받고 있다(김혜란 외, 2013).

3. 사회복지실천의 이념과 철학

1) 이념

(1) 인도주의

사회복지는 타인을 위한 봉사, 특히 빈곤한 사람을 위한 구호활동에서 출발하였으며, 이후 사회복지실천의 기본 정신이 되었다. 인도주의란 모든 인간은 동등하다고 생각하며 공존을 꾀하고 복지를 실현하려는 사상이다. 사회복지실천은 인간의 삶의 질 증진을 위해 모든 인간의 존엄성을 최고 가치로 여기고 복지증진을 위한 전문적인 원조활동으로 인도주의 이념을 담고 있다. 실천 과정에서 이타주의, 박애정신은 근본적으로 추동력을 제공한다.

(2) 민주주의

민주주의는 평등과 개인의 선택권을 존중한다. 따라서 모든 대상자가 빈곤, 차별, 억압으로부터 벗어날 수 있는 동등한 기회를 가질 권리가 있으며, 시민으로서 복지를 수급할 권리를 가진다. 더 나아가 자신의 복지 수혜에 대해 결정할 권리가 있으며, 자신의 문제에 관여하고 자신이 원하는 방향으로 결정할 수 있는 권리가 있다. 즉, 수동적인 존재가 아니라 적극적이고 능동적인 존재로서 자신의 권리를 실현할 수 있다.

(3) 사회진화론

환경에 가장 잘 적응하는 생물이 집단에서 살아남는 적자생존의 원리가 사회에서도 반영된다. 즉, 부자들은 우월하고 빈민들은 열등하기 때문에 가난하게 산다고 본다. 사회진화론은 사회통제적 성격을 띠는데 정부가 제공하는 원조의 수혜자격을 조사하면서 빈민을 통제한다. 사회복지실천은 인도주의의 영향도 있으나 기본적으로는 사회진화론의 영향을 많이 받았다.

(4) 다양화

세계화를 통한 문화 교류는 체제, 인종 등 다양함을 수용하는 사회로 변화하는데 영향을 주었다. 이에 따라 사회복지실천은 다양한 계층, 인종, 사회문제와 접근방식을 포용하면서 독특성 및 개인차를 인정하는 실천 방식을 추구한다. 이는 클라이언트 안에 내재된 가능성을 존중하고 강점과 변화의지를 최대화하여 권한을 부여하며 관계를 갖는 것과 연결된다.

(5) 실증주의 및 경험주의

사회복지실천에서는 경험주의에 기반한 과학성을 중요하게 여긴다. 경험주의는 인식, 지식의 근원을 오직 경험에서 찾는 철학적 경향이며, 과학성이란 논리적이고 체계적인 탐구를 통해 확실성이 입증된 지식과 이론, 방법 등에 의해 사회복지실천이 이루어지는 것을 의미한다. 사회복지사는 선의 또는 자신의 주관적인 선호에 의해 실천하는 것이 아니라 전문원조자로서 과학적 또는 경험적으로 입증된 자료에 근거하여 실천한다(김혜란 외, 2013). 따라서 사회복지실천에서 사례연구,

단일사례설계, 프로그램평가는 효과성과 효율성을 평가하는 근거가 된다.

(6) 미학

사회복지실천은 예술적 요소 및 미학적 요소가 포함된 실천으로 인식되어왔다(Reamer, 1993; 김혜영 외, 2010 재인용). 예술성이란 실천을 위한 지식, 가치, 기술을 실천 대상이나 상황, 영역 등에 맞추어 직관적이고 창의적으로 실천이 이루어지는 것을 의미한다. 사회복지실천이 변화하는 인간상황의 양상을 특수하게 받아들이고 개인적이며 독특하고 다양한 시각으로 의미를 드러낸다는 점에서 예술적 작업과 유사하다고 인정되는 것이다(고미영, 2003). 사회복지사는 클라이언트와 협력적 관계를 형성하고 그 관계를 종결할 때까지 창의적이고 역동적으로 문제해결방법을 도출해나간다.

2) 철학

(1) 클라이언트의 권익 옹호

클라이언트들은 상대적으로 사회 내에서 약자층이기 때문에 자신의 주장을 논리적으로 설명하고 주장하는 데 미흡할 뿐 아니라 사회적 자원동원능력이 약할 수 있다. 사회복지사는 클라이언트에게 제공되지 않는 자원과 서비스를 얻을 수 있도록 하고, 클라이언트에게 불리한 영향을 미칠 실천, 절차, 정책들을 수정하는 등 클라이언트와 함께 클라이언트를 대표하여 옹호활동을 전개한다. 옹호활동을 하는 데 사회복지사는 문제나 욕구를 조사해서 문제의 심각성을 논리적으로 설명할 수 있어야 하고, 활동의 타당성을 확보하도록 노력해야 한다.

(2) 클라이언트의 자기결정 존중

모든 사람은 자신의 삶에 대한 의무와 책임이 있다. 전문적 관계 안에서 클라이언트도 예외는 아니다. 사회복지실천 과정에서 사회복지사는 클라이언트가 드러내는 욕구를 최선의 대안을 통해 해결할 수 있도록 원조하는 전문가이다. 이는 인간의 잠재 능력에 대한 믿음 그리고 클라이언트의 자기결정권은 누구도 대신할 수 없는 인간의 권리라는 것에 기반한다.

3) 강점 접근

강점 접근은 클라이언트를 문제 중심, 병리적으로 바라보는 것이 아니라 변화와 성장을 위한 힘을 가진 인간으로 바라보는 것이다. 따라서 클라이언트가 갖고 있는 역량과 자원에 초점을 두고 지원을 하며, 그들이 갖고 있는 고통과 상처를 도전과 기회로 활용하는 것이다. 이는 사회복지사가 클라이언트를 자신의 비전을 제시할 수 있는 능력을 가진 존재로 보고 귀 기울일 때 가능하다.

4) 변화 지향

사회복지실천은 클라이언트를 포함하여 클라이언트가 주변 환경과 어떤 영향을 주고받는지에 관심을 가진다. 상황적·환경적 맥락에서 클라이언트의 문제에 개입하며 개인과 주변환경의 변화를 통해 더 나은 삶으로 이동을 꾀한다. 현재의 상황에 집중하나 클라이언트가 성장 또는 향상될 수 있는 가능성을 신뢰하고 존중하는 긍정적인 시각을 갖고 있다.

연습 문제

1. 사회복지실천의 목적으로 옳지 않은 것은?

① 개인의 문제해결능력과 대처능력을 향상시킨다.
② 개인과 환경 간 불균형 발생 시 문제를 감소하도록 돕는다.
③ 개인과 환경 간의 상호작용에 초점을 두고 사회정책을 개발한다.
④ 개인의 욕구 충족을 위해 전적인 책임을 갖고 지속적으로 지원한다.
⑤ 개인과 환경 간의 상호 유익한 관계를 증진시킨다.

2. 거시수준의 사회복지실천에 대한 설명으로 옳은 것은?

① 주로 집단을 조직하고 운영하는 활동이 해당된다.
② 지역사회나 전체 사회, 국가의 복지체계를 대상으로 활동한다.
③ 주로 직접적 개입활동에 의해 이루어진다.
④ 개인의 심리적·사회적 상태를 변화시키기 위해 활동한다.
⑤ 개인의 가장 친밀한 상호작용 과정에 개입하는 실천활동이다.

3. 다음의 설명에 부합하는 사회복지실천 이념은?

> 빈곤문제의 책임은 본인에게 있다고 본다.
> 열등처우의 원칙을 다르게 하였다.
> 클라이언트의 개별화를 중시하는 것에 조점을 둔다.

① 인도주의　② 사회진화론
③ 다양화　④ 개인주의
⑤ 역량강화

4. Pincus와 Minahan이 제시한 사회복지실천의 목적으로 옳은 것은?

> ㄱ. 문제해결능력 향상
> ㄴ. 클라이언트의 전문적 지식과 기술의 발전
> ㄷ. 클라이언트와 자원체계의 연결
> ㄹ. 정당의 도움으로 사회복지관의 확충

① ㄱ, ㄴ, ㄷ
② ㄱ, ㄷ
③ ㄴ, ㄹ
④ ㄹ
⑤ ㄱ, ㄴ, ㄷ, ㄹ

5. 사회복지실천의 이념적 배경 중 사회통제와 관련이 깊은 것은?

① 인도주의
② 이타주의
③ 민주주의
④ 사회진화론
⑤ 다원주의론

정 답

1. ④ 2. ② 3. ④ 4. ② 5. ④

제 2 장

사회복지실천의 역사

학습목표

1. 서구의 사회복지실천 역사를 이해한다.
2. 우리나라의 사회복지실천 역사를 설명할 수 있다.

개요

서구의 사회복지실천 역사는 자선조직협회와 인보관에서 출발하며, 두 조직의 실천 방식은 차이가 있었다. 인간에 초점을 둘 것인가 환경에 초점을 둘 것인가에 대한 지속적인 논쟁은 진단주의와 기능주의를 거쳐 절충주의적 방식으로 종결된다.

우리나라는 외원단체의 활동을 통해 전문사회복지실천이 촉발되었고, 1990년 대 전후 지역주민 대상의 사회복지실천으로 확대된다. 이 장에서는 사회복지실천의 역사를 서구와 우리나라로 나누어 살펴보고자 한다.

사회복지실천의 역사

1. 서구의 사회복지실천

1) 사회복지 맹아기

사회복지는 인류의 역사와 함께 시작되었다고 할 수 있으나, 국가 개입에 의한 사회복지의 시작을 알리는 전조는 영국의 엘리자베스 빈민법(1601)이다. 이후 다양한 정주법(1662), 길버트법(1782), 스핀햄랜드제도(1795) 등이 등장하였고, 사회보험제도 도입으로 국가 개입은 본격화되었다. 특히, 산업혁명으로 인한 수많은 사회문제는 국가의 개입과 함께 민간차원의 자발적인 사회복지실천을 촉진하게 하였다.

전문적인 사회복지가 영국에서 출발하였다면, 성장하고 발전하게 된 곳은 미국이다. 산발적으로 진행되던 자선활동을 보다 조직적으로 실천하려는 움직임이 영국에서 시작되어 미국으로 건너간 후, 미국에서 과학적으로 가르치고 훈련하는 가운데 실천을 뒷받침하는 이론을 체계화함으로써 전문직으로 사회복지를 발전시키게 되었다. 이 과정에서 등장한 두 단체가 자선조직협회와 인보관이다.

(1) 자선조직협회

1860년대 영국은 산업혁명 이후 자유방임적 자본주의의 폐해와 함께 기근과 전염병 등이 겹치면서 빈곤문제로 어려움을 겪게 되었다. 빈곤문제의 대응을 위해 대도시를 중심으로 민간 자선단체들이 산발적으로 출현하였으나, 단체들 간의 조정과 상호협력이 부족하여 서비스 제공이 중복되거나 누락되는 등 비체계적인 측면이 많았다. 이러한 과정에서 빈곤의 원인에 대한 접근과 민간 자선활동단체 상호 간의 조정 및 구빈행정과의 역할분담 등이 필요하다는 인식과 주장이 대두되면서 보다 체계적이고 과학적인 자선활동을 전개하자는 움직임이 등장하였다. 이러한 자선조직화운동은 1869년 최초의 자선조직협회(Charity Organization Society, COS)를 영국 런던에 창설하였다. 이것이 미국으로 건너가 1872년 뉴욕 주에 주단위의 COS가, 시단위에는 1877년 버팔로에 자선조직협회가 최초로 창립되었다(감정기 · 최원규 · 진재문, 2006).

자선조직협회는 빈곤의 책임이 개인에게 있다고 보았기 때문에 최소한의 원조를 제공하고자 하였다. 원조의 대상을 자조와 근면의 가치에 근거한 도덕적 판단 기준에 따라 '구제 받을 자격이 있는 빈민'(the deserving poor)과 '자격이 없는 빈민'(the undeserving poor)으로 구분하였다. 즉, 빈곤한 사람에 대한 무조건적인 구제를 방지하기 위해 구호신청자들의 가정을 방문하여 적합한 수혜자를 선정하였다. 이는 선별적 사회복지를 수행하기 위한 자산조사와 같은 맥락이다.

자선조직협회에서 활동하는 자원봉사자를 우애방문자(friendly visitors)라고 불렀다. 우애방문자는 주로 기독교 사상을 지닌 중산층 이상의 부인들로서 협회의 위원회에서 구호하기로 결정된 빈곤가정 사례를 할당받았다. 원조대상은 '자격이 있는 빈민'으로 저임금 노동자, 장애인, 연소노동자들이며, 현대 사회복지실천에서 클라이언트로 여기는 알코올중독자, 매춘여성, 걸인 등에게는 원조를 제공하는 대신 기독교 사상에 입각하여 도덕적 책임을 갖도록 교화하였다.

우애방문자들은 빈민들과 평등한 관계를 형성하지 않았으며, 그들의 활동은 빈곤계층에게 지배계층의 가치관을 관철시키려는 사회통제적 성격을 띠고 있었다. 그럼에도 불구하고 사회복지실천 방법론의 발전에 상당한 기여를 하였다. 즉, 우애방문자의 가정방문, 면담, 기록, 분석 등의 활동은 체계적인 교육과 훈련 과정을 거쳐 사회복지실천 방법론 중 개별사회사업의 기초가 되었다. 또한 지역단위의 자선활동 조직화와 조정활동은 오늘날 지역사회조직(Community Organization) 활동으로 발전하는 계기를 마련하였다(김혜영 외, 2010).

1900년대 들어 차츰 유급인력에 대한 수요가 늘어나고 빈곤의 원인을 도덕적 결함이 아닌 사회적·경제적·심리적 요인에서 찾는 경향이 대두되면서, 우애방문의 유효성에 대한 회의와 함께 봉사활동의 전문직화를 추구하는 움직임으로 우애방문자들의 역할은 차츰 축소되었다.

(2) 인보관

자선조직협회(COS)가 상류층에 의해 주도되던 것과 달리 인보관운동(Settlement Movement)은 중류층 지식인을 중심으로 시작된 사회개혁운동이다. 인보관운동은 빈곤지역의 중심지에서 빈민과 함께 생활하면서 지역사회환경과 생활개선을 목표로 한다는 점에서 COS와 구분된다.

최초의 인보관은 경제학자 Toynbee의 인보운동을 기리기 위해 Barnett 목사가 1884년 런던에 설립한 토인비 홀이다. Barnett 목사는 기독교 사회주의의 영향을 받아 사회계층 간의 격차를 줄이고, 물질주의로부터 인간의 가치를 회복하고자 하였다. 영국의 토인비 홀은 Booth의 사회조사활동의 거점이기도 했으며 페이비언 사회주의자들의 대면 장소이기도 했다.

미국에서는 1889년 Jane Adams가 토인비 홀을 방문한 후 시카고에 헐 하우스(Hull House)를 설립하였고, 그 후 미국 대부분의 대도시에 인보관이 건립되었다. 초기 인보관에서 활동했던 사람들은 주로 중류 또는 상류 계층으로 빈민가에 들어가 가난한 사람들과 함께 생활하면서 사회조건을 개선하고자 노력하였다. 그들은 노동자들에게 직업을 알선하고 글을 가르쳤으며, 공중보건에 대한 교육과 생활에 필요한 기술을 가르쳤다. 즉 빈민 개개인에게 초점을 맞춘 활동이 아니라 계층 간의 간격을 줄이고 치료보다는 예방을 강조하였으며, 빈곤계층 집단의 생활개선에 관심을 두었다. 또한 빈곤문제가 단순히 경제적인 어려움에 국한된 것이 아니라는 인식을 갖고 빈민들의 정신적·문화적 측면을 개선시키고자 하였다. 이 과정에서 도입된 것이 집단사회사업으로 빈민들의 문제를 해결하기 위해 보육 프로그램, 의료클리닉, 오락과 문화생활을 위한 집단, 사회행동집단 등 다양한 집단활동 프로그램들을 실시하였다.

인보관의 사회복지사들은 빈민을 내려다보거나 중상층의 삶을 강요하는 대신 빈민들의 욕구와 희망하는 바를 충족시키기 위해 노력하였다. 또한 지역사회 문제를 해결하기 위해 정책과 법률 제정에 영향을 미칠 수 있는 조직적인 활동을 시도함으로써 지역사회조직 방법론의 발전에도 기여하였다. 인보관운동은 1차 대전 이후 빈곤의 감소와 함께 대학생들의 참여열기가 식으면서 쇠퇴하였다.

2) 사회복지 전문직화 과정(1900~1920년)

Richmond는 1897년 전국자선·교정회의에서 응용박애양성학교(Training in a Applied Philanthropy)의 필요성을 제기하였고, 1898년 뉴욕자선조직협회의 후원하에 전문적인 교육을 공식적으로 시작하였다. 최초의 교육은 박애사업 계절학교(Summer School in Philanthropic Work)로 불리는 6주간의 프로그램이었다. 이것은 1904년 뉴욕박애학교로 명칭이 변경되고 1년 정규과정으로 확대되어 진행되다가, 1910년에는 2년의 정규교육프로그램으로 채택되었다. 2년 정규과정 교육을 위해 1919년까지 17개의 전문사회복지학교가 설립되었고, 그 중 12개가 대학 내에 설립되면서 전문적인 교육훈련체계가 마련되었다. 그리고 1903년 Graham Taylor의 지도하에 시카고 시정박애학교(Chicago School of Civics and Philanthropy)를 설립하였다.

뉴욕박애학교는 자선조직협회에 기반을 두고 설립되었으며, 개별사회사업가 양성학교로서의 확고한 정체성을 유지하였고 자선조직협회 모델에 의거한 사회복지실천을 가르쳤다. 한편, 인보관운동의 후원하에 출범한 시카고 시정박애학교는 뉴욕박애학교와 달리 자선 및 구호단체에서의 실습교육을 포함하면서 이웃과 지역사회문제를 다루는 사회변화 방법론을 보다 강조하였다.

(1) 기초이론 구축

개별사회사업을 체계화하는 데 기여한 사람은 Richmond로 1900년에 필라델피아 자선조직협회의 총책임자가 된 후 우애방문자들의 활동 내용 및 실천 과정을 종합한 사회진단(1917)을 출판하였다. 사회진단은 빈민이 처한 상황을 체계적으로 진단하는 기술이 제시되었다. 가장 핵심적인 실천 과정은 정확한 원인을 분석하기 위해 대상자와 그의 환경에 대해 체계적으로 조사하고 정보를 수집하는 단계이다. 빈곤의 원인을 주로 개인에게 있는 것으로 가정하였으며 개인의 게으름, 부도덕성, 알코올중독 등에 기인한다고 보았다. 이후 Richmond는 1922년 『개별사회사업이란 무엇인가?』라는 저술에서 개별사회사업이란 '개인과 개인, 개인과 환경 간의 적절한 조화와 조절을 통해 인격의 발달 및 성장을 이루어가는 과정'이라고 정의함으로써 '환경 속의 인간'(Person in Environment)의 개념을 고려하였다.

(2) 전문직에 대한 도전

자선조직협회에 뿌리를 두거나 치료중심기관과 관계된 사람들은 사회복지전문직이 개인의 문제와 관련된 실천지식 발전에 관심이 있었던 반면, 인보관운동을 주도한 사람들은 사회문제의 원인을 환경적 요인에서 찾아내고, 사회복지사는 사회 및 경제 이론에 기초하여 사회개혁을 목적으로 하는 전문직이어야 한다고 주장하였다.

이와 같이 사회복지실천의 초점에 대한 많은 논란이 있음에도 불구하고, 1915년경 사회복지사들은 새로운 힘을 가진 전문직으로서의 자신감을 갖기 시작하였다. 이즈음 외부적으로 강한 도전을 받게 되었으며, 1915년 의학교육의 비평가인 Abraham Flexner가 전국자선·교정회의에서 '사회복지실천이 전문직인가?'라는 보고서를 제출하였다. 이 보고서는 사회복지실천을 다섯 가지 이유에서 전문직으로 인정할 수 없다고 주장하였다. 그 이유는 ① 사회과학적 기초 결여, ② 독자적이고 명확한 지식체계 및 전수 가능한 전문기술의 결여, ③ 국가가 관리하는 자격시험 제도의 부재, ④ 전문적 조직체계의 부재, ⑤ 전문적 실천 강령의 부재이다. 이후 몇 년간 사회복지실천의 발전과정은 다섯 가지 결함을 보완해 가는 과정이었다고 볼 수 있다. 20세기 후반까지도 사회복지실천의 전문성에 대한 부정적인 시각이 존재하였으나 사회복지실천 방법과 이론의 개발, 체계적 교육과 훈련, 종사자들의 조직화, 자격증 제도의 정착, 윤리강령의 채택 등을 통하여 전문직으로서의 요건을 갖추게 되었다고 할 수 있다.

또한 전문학교의 수가 급속히 증가하였고 교과과정을 표준화하는 시도를 하였으며 전문직 단체가 공식화되었다. 뿐만 아니라 사회복지실천의 모든 분야에서 개별사회사업을 유일하고 독특한 실천기술로 인식하고 이를 촉진하기 위한 일련의 회의들을 주최하였다(NASW, 1995; 김혜영 외, 2010 재인용).

3) 사회복지방법론의 분화(1921~1950년)

1920년대 이후 프로이드의 정신분석은 인간의 문제를 사회경제적 여건이 아닌 개인의 과거 경험에 초점을 둔 사회복지를 실천하는 데 큰 영향을 미쳤다. 그러나 1929년의 세계경제 대공황의 발발은 높은 실업률, 빈부격차 심화, 계층 간 갈등과 같은 사회문제를 야기하였고, 이는 사회복지실천의 관점을 개인문제해결에서 사회구조적으로 풀어가야 한다는 인식으로 전환시켰다. 따라서 이 시기에는 개인의 과거 경험을 중심으로 한 접근과 개인의 문제가 사회구조에 있다는 접근이 대립하면서 사회복지전문직의 이론 및 실천적 측면에서 분화가 일어났다. 개별사회사업 내에서 진단주의 접근과 이와 대립되는 기능주의 접근이 발전하였고, 집단사회사업과 지역사회조직이 사회복지실천의 방법론으로 인식되기 시작하였다.

(1) 진단주의와 기능주의

진단주의 학파는 Freud의 정신분석학에 영향을 받아 초기 아동기에 대한 분석을 통한 진단을 중시하며 뉴욕학교(현 콜럼비아대학교)를 중심으로 발전하였다. 진단주의 학파의 Hamilton(1940)은 진단을 '문제를 가진 사람뿐 아니라 문제 자체를 이해하기 위해 가정하는 것'으로 정의하였다. 진단주의 학파는 조사, 진단, 치료단계를 개념화하고 사회복지사와 클라이언트 간의 치료적 관계를 중요시하였다. 치료단계에서는 상담 및 치료를 위주로 하고 사회적 자원, 프로그램 개발, 자원조정 등의 방법으로 부족한 면을 보충하였다(Johnson & Yanca, 2007). 즉 개인의 힘이 사회복지 원조에 따라 강화될 수 있다는 것이다.

진단주의자들은 기능주의가 과학적이지 않다는 것－치료과정 자체가 클라이언트의 어려움에 대한 가설을 기반으로 계획되지 않았다－때문에 반대하였다. 1940년에 출간된 Hamilton의 '개별사회사업의 이론과 실천'은 Richmond의 사회진단(1917) 이후 개별사회사업을 대변한다. 이 접근은 이후 사회복지실천 이론 발달에 상당한 영향을 미쳤고 Hollis(1972)에 의해 심리사회모델로 발전되었다.

이 시기에 개별사회사업 내에서 진단주의와는 달리 발달한 또 다른 접근법은 기능주의이다. Otto Rank의 연구에 기반을 두고 있는 기능주의 접근법은 클라이언트를 질병이 있거나 일탈한 자로 간주하는 의학적 모델을 특별한 서비스가 필요한 사람들이라고 보는 생활모델로 전환시키는 계기가 되었다.

기능주의 학파는 진단주의 학파의 정신분석이론에 대한 비판을 제기하면서 1930년대 후반 등장하였다. 이 학파는 정신분석이론이 인간을 지나치게 분석적으로 이해하고 다루는 결정론적인 접근의 특징을 지니고 있고 의학적 모델에 너무 의존하기 때문에 인간의 의사를 무시하고 의존성을 높인다는 지적을 하였다. 즉, 과거중심적인 분석과 해석이 클라이언트의 현재 환경상의 문제를 해결하는데 도움이 되지 않는다고 가정하고 '지금－여기'의 상황에 초점을 두었다. 인간은 과거에 얽매이는 존재가 아니라 잠재적 힘을 가진 의지적인 존재로 보는 견해를 갖고 있다.

기능주의에서도 진단이라는 용어를 사용하는데 이는 사회복지사와 클라이언트가 함께 일할 공통기반이 있는지를 발견하기 위한 시도로 간주한다. 그리고 치료를 하는 것이 아니라 함께 일한다는 개념을 추구하였으며, 사회복지사가 기관의 기능을 수행하고 전문적 지식을 업무에 적용할 때 전문적 관계라고 간주하였다. 기능주의는 시작, 중간 그리고 끝으로 표현되는 관계의 과정을 제기하였다. 관계가 발달하고 서로에게 영향을 주면서 변화의 기회가 형성된다고 보았다. 기능주의는 사회복지사-클라이언트 관계의 강조, 개별사회사업 실제에 있어서 기관의 기능에 대한 관심, 진단주의를 명료화하고 결속시킨 점에서 개별사회사업에 기여하였다.

(2) 집단사회복지실천의 발전

인보관에서 실천하였던 집단사회복지실천은 점점 발전하여 1930년대 이후 사회복지실천 방법론으로 인식되기 시작하였다. 1936년 미국집단사회사업연구협회가 결성되었고 1946년 미국사회사업회의에서 집단사회복지실천을 공식적으로 사회복지실천의 기술로 인정하였다. 제2차 세계대전이 끝난 후 참전 군인들이 지역사회로 돌아왔지만 전쟁후유증으로 인한 정신적 고통과 사회적응 문제를 나타내는 이들이 많았고 그들을 대상으로 정신분석을 집단치료방법으로 활용하였다. 또한 군대나 사회복지관에 집단지도자가 고용됨으로써 집단사회사복지가 발전하였다. 집단사회사회복지실천은 집단구성원 간의 상호작용을 중요시 하였고 경쟁보다는 협동에 초점을 두었다.

(3) 지역사회조직의 발전

1920년부터 주 단위 공공복지기관이 설치되면서 지역사회실천으로 전환하는 계기가 마련되었다. 1929년 대공황은 지금까지의 민간사회사업의 한계를 드러냈고 대공황에 대응하기 위한 뉴딜정책은 공공영역에서 사회복지사를 대거 고용하는 계기가 되었다.

이런 상황에서 지역사회조직의 이론화에 큰 공헌을 한 것은 미국사회사업회의에 제출되었던 Raine의 보고서였다. 이 보고서는 지역사회조직의 개념, 방법 및 활동 등을 체계화하였고 지역주민의 욕구와 자원 간의 조정을 주요한 기능으로 인식하고 있었다(이영분 외, 2001). 지역사회조직은 사회복지실천 방법론의 한 분야로 정착하게 되었으며, 1944년에 9개 사회사업 필수교과목 중 하나로 포함되었다.

4) 사회복지방법론의 통합기(1950~1970년)

진단주의 접근과 기능주의 접근의 대립은 1957년 Perlman이 『개별사회사업: 문제해결과정』이라는 저서를 통해 진단주의적 입장을 취하면서 기능주의의 견해를 수용한 절충주의적 방식을 제시하여 진단주의-기능주의 대립에 종지부를 찍었다. Perlman은 문제를 병리적인 것이라기보다 일상생활의 한 부분으로 보고 클라이언트의 사회기능을 강조하였다.

또한 이 시기는 개별사회사업은 물론 집단사회사업, 지역사회조직에서도 실천과정을 중시하고, 개별사회사업에서는 클라이언트뿐 아니라 그와 관련된 다른 사람들과의 상호관계를 고려하기 시작하였다.

1960년대는 개별사회사업의 진단주의적 접근과 기능주의적 접근이 확장되고 발전하여 정교한 이론체계를 갖추어 나가게 되었다. 여기에는 '환경 속의 인간', 과정, 사정, 상호작용, 개입 등 다섯 가지 개념을 채택하고 사회과학이론에서 차용한 사회체계이론과 의사소통이론을 함께 사용하기 시작했다. 또한 집단사회사업과 지역사회조직 실천이론이 꾸준히 개발되었고, 개별사회사업, 집단사회사업, 지역사회조직에서의 이론적 공통점을 발견하게 되었다. 즉, 문제해결과정이라는 개념이 세 가지 전통적 방법에 모두 사용되고 있는 것으로 나타났다. 이로 인해 전문직의 영역은 점점 넓어졌고 전문가인 사회복지사의 수도 증가하였으며, 개인문제와 사회문제를 모두 섭렵하는 전문직으로 자리 잡게 되었다(김혜영 외, 2013).

5) 사회복지방법론의 발전(1970~현재)

모든 사회복지실천의 통합적인 기반이 되었던 생각은 사실상 1920년대의 밀포드회의에서 등장하였다. 밀포드회의는 1929년까지 개인-환경의 상호작용을 이해하기 위한 데이터 수집의 원칙, 개인과 환경의 양 측면에 개입해야 하는 필요성을 확고히 수립하였다. 그리고 클라이언트를 변화과정에 관여시켜야 할 필요성과 함께 개별사회사업 과정의 토대로서 워커-클라이언트 관계의 중요성을 인식하였다. 또한 사회과학과 행동과학으로부터 지식을 도입하는 것과 조사방법의 중요성, 개별사회사업 실천평가를 발달시켜야 할 필요성이 논의되었다(Dore, 1999; 이원숙, 2014 재인용).

Barttlet(1970)은 '사회복지실천의 공통기반'에서 사회복지실천의 다양한 지식과 가치, 방법을 규정하면서 통합적 관점을 개념화하였다. 이후 Pincus와 Minahan의 '4체계 모델', Golestein의 '단일화 모델', Compton과 Galaway의 '문제해결과정모델', Germain과 Gitterman의 '생활모델' 등의 통합방법론이 활발하게 등장하였다. 이들은 사회복지실천에서 행해지는 여러 형태의 전문화된 방법과 관계없이 사회복지실천의 기본개념, 기술, 과업 및 활동에 공통적인 핵심이 있다는 것을 가정하였다. 이론이 더 이상 개별사회사업, 집단사회사업, 지역사회조직이라는 방법론에 따라 각기 구별되는 것이 아니라 특정 문제와 욕구에 대응하기 위해 개발되었다. 이제 클라이언트의 복합적인 문제와 욕구에 대처하기 위해서는 일반사회복지실천이 더 적절한 것이 되었다.

그동안 새로운 서비스가 개발되고 새로운 클라이언트 집단에게 서비스가 제공되면서, 이들 클라이언트가 전통적인 개별사회사업, 집단사회사업, 지역사회조직의 틀에 부합되지 않는다는 것을 발견하게 되었다. 대신 클라이언트가 가지고 있는 복잡한 문제와 상황에 반응하기 위해서 방법론들의 혼합이 요구되었고(Johnson et al., 2007) 제너럴리스트 실천이 발달하게 되었다(이원숙, 2014 재인용).

또한 이 시기는 전쟁의 여파, 산업화 및 도시화로 인한 가족의 해체, 청소년비행 등 가족의 복합적인 문제가 제기되면서 가족의 변화를 통한 개인의 행동과 태도를 변화시키고자 하는 가족치료에 관심이 모아졌다. 가족에 개입하여 의사소통기술, 사회기술, 관계 등을 향상시키기 위해 노력하는 과정에서 가족에 대한 개입을 집단의 형태도 시작하면서 개별사회복지실천과 집단사회복지실천이 통합되기 시작하였다.

2. 우리나라의 사회복지실천

1) 사회복지실천 현장

우리나라의 사회복지실천은 미국 선교사들에 의해 시작되었다. 1921년 감리교 선교사들에 의해 설립된 태화기독교사회관은 한국에 설립된 최초의 복지관으로 지역사회의 환경을 개선하기 위한 사회적 활동을 전개하였다.

1945년 해방 이후 미군정 기간 동안 사회사업정책 및 구호에 관한 여러 각서가 우리말로 '후생국보'에 발표되어 조선구호령과 함께 복지의 기준이 되었다. 또한 한국전쟁이 끝나자 정부는 수백만 구호대상자의 장기적이고 안정적인 보호를 위해 한·미 합동사업으로 난민정착사업을 실시함으로써 이전의 응급구호적 성격에서 벗어나 지속적인 빈곤정책을 하나의 정책으로 설정하게 되었다. 이외에도 UN의 계획에 의한 구호물품과 외국 민간구호단체의 외원물자에 크게 의존하여 미국을 비롯한 수많은 외국 민간단체들이 많은 물자와 금품을 도입하여 우리 난민을 구호하는 데 큰 공헌을 하였다. 이들 외원단체는 전문적인 사회복지실천이 목적이 아니라 종교적 차원에서 원조를 실시하였기 때문에 사회복지의 전문성은 부족하였다(김익균 외, 2006). 이러한 상황을 감안하더라도 사회복지실천 현장에서 외원단체의 활동은 사회복지실천에 대한 개념과 방법 전파에 일조하였다.

외원단체 활동이 한국의 사회복지실천에 미친 영향은 전문사회사업이 종교와 밀접한 관련하에 시작되도록 하였으며, 시설 중심의 사회사업이 발전하는 계기가 되었다. 또한 거시적인 사회정책보다 미시적인 사회사업 위주로 발전하게 하였고, 사회사업을 구호사업 또는 자선사업과 같은 것으로 인식하는 데 기여하였으며, 외원단체의 철수에 따라 외원에 크게 의존하던 한국의 민간사회 사업부문이 정부에 의존하게 됨으로써 정부 통제하에 편입되게 하는 데 기여했다(최원규, 1996; 엄명용 외, 2010 재인용).

1960년대에도 정부는 경제개발계획을 실시함에 따라 사회복지에 신경을 쓸 여력이 없어 외원단체를 중심으로 한 구호활동과 사회복지서비스 제공은 지속되었다. 외원단체는 1970년대 중반 이후 한국의 경제성장에 따라 감소하는 추세를 보였다. 이 과정에서 미국식 사회복지실천이 무비판적으로 수용되고 적용됨으로써 우리 사회에 맞는 토착적인 사회복지실천 방법은 개발되지 못하였다.

1980년대부터 시설수용보호 서비스에서 벗어나 지역사회 중심의 사회복지실천이 관심을 끌었다. 1983년 개정된 「사회복지사업법」은 사회복지관의 설립 및 운영을 지원하는 근거가 되었고, 1989년 '사회복지관 설치 운영 규정'이 제정되었다. 시·도단위의 지역사회종합복지관이 1985년부터 설립되기 시작하여 1990년 전후하여 급속하게 증가하였다. 지금까지 사회복지서비스가 수용시설을 중심으로 전개되어 온 사실을 감안할 때, 이용시설인 사회복지관이 지역주민을 대상으로 복지서비스를 제공하게 되었다는 점에서 사회복지관 사업의 확대는 큰 의미를 갖는다. 사회복지 전문인력이 종합사회복지관으로 투입되면서 아동, 청소년, 노인, 장애인, 가족 등의 다양한 클라이언트들에게 전문적 서비스를 제공해오고 있다(이원숙, 2013). 즉, 지역사회 내에서 지역주민과의 직접적인 접촉으로 각종 서비스를 제공해 나가면서 사회복지실천의 방법 및 기술이 보다 발전하는 계기가 되었다. 2016년 현재 전국적으로 460개 복지관이 개관하였다.

〈표 2-1〉 사회복지관 현황

연도	1989	2000	2010	2016
개소	39	338	420	460

출처: 한국사회복지관협회 홈페이지.

2) 사회복지전문교육

정식 사회복지교육기관은 1947년 이화여자대학교의 사회사업학과가 설립되면서부터 출발하였다. 1953년 현재의 강남대학교 사회사업학과, 1959년에는 서울대학교 대학원과 학부과정, 1960년 중앙대학교, 한국사회사업대학(현 대구대학교) 등에 사회사업학과가 차례로 설치되었다. 이러한 대학 내 설치는 학문적 영역 안에서 이론과 훈련을 병행함으로써 사회복지실천의 전문화에 긍정적인 영향을 미쳤다. 그러나 사회복지사와 관련된 법제가 제정되기 이전 사회복지전문인력을 배출하는 현상이 발생하게 되었다.

사회복지전문교육이 시작되고 인력이 배출됨에 따라 조직이 결성되기 시작하였다. 가장 먼저 결성된 것은 한국사회사업학회로 1957년 결성되었으며, 이후 해산되었다가 1973년 재건되었다. 이 시기 단체들을 보면 1965년 당시 병원이나 외원기관에서 일하고 있던 개별사회사업가들을 중심으로 한국개별사회사업가협회(1965)가 발족되었다. 이는 한국 최초의 사회사업 전문직 단체로, 1967년에는 모든 분야의 사회사업가를 회원으로 포함시킨 한국사회사업가협회가 탄생하게 되었다. 이 협회는 1982년 한국사회복지사협회로 명칭을 바꾸고, 같은 해 협회 총회에서 한국 사회복지사 윤리강령을 통과시킴에 따라 전문직으로서의 명분을 갖추게 되었다.

2016년 기준 사회복지학과가 개설된 대학은 2년제 318개, 4년제 283개, 대학원 266개교, 원격대학 40개 및 평생교육원에 101개소가 개설되어 사회복지교육이 매우 팽창하였다.

3) 사회복지법제화 및 전문인력

1970년 제정된 「사회복지사업법」은 사회복지법인, 시설, 인력 등에 관한 사항을 규정함으로써 민간 사회복지서비스 분야와 함께 공공 사회복지제도의 기틀을 마련하게 되었다. 1983년 5월 「사회복지사업법」의 개정에 따라 사회복지사업종사자라는 명칭은 법적으로 사회복지사로 변경되었다.

1987년부터 공공영역에서 생활보호사업을 담당하는 사회복지전문요원을 전국 읍·면·동사무소에 배치하여 사회복지전달체계를 확립하고자 하였다. 이는 저소득층에 대한 빈곤 예방 및 대상자들의 욕구 충족과 사회적 자활을 지원하기 위해 사회복지행정을 전문화시키고자 한 것이다. 사회복지전문요원은 국민기초생활보장 대상자 조사, 선정 등의 공공부조 업무와 함께 지역사회의 노인, 장애인, 아동, 한부모가정 등에 대한 각종 사회복지서비스를 담당하였다. 1999년 사회복지전문요원은 별정직에서 사회복지 일반직으로 전환되었고, 사회복지전문요원에서 사회복지전담공무원으로 명칭이 변경되었다. 이를 통해 사회복지전문직은 공적 전달체계로 자리매김하게 되었다(김혜영 외, 2013).

그러나 사회복지전담공무원은 깔때기와 같은 전달체계에서 쏟아지는 과도한 업무로 인해 인권이 보장되지 못하는 문제가 발생하였고, 급기야 2013년에는 사회복지사의 자살방지와 인권보장을 위한 비상대책위원회에서 성명을 발표하였다.

지속적으로 늘어나는 사회복지 욕구에 부합하는 전문인력을 확충하기 위하여 매년 정부는 사회복지공무원을 충원하고 있으나 여전히 부족한 실정이다. 2017년에는 읍·면·동 복지허브화 사업이 확대되고, 2018년에는 전면 시행되어 사회복지담당인력 확충이 더욱 요구되고 있다.

그동안 사회복지사에 대한 자격기준이 강화되었다. 1970년 이전에는 사회복지인력에 대한 별도의 자격기준이 규정되지 않았으나, 1997년 「사회복지사업법」, 1998년 「사회복지사업법 시행령」과 「사회복지사업 시행규칙」이 개정됨에 따라 1급 사회복지사는 국가시험에 합격해야 자격을 취득할 수 있게 되었다. 그러나 2, 3급은 국가시험 없이 일정한 요건만 갖추면 된다. 2003년부터 1회 사회복지사 국가시험이 실시되어 일반사회복지사의 전문성을 높이는 데 기여하고 있다.

〈표 2-2〉 사회복지사 자격증 발급 현황

(단위: 명)

구 분	계	1급	2급	3급
2015	789,071	123,677	652,274	13,120
2010	412,815	90,988	309,612	12,215
2005	129,999	55,299	63,927	10,773

* 2015.12.31.기준

그러나 다양한 교육기관에서 사회복지사과정을 개설하였고 자격증을 손쉽게 취득할 수 있어서 사회복지사의 질, 사회복지서비스의 질에 대한 우려를 낳고 있다. 엄격하지 않은 실습을 관리하기 위해 현장실습인증기관제도, 실습관리 지침 개발 등이 이루어졌으나 여전히 전문인력양성에 대한 제도 보완이 필요한 가운데 2급 국가시험 도입에 대한 의견이 제시되고 있으나 답보상태이다.

사회복지사의 질적 향상을 위해 2007년 「사회복지사업법」 개정을 통해 사회복지사 보수교육이 의무화되었다. 보수교육은 사회복지윤리와 가치, 사회복지실천, 사회복지정책과 법, 사회복지행정, 사회복지조사연구의 5개 영역을 시작으로 2013년 사회복지인권과 특별 분야 2개 영역이 추가되었다. 또한 사회복지사 자격제도, 보수교육 등의 체계화를 위한 노력이 다각적으로 이루어지는 한편, 열악한 처우와 근로환경에서 일해 왔던 사회복지사들의 처우개선 문제해결을 위해 '사회복지사 등의 처우 및 지위 향상을 위한 법률'이 2012년 시행되었다. 이를 통해 2012년 '한국사회복지공제회'가 생겼다.

그 동안 사회복지사의 전문성 향상에 대한 사회복지계의 필요성은 지속적으로 제기되었다. 실제 1996년 한국사회복지사협회 주관으로 '임상사회복지사' 자격제도가 시도되기도 하였으나 1998년 '전문사회복지사' 자격제도로 시행되다가 중단되었다.

현재는 정신보건분야와 학교사회복지분야에서 전문자격증 제도를 도입, 시행하고 있다. 1997년 「정신보건법」이 시행됨에 따라 정신보건전문요원(정신보건임상심리사, 정신보건간호사, 정신보건사회복지사)은 정신장애인의 치료 및 재활, 지역사회 복귀를 위한 역할을 담당한다. 정신보건사회복지사 자격제도는 국가가 시행하는 것이지만 시험 및 자격관리는 한국정신보건사회복지학회에 위임하고 있다. 정신보건사회복지사는 「사회복지사업법」에 의해 사회복지사 1급 자격을 소지한 자가 보건복지부장관이 지정한 전문요원 수련기관에서 1년 이상 수련을 하고 필기시험과 구술시험에 합격하면 2급 정신보건사회복지사 자격증을 취득할 수 있다. 다양한 형태의 워크숍 및 보수교육을 통해 전문성 향상을 위해 박차를 가하고 있다.

한편 학교사회복지사는 2005년부터 전문자격증시험을 실시하고 있다. 학교사회복지사는 학생들의 문제를 생태체계적인 접근을 통해 예방하고 해결함으로써 학생복지를 실현하도록 돕는다. 이를 위해 1997년 한국학교사회복지학회가 만들어졌다. 자격증시험은 한국사회복지사협회장의 위임을 받아 한국학교사회복지사협회와 한국학교사회복지학회가 공동 주관하고 있다.

연습 문제

1. 1915년 플렉스너의 비판 결과로 나타난 사회복지계의 반응이 아닌 것은?

① 사회개량운동 추진
② 사회진단 저서 출간
③ 전문사회복지학교 설립
④ 미국사회복지사협회 창립
⑤ 개별사회사업방법론 확립

2. 자선조직협회와 인보관운동에 대한 설명으로 옳은 것은?

① 인보관은 개별사회사업의 시초이다.
② 인보관은 집단사회사업의 시초이다.
③ 자선조직협회는 젊은 지식인층의 우애방문원이 주로 활동하였다.
④ 인보관은 개인의 문제변화에 초점을 두고 있다.
⑤ 자선조직협회는 환경과 사회적 문제가 빈곤을 발생시킨다고 보았다.

3. 진단주의에 대한 설명으로 옳지 않은 것은?

① Freud의 정신분석이론의 영향을 많이 받았다.
② 클라이언트의 과거 경험을 강조한다.
③ 성장의 심리학이다.
④ 인간에 대해 기계적이고 결정론적인 관점을 취한다.
⑤ 대표적인 학자로는 Hollis, Hamiton, Richmond 등이 있다.

4. 사회복지인력에 대한 설명으로 옳지 않은 것은?

① 사회복지사 자격증은 1급, 2급, 3급으로 나눈다.
② 2003년부터 국가자격시험을 통해 사회복지사 1급과 2급을 취득한다.
③ 1987년부터 사회복지전문요원이 활동하기 시작하였다.
④ 학교, 의료, 정신분야에서도 사회복지사들이 활동하고 있다.
⑤ 2007년 「사회복지사업법」 개정으로 사회복지사 보수교육이 의무화되었다.

5. 사회복지실천의 역사적 발달순서가 바르게 제시된 것은?

ㄱ. 사회복지실천통합방법론 등장
ㄴ. 세계 최초의 인보관 설립
ㄷ. Richmond의 사회진단 저술
ㄹ. 기능주의 학파 등장

① ㄱ→ㄴ→ㄷ→ㄹ
② ㄴ→ㄷ→ㄹ→ㄱ
③ ㄷ→ㄹ→ㄱ→ㄴ
④ ㄴ→ㄷ→ㄱ→ㄹ
⑤ ㄴ→ㄹ→ㄷ→ㄱ

정답
1. ① 2. ② 3. ③ 4. ② 5. ②

제 3 장

사회복지실천의 가치와 윤리

학습목표

1. 사회복지실천의 가치와 윤리의 개념을 이해한다.
2. 사회복지전문직의 가치와 전문가 윤리를 이해한다.
3. 사회복지전문직의 윤리강령을 이해한다.
4. 사회복지실천 현장의 윤리적 쟁점들을 이해한다.

개요

사회복지실천 가치와 전문가 윤리는 그 시대의 사회와 문화를 반영하며, 사회복지 전문가는 자신의 가치기준에 따라 행동을 결정한다. 그러나 사회복지실천영역은 개인적 가치와 전문가 가치가 혼재되어 사회복지사는 종종 가치갈등과 윤리적 딜레마를 경험하게 된다. 따라서 사회복지사는 전문가로서의 가치와 윤리에 대한 개념을 명확히 이해하고 윤리적 상황에 대처할 수 있는 능력을 갖추어야 한다.

이 장에서는 사회복지전문직의 가치와 윤리 개념에 대한 이해를 돕고 윤리강령과 윤리적 갈등에 대해 알아보고자 한다.

사회복지실천의 가치와 윤리

사회복지실천의 가치와 윤리는 그 시대의 사회와 문화로부터 비롯되며 사회복지사는 전문가로서 가치관을 갖는다. 전문가가 지니는 가치관은 인간에 대해 지니고 있는 믿음으로 사람들은 가치기준에 따라 자신의 행동을 결정한다.

가치(value)와 윤리(ethics)는 종종 혼용되지만 그 뜻은 같지 않다. 가치란 무엇이 좋고 바람직한지에 관심을 두는 반면, 윤리란 무엇이 옳고 그른지에 관심을 둔다(양옥경 외, 2010). 대부분의 사람들은 모두 다른 가치체계를 가지며 특별한 가치에 비중을 두는 정도는 사람에 따라 차이가 있다.

휴먼서비스를 제공하는 사회복지실천 영역은 인간관계 속에서 개인적 가치와 사회적 가치가 함께 존재함으로 인해 종종 가치갈등을 경험한다. 이는 사회복지사로 하여금 윤리적 딜레마를 경험하게 하여 전문가로서의 의사결정과 실천 활동에 영향을 미치게 되므로 사회복지사들은 실천가치 지침과 윤리강령을 통해 최소한의 갈등 속에서 그 해결책을 찾을 수 있도록 해야 한다.

1. 사회복지실천 가치

1) 가치의 개념

가치는 경험적으로 인식되지 않는 믿음 또는 신념과 같은 것으로 선하고 바람직한 행동의 결정을 위한 지침이다. 사회복지실천 영역에서 발생하는 다양한 문제들은 가치에 따른 의사결정과 깊은 연관을 맺고 행동에 영향을 미친다. 이러한 이유로 상당수의 사람들은 자신의 가치 기준에 따라 행동을 결정하며 타인에게도 동일한 행동을 요구하기도 한다(양정남 · 최선령, 2011).

사회복지학자들 중에서는 대표적으로 Loewenberg, Gordon, Rokeach가 정의한 가치에 대한 정의가 대표적으로 인용되고 있다.

Loewenberg(2000)는 가치란 "믿음과 같은 것으로 좋고 바람직한 것에 대한 지침이며 적합한 행동의 선택에 대한 지침"이라고 정의하였다. Gordon(1965)은 '가치 있게 여기다'(value)라는 동사와 '선호하다'(prefer)라는 동사를 동의어로 보았으며 선호하는 것을 얻기 위해 개인이 치뤄야 하는 대가와 노력, 희생을 통해 개인이 추구하는 가치를 확인할 수 있다고 하였는데, 이는 인간 삶에 관한 목적과 조건에 관한 보편적 선호를 의미한다.

Rokeach(1973)는 "특정 존재 양식 또는 존재 상태가 그들과 반대되는 양식이나 상태에 비해 개인적 · 사회적으로 선호된다고 지속적으로 믿는 것"이라고 정의했다.

이상과 같이 학자들이 설명한 핵심 가치는 다양하나 공통적으로 인간의 선호 또는 선택을 포함한다. 구체적으로 포함되는 내용들을 살펴보면 '인간의 존엄성과 개인의 독특성', '인간존중', '변화를 위한 개인의 능력 평가', '클라이언트의 자기결정권', '비밀보장과 사생활보장', '개인의 잠재력을 개발할 수 있는 기회 제공', '인간의 기본욕구를 충족시킬 적절한 자원과 서비스 제공', '클라이언트의 역량강화',

'동등한 기회보장', '비차별성', '다양성의 존중', '사회문제 예방과 치료를 위한 노력', '전문지식과 기술을 다른 사람들과 함께 공유하고 교육하는 것'을 포함한다(NASW, 1995).

그러나 이러한 핵심 가치 외에도 사회복지실천의 현장에서는 개인적 가치와 사회적 가치가 공존함으로 인해 가치충돌이 발생한다. 그것은 개인적 가치가 사회적 가치에 근원을 두고 있으나 항상 합의에 이른 것은 아니기 때문이다. 이에 사회복지사들은 실천가치의 지침과 실천윤리강령을 통해 갈등을 최소화할 수 있는 방안을 마련해 두고 있으며, 다음에서 그 내용을 확인해 보고자 한다.

2) 사회복지전문직의 가치

전문직의 가치는 해당 전문직의 독특한 실천행동과 관련하여 요구되는 가치로서 기본적으로 해당 직무활동의 평가와 책임의 근거가 된다(허남순 외, 2007). Levy(1973)는 실천가치에 우선하는 사회복지전문직 가치를 3개 범주(사람, 결과, 수단)로 나누어 설명하였는데, 이는 사회복지전문직이 업무를 수행할 때 신봉해야 하는 믿음체계에 관한 것이다.

첫째, '사람우선 가치'로서 클라이언트를 하나의 개별화된 인간으로 보며 능력을 인정하고, 그에 따라 권한과 가치를 부여하는 것이다. 개인의 본질적 가치와 존엄성에 대한 믿음, 건설적 변화 의지와 능력에 대한 믿음, 상호적 책임, 소속의 욕구, 독특성, 일반적인 인간의 욕구 등을 인정하는 가치가 포함된다.

둘째, '결과우선 가치'로서 서비스를 제공했을 때 초래되는 결과에 대한 가치이다. 이는 바람직한 결과를 얻기 위해 가져야 하는 가치관과 같은 것으로 기회의 제공이 해당된다. 즉 교육, 문화, 건강, 주거 등 불평등에 대한 문제해결과 빈곤, 질병, 차별 등 예방에 관한 사회적 책임을 포함한다.

셋째, '수단우선 가치'로서 서비스 수행 방법 및 수단과 도구에 관한 것이다. 사람은 존경과 존엄으로 다루어져야 하며 자기결정의 권리를 갖고, 사회변화 참여를 유도하며, 개별적으로 인정되어야 한다는 믿음과 같은 것이다.

2. 사회복지실천 윤리

1) 윤리의 개념과 전문가 윤리

윤리(ethics)란 그리스어의 'ethos'에서 나온 관습의 의미로 무엇이 옳고 그른가를 판단해 주는 도덕적 지침이다. 가치(value)와 윤리(ethics)는 종종 혼용되어 사용되기는 하지만 그 뜻은 다르다. 가치는 보다 추상적이며 좋고 바람직한 것에 대한 기준이다. 게다가 실체도 없고 과학적 근거도 존재하지 않기 때문에 규범적 가치기준과 차이가 있다. 그에 반해 윤리란 실질적인 결정을 내릴 때 필수적인 것으로 옳고 그른 행동에 대한 사회적 태도를 가리키며 구체적 행동을 제시하기 때문에 규범적 기준이 필요하다. 즉 가치는 일종의 신념이고 선택이며, 윤리는 실질적 결정을 내릴 때 필수적인 것으로 옳고 그른 행동에 대한 사회적 태도 결정 시 사용되는 지침이다.

Levy(1976)는 사회복지실천 윤리에 관해 '각자 다른 배경을 지닌 사회복지사들이 자신이 행하는 복잡한 실천 분야에서 직면할 수 있는 다양한 윤리적 쟁점에 대해 올바른 판단을 내릴 수 있도록 하는 체계적 준거틀'이라고 하였다. Loewenberg와 Dolgoff(1996)는 사회복지실천윤리에 관해 '사회복지 실무자로 하여금 무엇이 윤리적으로 올바른 실천 방법인가를 인식할 수 있게 도와주며 전문적인 사회복지실천 상황에서 초래되는 윤리적 측면과 관련된 실천행위를 결정하고 행동에 옮길 수 있는 방법'이라고 하였다.

사회복지 전문가로서 실천 현장에서 요구되는 원리는 일반적인 사회윤리와 동일한 원천에서 나오지만 그 의미는 같지 않다. 즉 우선순위와 강조점, 의도, 적용범위 등에서 차이가 나며 사회윤리와 사회복지실천윤리 모두 평등의 원리를 강조하지만 사회복지실천 전문가의 윤리는 다른 사람의 이익보다는 업무와 관련하여 클라이언트의 이익에 우선순위를 두고 있는 점에서 차이가 있다.

Reamer(1995)의 미국 사회복지 전문가 윤리에 관한 설명에 따르면, 첫째 사회복지 전문가는 사회적 공인으로서 필요한 경우 자신의 가치관을 공개할 수 있어야 한다. 이는 자신의 가치관이 실천 현장에서 전문적 판단과 평가에 영향을 미치기 때문에 자신과 타인의 가치관이 어떤 점에서 유사하며 혹은 차이가 있는지 확인할 필요가 있기 때문이다.

둘째, 사회복지 전문가는 윤리적 딜레마에 대처할 수 있는 능력을 갖추어야 한다. 즉, 특정 상황에서 개인의 변화목표를 위해 어떠한 접근을 취할 것인지 이해하고 대처할 수 있는 능력이 요구되기 때문에 사회복지윤리가 필요하다고 보는 것이다.

셋째, 실천 현장에서는 경우에 따라 복수의 가치가 상충될 수 있기 때문에 상이한 가치들 사이에 관계 정립을 위한 과정이 필요하다.

넷째, 사회복지의 주요가치는 절대적이지 않으며 끊임없이 변화하고 있기 때문에 시대적 상황에 맞는 가치를 정립해야 한다. 이는 대칭관계에 있는 사상이나 사회복지가치의 새로운 도전에 대응할 수 있게 한다.

마지막으로 사회복지실천 방법 개발과 전문가로서의 역량강화를 위해 사회복지 윤리를 마련하고 전문지식과 기술개발 기회를 확대해야 한다.

2) 사회복지전문직의 윤리강령

(1) 윤리강령의 기능

윤리강령은 전문가들이 지켜야 할 행동기준과 원칙을 기술해 놓은 것으로 전문직으로서의 가치 기준에 맞는 행동과 판단 근거를 제시하며, 해당 사회복지실천 전문가들에게 전문직이 지켜야 할 기본 윤리행위를 알리고 비윤리적 행위에 대한 판단기준을 제시한다. 따라서 법적 제재의 힘은 없으나 사회적 제재의 힘을 갖고 있다(양옥경 외, 2010). 윤리강령의 기능에 관한 정의는 다음과 같다.

첫째, 사회복지실천 현장에서 윤리적 딜레마가 발생했을 때 지침과 원칙을 제시한다.

둘째, 자기규제를 통해 클라이언트를 보호한다.

셋째, 스스로 자기규제를 가짐으로써 사회복지전문직의 전문성을 확보하고 외부통제로부터 전문직을 보호한다.

넷째, 일반 대중에게 전문가로서의 사회복지 기본업무 및 자세를 알리는 일차적 수단으로 기능한다.

다섯째, 선언적 선서를 통해 사회복지 전문가들의 윤리적 민감성을 고양시키고 윤리적으로 무장시킨다.

(2) 윤리강령의 역사

사회복지사 윤리강령은 약 50년의 역사를 갖는다. 미국은 1960년 미국사회복지사협회(NASW)에서 공식적인 윤리강령을 채택하였고, 1967년, 1979년, 90년대 여러 차례(1990년, 1993년, 1996년, 1999년)의 개정에 걸쳐 2008년 마지막 개정이 이루어져 오늘에 이르렀다.

1960년에 공포한 첫 번째 윤리강령은 사회복지사의 의무에 대해 나열하고 있는데 사실상 선언문에 가깝다고 평가 받고 있다. 그 내용은 자신의 이익보다 클라이언트의 이익을 우선하고, 클라이언트의 사생활 보장과 응급상황에서 공공을 위해 봉사하며 지식과 기술을 후배에게 이양할 것을 열거하고 있다.

영역별 윤리강령이 만들어진 것은 제2차 개정 시점인 1979년이다. 그러나 이 시기의 윤리강령에 대해서 공공보다는 개인의 복지에 초점이 맞추어져 있다는 지적이 일반적이었다(Loewenberg et al., 2000). 이후 90년대 4회, 2008년 개정을 통해 윤리강령이 정비되었다. 여기에서는 윤리강령 목적을 구체화시키고 서비스(service), 사회 정의(social justice), 인간의 존엄과 가치(dignity and worth of the person), 인간관계의 중요성(importance of human relationships), 성실성(integrity), 능력(competence)을 6대 핵심가치로 두고 윤리원칙과 기준을 명시했다.

① 서비스

- 윤리원칙: 사회복지사의 주요 목표는 욕구에 처한 사람들을 돕고 사회문제를 해결하고자 하는 것이다.

사회복지사는 타인에 대한 서비스를 제공함에 있어서 개인적인 이익을 취하지 않으며 최선의 서비스 제공을 위해 자신의 지식과 가치, 기술을 활용한다. 사회복지사는 소득에 지나치게 의지하지 않으며 자신의 전문적 기술을 발휘함에 최선을 다하도록 노력한다.

② 사회 정의

- 윤리원칙: 사회복지사는 사회적 불공평에 도전한다.

사회복지사는 소외되고 억압 받는 사람 및 집단을 위한 사회적 변화를 위해 노력한다. 사회복지사는 빈곤, 실업, 차별, 기타 유형의 사회적 불공평에 주목하고 사회적 억압, 문화적·인종적 다양성으로 인한 사회문제에 관한 민감성을 가져야 한다. 사회복지사는 서비스를 비롯한 정보와 기회로부터 소외되는 사람이 없도록 노력한다.

③ 인간의 존엄과 가치

- 윤리원칙: 사회복지사는 인간의 본질적인 존엄과 가치를 존중한다.

사회복지사는 개인적인 차이와 문화적 · 인종적 다양성을 염두에 두고 이들을 보호하고 존중하는 마음으로 사람을 대해야 한다. 사회복지사는 이들을 변화시키고 문제를 해결하기 위해 클라이언트의 역량을 강화시키고 기회를 제공하고자 노력한다.

④ 인간관계의 중요성

- 윤리원칙: 사회복지사는 인간관계의 본질을 중시한다.

사회복지사는 사람들 사이의 관계가 변화를 위한 중요한 매개체라는 것을 인식하고 이들을 파트너로서 대우한다. 사회복지사는 개인, 가족, 조직, 지역사회의 복지를 증진하기 위해 사람들 사이의 인간관계를 강화시킨다.

⑤ 성실성

- 윤리원칙: 사회복지사는 신뢰성을 줄 수 있는 행동을 취한다.

사회복지사는 사회복지 전문직의 가치와 윤리기준을 항상 염두에 두며 일관된 실천행동 규칙을 갖는다. 사회복지사는 정직하고 책임성 있는 행동으로 자신이 속한 조직의 입장에서 윤리적인 실천을 증진해야 한다.

⑥ 능력

- 윤리원칙: 사회복지사는 자신의 능력에 맞는 실천을 하며 전문기술 및 역

량강화를 위해 노력한다.

사회복지사는 자신의 전문지식과 기술 확충을 위해 끊임없이 노력하며 실천 현장에 적용할 수 있도록 해야 한다.

한국의 사회복지분야 윤리강령은 미국보다 약 20년 늦는다. 한국사회복지사협회는 윤리강령의 필요성에 입각해 1982년 전문과 강령 10조로 이루어진 '한국사회사업가 윤리강령'을 제정하였다. 여기에는 클라이언트의 인간존엄성, 사회사업가의 전문성, 사회사업의 공공성 및 사회성을 강조한 내용들이 포함되었으며 1983년 「사회복지사업법」이 개정되면서 윤리강령도 '사회복지사 윤리강령'으로 공식적인 이름을 갖게 되었다.

윤리강령에 따르면 사회복지사의 기본품성으로 성실, 친절, 봉사, 사랑, 진정한 이해를 들고 있으며 기본적 활동으로 정의, 공평, 평화를 수호하는 선도적 위치를 명시하였다(양옥경 외, 2010). 사회복지사 윤리강령은 3회에 걸쳐 개정되었다(1998년 1차, 1992년 2차, 2001년 3차). 윤리강령은 전문과 윤리기준으로 구성되어있다. 윤리기준은 크게 6개로 구분되며, 첫째, 사회복지사의 기본적 윤리기준(전문가로서의 자세, 전문성 개발을 위한 노력, 경제적 이득에 대한 태도), 둘째, 사회복지사의 클라이언트에 대한 윤리기준(클라이언트와의 관계, 동료의 클라이언트와의 관계), 셋째, 사회복지사의 동료에 대한 윤리기준(동료, 슈퍼바이저), 넷째, 사회복지사의 사회에 대한 윤리기준, 다섯째, 사회복지사의 기관에 대한 윤리기준, 여섯째, 사회복지윤리위원회의 구성과 운영이다.

사회복지사 윤리강령

〈전 문〉

사회복지사는 인본주의·평등주의 사상에 기초하여, 모든 인간의 존엄성과 가치를 존중하고 천부의 자유권과 생존권의 보장활동에 헌신한다. 특히 사회적·경제적 약자들의 편에 서서 사회정의와 평등·자유와 민주주의 가치를 실현하는 데 앞장선다. 또한 도움을 필요로 하는 사람들의 사회적 지위와 기능을 향상시키기 위해 저들과 함께 일하며, 사회제도 개선과 관련된 제반 활동에 주도적으로 참여한다. 사회복지사는 개인의 주체성과 자기결정권을 보장하는 데 최선을 다하고, 어떠한 여건에서도 개인이 부당하게 희생되는 일이 없도록 한다. 이러한 사명을 실천하기 위하여 전문적 지식과 기술을 개발하고, 사회적 가치를 실현하는 전문가로서의 능력과 품위를 유지하기 위해 노력한다. 이에 우리는 클라이언트·동료·기관 그리고 지역사회 및 전체 사회와 관련된 사회복지사의 행위와 활동을 판단·평가하며 인도하는 윤리기준을 다음과 같이 선언하고 이를 준수할 것을 다짐한다.

〈윤리기준〉

Ⅰ. 사회복지사의 기본적 윤리기준

1. 전문가로서의 자세
   1) 사회복지사는 전문가로서의 품위와 자질을 유지하고, 자신이 맡고 있는 업무에 대해 책임을 진다.
   2) 사회복지사는 클라이언트의 종교, 인종, 성, 연령, 국적, 결혼상태, 성 취향, 경제적 지위, 정치적 신념, 정신·신체적 장애, 기타 개인적 선호, 특징, 조건, 지위를 이유로 차별대우를 하지 않는다.
   3) 사회복지사는 전문가로서 성실하고 공정하게 업무를 수행하며, 이 과정에서 어떠한 부당한 압력에도 타협하지 않는다.
   4) 사회복지사는 사회정의 실현과 클라이언트의 복지 증진에 헌신하며, 이를 위한 환경 조성을 국가와 사회에 요구해야 한다.
   5) 사회복지사는 전문적 가치와 판단에 따라 업무를 수행함에 있어, 기관 내외로부터 부당한 간섭이나 압력을 받지 않는다.
   6) 사회복지사는 자신의 이익을 위해 사회복지 전문직의 가치와 권위를 훼손해서는 안 된다.
   7) 사회복지사는 한국사회복지사협회 등 전문가단체 활동에 적극 참여하여, 사회정의의 실현과 사회복지사의 권익옹호를 위해 노력해야 한다.

2. 전문성 개발을 위한 노력
   1) 사회복지사는 클라이언트에게 최상의 서비스를 제공하기 위해, 지식과 기술을 개발하는

데 최선을 다하며 이를 활용하고 전파할 책임이 있다.

2) 클라이언트를 대상으로 연구하는 사회복지사는 저들의 권리를 보장하기 위해, 자발적이고 고지된 동의를 얻어야 한다.

3) 연구과정에서 얻은 정보는 비밀보장의 원칙에서 다루어져야 하고, 이 과정에서 클라이언트는 신체적·정신적 불편이나 위험·위해 등으로부터 보호되어야 한다.

4) 사회복지사는 전문성을 개발하기 위해 노력하되, 이를 이유로 서비스의 제공을 소홀히 해서는 안 된다.

5) 사회복지사는 한국사회복지사협회 등이 실시하는 제반교육에 적극 참여하여야 한다.

3. 경제적 이득에 대한 태도

1) 사회복지사는 클라이언트의 지불능력에 상관없이 서비스를 제공해야 하며, 이를 이유로 차별대우를 해서는 안 된다.

2) 사회복지사는 필요한 경우에 제공된 서비스에 대해, 공정하고 합리적으로 이용료를 책정해야 한다.

3) 사회복지사는 업무와 관련하여 정당하지 않은 방법으로 경제적 이득을 취하여서는 안 된다.

II. 사회복지사의 클라이언트에 대한 윤리기준

1. 클라이언트와의 관계

1) 사회복지사는 클라이언트의 권익옹호를 최우선의 가치로 삼고 행동한다.

2) 사회복지사는 클라이언트에 대하여 인간으로서의 존엄성을 존중해야 하며, 전문적 기술과 능력을 최대한 발휘한다.

3) 사회복지사는 클라이언트가 자기결정권을 최대한 행사할 수 있도록 도와야 하며, 저들의 이익을 최대한 대변해야 한다.

4) 사회복지사는 클라이언트의 사생활을 존중하고 보호하며, 직무 수행과정에서 얻은 정보에 대해 철저하게 비밀을 유지해야 한다.

5) 사회복지사는 클라이언트가 받는 서비스의 범위와 내용에 대해, 정확하고 충분한 정보를 제공함으로써 알 권리를 인정하고 존중해야 한다.

6) 사회복지사는 문서·사진·컴퓨터 파일 등의 형태로 된 클라이언트의 정보에 대해 비밀보장의 한계·정보를 얻어야 하는 목적 및 활용에 대해 구체적으로 알려야 하며, 정보 공개 시에는 동의를 얻어야 한다.

7) 사회복지사는 개인적 이익을 위해 클라이언트와의 전문적 관계를 이용하여서는 안 된다.

8) 사회복지사는 어떠한 상황에서도 클라이언트와 부적절한 성적관계를 가져서는 안 된다.

9) 사회복지사는 사회복지 증진을 위한 환경조성에 클라이언트를 동반자로 인정하고 함께 일해야 한다.

2. 동료의 클라이언트와의 관계

1) 사회복지사는 적법하고도 적절한 논의 없이 동료 혹은, 다른 기관의 클라이언트와 전문적 관계를 맺어서는 안 된다.

2) 사회복지사는 긴급한 사정으로 인해 동료의 클라이언트를 맡게 된 경우, 자신의 의뢰인처럼 관심을 갖고 서비스를 제공한다.

III. 사회복지사의 동료에 대한 윤리기준

1. 동료

1) 사회복지사는 존중과 신뢰로서 동료를 대하며, 전문가로서의 지위와 인격을 훼손하는 언행을 하지 않는다.

2) 사회복지사는 사회복지 전문직의 이익과 권익을 증진시키기 위해 동료와 협력해야 한다.

3) 사회복지사는 동료의 윤리적이고 전문적인 행위를 촉진시켜야 하며, 이에 반하는 경우에는 제반 법률규정이나 윤리기준에 따라 대처해야 한다.

4) 사회복지사가 전문적인 판단과 실천이 미흡하여 문제를 야기시켰을 때에는, 적절한 조치를 취하여 클라이언트의 이익을 보호해야 한다.

5) 사회복지사는 전문직 내 다른 구성원이 행한 비윤리적 행위에 대해, 제반 법률규정이나 윤리기준에 따라 조치를 취해야 한다.

6) 사회복지사는 동료 및 타 전문직 동료의 직무 가치와 내용을 인정·이해하며, 상호 간에 민주적인 직무관계를 이루도록 노력해야 한다

2. 슈퍼바이저

1) 슈퍼바이저는 개인적인 이익의 추구를 위해 자신의 지위를 이용해서는 안 된다.

2) 슈퍼바이저는 전문적 기준에 의해 공정하게 책임을 수행하며, 사회복지사·수련생 및 실습생에 대한 평가는 저들과 공유해야 한다

3) 사회복지사는 슈퍼바이저의 전문적 지도와 조언을 존중해야 하며, 슈퍼바이저는 사회복지사의 전문적 업무수행을 도와야 한다.

4) 슈퍼바이저는 사회복지사·수련생 및 실습생에 대해 인격적·성적으로 수치심을 주는 행위를 해서는 안 된다.

IV. 사회복지사의 사회에 대한 윤리기준

1) 사회복지사는 인권존중과 인간평등을 위해 헌신해야 하며, 사회적 약자를 옹호하고 대변하는 일을 주도해야 한다.

2) 사회복지사는 필요한 사회서비스를 개발하기 위한 사회정책의 수립·발전·입법·집행에 적극적으로 참여하고 지원해야 한다.

3) 사회복지사는 사회환경을 개선하고 사회정의를 증진시키기 위한 사회정책의 수립·발전·

입법·집행을 요구하고 옹호해야 한다.

4) 사회복지사는 자신이 일하는 지역사회의 문제를 이해하고, 그것을 해결하는 일에 적극적으로 참여해야 한다.

Ⅴ. 사회복지사의 기관에 대한 윤리기준

1) 사회복지사는 기관의 정책과 사업 목표의 달성, 서비스의 효율성과 효과성의 증진을 위해 노력함으로써, 클라이언트에게 이익이 되도록 해야 한다.
2) 사회복지사는 기관의 부당한 정책이나 요구에 대하여, 전문직의 가치와 지식을 근거로 이에 대응하고 즉시 사회복지윤리위원회에 보고해야 한다.
3) 사회복지사는 소속기관 활동에 적극 참여함으로써, 기관의 성장발전을 위해 노력해야 한다.

Ⅵ. 사회복지윤리위원회의 구성과 운영

1) 한국사회복지사협회는 사회복지윤리위원회를 구성하여, 사회복지윤리실천의 질적인 향상을 도모하여야 한다.
2) 사회복지윤리위원회는 윤리강령을 위배하거나 침해하는 행위를 접수받아 공식적인 절차를 통해 대처하여야 한다.
3) 사회복지사는 한국사회복지사협회의 윤리적 권고와 결정을 존중하여야 한다.

1973. 2. 윤리강령 초안제정 결의
1982. 1. 15. 사회복지사 윤리강령 제정
1988. 3. 26. 제1차 사회복지사 윤리강령 개정
1992. 10. 22. 제2차 사회복지사 윤리강령 개정
2001. 12. 15. 제3차 사회복지사 윤리강령 개정

3) 사회복지실천의 윤리적 갈등

사회복지실천 과정에서 사회복지사는 종종 윤리적 결정을 내려야 하는 상황에 직면하게 되며 이러한 윤리적 결정은 사회복지사로 하여금 윤리적 딜레마에 빠지게 한다. 다음은 Dolgoff 등(2000)이 제시한 윤리적 문제가 발생하게 되는 주요 상황에 관한 것이다.

(1) 의무상충

기관에 대한 의무와 클라이언트에 대한 의무가 상충할 경우 사회복지사는 갈등을 경험한다. 예를 들어, 사회복지사가 자신이 속한 기관의 행동지침을 준수하고자 하지만 이러한 지침이 클라이언트의 이익과 대치될 때 윤리적 딜레마에 직면한다. 클라이언트 이익 우선 가치에도 불구하고 기관의 가치를 고려하지 않을 수 없기 때문에 클라이언트에게 최선의 서비스가 제공하지 못하는 경우가 있다.

(2) 가치상충

사회복지사는 '클라이언트의 자기결정' 가치와 '사생활보호'의 가치 사이에서 윤리적 결정을 내려야 하는 상황에 직면할 수 있다. 예를 들어 전염성 질병을 가진 아내가 배우자에게 질병에 관한 사실을 숨긴 채 자녀를 갖고자 하는 경우에 사회복지사는 클라이언트의 자기결정 가치와 치명적인 질병으로부터의 보호 사이에서 윤리적 딜레마에 빠지게 된다.

(3) 권력 불균형

사회복지사와 클라이언트 관계에 힘의 불균형으로 인한 윤리적 갈등이 발생할 수 있다. 즉, 클라이언트가 일반적으로 사회복지사에게 도움을 받는 경우가 많기 때문에 사회복지사와 클라이언트의 관계가 상하관계가 성립되기 쉽다. 예를 들어,

장애를 가진 클라이언트의 경우 자신의 결정과 선택을 전문가에게 의존하는 경향이 높고 이러한 경우 클라이언트의 자기결정권이 침해당할 수 있다.

(4) 클라이언트 체계의 복합성

복합성을 가진 클라이언트 체계에 개입할 때 개입의 우선순위, 목적 등을 결정하는 데 윤리적인 딜레마를 경험한다. 예를 들어 가정폭력, 아동학대, 알코올 등 복합적인 문제를 가진 가족의 경우 대상과 문제에 따라 접근하는 관점에 차이가 있기 때문에 누구를 클라이언트로 볼 것이며, 어떠한 접근을 우선할지 결정하기 위한 윤리적 딜레마를 겪게 된다.

(5) 결과의 불확실성

윤리적 결정의 효과가 명쾌하지 않을 때 사회복지사는 딜레마에 직면한다. 예를 들면, 클라이언트가 학대 피해 아동의 경우 사회복지사는 아동을 부모에게 다시 돌려보내는 것이 아동의 행복과 안전을 위한 최선의 결정인지 확신할 수 없기 때문에 갈등을 경험한다.

4) 사회복지실천의 원칙

윤리적 딜레마 상황에서 갈등을 해결하기 위해서 사회복지사는 자기훈련과 자기경험을 통해 클라이언트의 문제해결을 시도해야 한다. Loewenberg 등(2000)은 이러한 순서에 기초한 윤리원칙을 다음과 같이 제시하였다.

(1) 생명보호의 원칙

사회복지사는 인간의 생명을 보호할 우선적인 의무가 있다. 이 원칙은 기본적인 의식주 해결부터 의료보장, 소득보장에 이르기까지 인간의 기본권적 생존권을 보장하는 것이다. 윤리적 딜레마가 클라이언트의 생명과 직결되어 있을 때, 비록 비밀보장에 위배되는 결정이라 하더라도 생명은 그에 우선한다.

(2) 평등의 원칙

사회복지사는 모든 인간이 기회에서 배제되지 않도록 해야 한다. 이 원칙은 소득보장의 기회, 학업과 취업의 기회, 사회문화적 노출 기회까지 균등한 기회제공이 이루어져야 함을 의미한다.

(3) 자율성과 자유의 원칙

사회복지사는 개인의 독립성과 자율성 보장하고 이를 신장시킬 수 있는 결정을 해야 한다. 그러나 개인의 결정이 자신 혹은 타인에게 위해가 될 경우 이 원칙은 무시될 수 있다.

(4) 최소 손실의 원칙

사회복지사의 결정은 최소한의 손실 혹은 회복 가능한 손실이 되도록 대안들을 선택해야 한다.

(5) 삶의 질의 원칙

사회복지사는 개인, 집단, 지역사회, 국가를 비롯하여 모든 사람의 삶의 질을 보다 향상시킬 수 있는 기회를 선택해야 한다.

(6) 사생활보호와 비밀보장의 원칙

클라이언트는 사회복지사와의 전문적인 관계 속에서 자신의 문제해결을 위해 많은 내용을 공개하게 되는데 사회복지사는 클라이언트가 제공하는 자신 및 타인에 관한 모든 정보에 관해 비밀을 보장해야 한다.

(7) 진실성과 정보개방의 원칙

사회복지사는 클라이언트가 진실을 알기를 원하는 경우, 알 권리를 존중하여 그가 원하는 정보는 모두 진실하게 알려 주어야 한다.

사회복지사 선서

- 나는 모든 사람들이 인간다운 삶을 누릴 수 있도록, 인간존엄성과 사회정의의 신념을 바탕으로 개인·가족·집단·조직·지역사회·전체 사회와 함께 한다.
- 나는 언제나 소외되고 고통 받는 사람들의 편에 서서, 저들의 인권과 권익을 지키며, 사회의 불의와 부정을 거부하고, 개인이익보다 공공이익을 앞세운다.
- 나는 사회복지사 윤리강령을 준수함으로써 도덕성과 책임성을 갖춘 사회복지사로 헌신한다.
- 나는 나의 자유의지에 따라 명예를 걸고 이를 엄숙하게 선서한다.

연습 문제

1. 사회복지실천의 가치 기반이 아닌 것은?

① 인간의 존엄성
② 비밀보장과 사생활 보장
③ 클라이언트의 자기결정
④ 사회조직 결성
⑤ 비차별성

2. 다음 중 사회복지사가 가장 우선시해야 할 윤리적 원칙은 무엇인가?

> 병상에 누워지내는 독거노인에게 도시락배달 서비스 제공을 위해 사회복지사가 자산조사를 시작하자 노인은 답변을 거부한 채 서비스를 거절하였다. 사회복지사는 독거노인이 홀로 식사를 챙기고 자신을 돌보기에 어려움이 있다고 판단하였다.

① 삶의 질 원칙
② 자율성과 자유의 원칙
③ 생명보호의 원칙
④ 평등의 원칙
⑤ 사생활보호의 원칙

3. 우리나라 윤리강령에 포함되지 않는 것은?

① 사회복지사와 동료
② 사회복지사와 사회
③ 사회복지사와 전문성
④ 사회복지사와 클라이언트
⑤ 자원봉사자, 후원자에 대한 존중

4. 사회복지사 윤리강령으로 옳지 않은 것은?

① 동료가 행한 비윤리적인 행위에 대해서는 관여하지 않는다.
② 서비스 비용은 공정하고 합리적으로 책정할 수 있다.
③ 사회복지 증진을 위한 환경 조성에 클라이언트를 동반자로 인정하고 함께 일해야 한다.
④ 슈퍼바이저는 개인적인 이익추구를 위해 자신의 지위를 이용해서는 안 된다.
⑤ 기관의 부당한 정책이나 요구에 대하여 전문직의 가치와 지식을 근거로 대응한다.

5. 알코올중독자인 클라이언트를 상담하던 사회복지사가 치료가 끝난 시점부터 클라이언트가 아동학대를 하고 있다는 것을 알았다. 이때 사회복지사가 대처해야 할 바른 행동은?

① 비밀을 보장한다.
② 아동학대센터에 신고한다.
③ 경찰서에 신고한다.
④ 클라이언트로가 스스로 아동학대센터에 신고하도록 정보를 제공한다.
⑤ 다른 사회복지사와 의논한다.

정답

1. ④ 2. ③ 3. ⑤ 4. ① 5. ②

제 4 장

사회복지실천 현장 및 대상

학습목표

1. 사회복지실천 현장에 대해 이해한다.
2. 개인, 가족, 집단, 지역사회 등 사회복지실천 대상에 대해 이해한다.

개요

사회복지실천 현장은 과거 대상 중심의 서비스 제공이 주를 이루었으나 최근 사회문제가 다양해지고 이에 대응하여 생겨난 사회복지기관이 증가하면서 점차 다양해지고 있다. 뿐만 아니라 직접적으로 클라이언트에게 서비스를 제공하는 기관 이외에 최근에는 행·재정적 지원을 주 업무로 하는 행정기관도 점차 중요하게 다루어지고 있는 추세이다.

실천 대상은 서비스 범위에 따라 개인, 가족, 집단, 지역사회로 구분된다. 사회복지실천 영역에서 실천 현장과 대상을 이해하는 것은 서비스 접근방법을 결정짓는 매우 중요한 과정으로 이 장에서는 이에 대해 면밀히 검토하고자 한다.

제4장

사회복지실천 현장 및 대상

1. 사회복지실천 현장

사회복지실천 현장은 「사회복지사업법」에 의한 서비스를 제공하는 기관 및 시설을 일컫는다. 「사회복지사업법」 제2조는 「국민기초생활보장법」을 포함한 27개 법률에 의한 복지사업과 이와 관련된 자원봉사활동 및 복지시설의 운영 또는 지원을 목적으로 하는 사업이라고 명시하였다. 이러한 법적 근거에 의해 아동복지, 청소년복지, 노인복지, 장애인복지, 여성복지, 가족복지, 지역복지, 의료사회복지, 정신보건사회복지 등 다양한 사회복지실천 현장에서 사회복지사들이 활동하고 있다.

사회복지실천 현장은 아동·노인·장애인·여성복지시설처럼 대상 중심의 사회복지시설이 주를 이루었다. 그러나 경제위기 이후 노숙자를 위한 기관 설립이나 노인인구 증가 및 노인성 질환 증가에 따른 치매상담센터 설치, 성폭력과 같은 사회적 문제 인식 강화로 인한 성폭력피해상담소 확대 등 특정 사회적 욕구나 문제를 대응하기 위해 생겨난 사회복지시설이 늘어나면서 사회복지실천 현장이 점차 다양해지고 있다.

이에 사회복지사와 사회복지전담공무원의 활동도 활발히 전개되고 있으며 대상자에게 일차적인 서비스기관인 직접서비스기관 이외에도 간접적인 서비스 제공기관으로서 행정기관의 역할도 중요하게 다루어지고 있는 추세이다. 이 장에서는 간접적인 서비스를 제공하고 있는 행정기관과 직접서비스를 제공하고 있는 서비스기관에 대해 살펴보고 각각의 영역별로 생활시설과 이용시설의 특징을 검토하였다.

1) 행정기관

행정기관은 사회복지서비스가 효과적으로 복지대상자에게 전달되도록 사회복지기관 혹은 시설에 행·재정적 지원을 주 업무로 하는 간접실천의 장이다.

설립주체에 따라 공적부분과 민간부분으로 구분되는데 공적부분은 국가와 지방자치단체가 주체가 되고, 민간부분은 재단법인, 사단법인, 종교단체, 사회단체에서 운영하는 비영리기관으로서 기부금이나 후원금, 재단전입금, 기타 서비스 이용료 등을 재원으로 하여 운영된다.

(1) 정부기관

사회복지행정을 담당하는 정부기관은 주요 정책관련 사무를 관장하는 중앙정부기관과 그 집행사무를 담당하는 지방정부기관으로 구분된다.

① 중앙정부

사회복지행정을 담당하는 중앙정부의 부서는 보건복지부와 여성가족부가 있다. 보건복지부는 아동, 장애인, 노인, 정신보건 등의 업무를 담당하며, 여성가족부는 청소년, 여성, 가족 등의 업무를 관장한다.

② 지방정부

지방정부의 사회복지전달체계는 보건복지부에서 시·도, 시·군·구를 거쳐 읍·면·동의 공무원이나 사회복지전담공무원을 통해 복지대상자에게 서비스가 전달되는 형태로 이루어진다. 1987년부터 구청 및 읍·면·동사무소에 사회복지전담공무원이 배치되었고 이들은 「국민기초생활보장법」 상의 기초수급자와 차상위계층을 비롯하여 아동, 노인, 장애인, 한부모가족복지 대상자에 대한 상담 및 조사, 급여, 관리에 이르기까지 전반적인 사회복지서비스를 담당한다.

(2) 민간기관

민간기관 중 가장 대표적인 것은 한국사회복지협의회로 「사회복지사업법」 제33조에 근거하여 사회복지에 관한 업무를 수행하기 위해 전국 단위의 한국사회복지협의회와 시·도 사회복지협의회를 두며, 필요한 경우에는 시·군·구단위의 시·군·구 사회복지협의회를 둘 수 있다. 주요 업무는 사회복지에 관한 조사·연구사업, 국제협력 사업, 교육훈련, 사회복지증진 사무, 대외홍보, 지방협의회 육성, 시설평가, 자원봉사활동 진흥 등의 사무를 관장한다. 또 하나의 대표적인 민간기관으로 국민의 성금을 재원으로 사회복지증진에 이바지하기 위해 설립된 사회복지공동모금회가 있다.

사회복지공동모금회는 연말연시 이웃돕기 캠페인, 연중모금을 통한 신청사업, 지정기탁사업, 기획사업, 긴급지원사업 등의 방법으로 모금을 배분한다. 신청 사업은 전문프로그램 사업계획서를 심사하여 지원하는 사업이고, 지정기탁사업은 기부자의 의도를 그대로 반영하는 사업이며, 긴급지원사업은 시급하게 복지대상자에게 배분하는 사업이다(보건복지부, 2016).

이외에 한국사회복지사협회나 한국사회복지관협회 등의 협의체와 직능별로 아동·청소년, 노인, 장애인, 여성, 부랑인 등을 대표하는 단체들이 있다.

2) 서비스기관

서비스기관은 주거서비스 제공 여부에 따라 생활시설과 이용시설로 구분한다. 생활시설은 사회복지서비스를 포함한 제반 사회복지서비스를 제공하며 대부분 보호적 성격을 지닌다.

(1) 아동복지시설

아동복지의 대상은 「아동복지법」 제3조에 따라 18세 미만의 자로 규정하며, 이들에게 서비스를 제공하는 생활시설은 아동양육시설, 아동일시보호시설, 아동보호치료시설, 공동생활가정, 자립지원시설로 구분된다. 생활시설은 사회적 도움이 필요한 아동에게 일정기간 보호를 제공하며 건전한 사회인으로 성장할 수 있도록 자립을 지원한다.

〈표 4-1〉 아동 생활시설

구 분	대상 및 내용
아동양육시설	보호대상아동을 입소시켜 보호, 양육 및 취업훈련, 자립지원 서비스 등을 제공
아동일시보호시설	보호대상아동을 일시보호하고 아동에 대한 향후의 양육대책수립 및 보호조치 실시
아동보호치료시설	• 불량행위를 하거나 불량행위를 할 우려가 있는 아동으로서 보호자가 없거나 친권자나 후견인이 입소를 신청한 아동 또는 가정법원, 지방법원소년부지원에서 보호위탁된 19세 미만인 사람을 입소시켜 치료와 선도를 통하여 건전한 사회인으로 육성 • 정서적·행동적 장애로 인하여 어려움을 겪고 있는 아동 또는 학대로 인하여 부모로부터 일시 격리되어 치료받을 필요가 있는 아동을 보호·치료
공동생활가정	보호대상아동에게 가정과 같은 주거여건과 보호, 양육, 자립지원 서비스를 제공
자립지원시설	아동복지시설에서 퇴소한 사람에게 취업준비기간 또는 취업 후 일정 기간 동안 보호함으로써 자립을 지원

아동복지시설 중 이용시설에는 아동상담소, 아동전용시설, 지역아동센터, 아동보호전문기관, 가정위탁지원센터, 어린이집이 포함된다. 이용시설에서는 지역사회 아동의 건전육성을 위해 아동과 가족 문제에 대한 상담과 치료, 보호, 교육, 오락제공, 조사연구, 프로그램 개발 등이 제공된다.

〈표 4-2〉 아동 이용시설

구 분	대상 및 내용
아동상담소	아동과 그 가족의 문제에 관한 상담, 치료, 예방 및 연구
아동전용시설	어린이공원, 어린이놀이터, 아동회관, 체육·연극·영화·과학실험전시 시설, 아동휴게숙박시설, 야영장 등 아동에게 건전한 놀이·오락 등을 제공하여 심신의 건강유지와 복지증진에 필요한 서비스를 제공
지역아동센터	지역사회 아동의 보호·교육, 건전한 놀이와 오락의 제공, 보호자와 지역사회의 연계 등 아동의 건전육성을 위하여 종합적인 아동복지서비스 제공
아동보호전문기관	학대받은 아동의 발견, 보호, 치료에 대한 신속처리 및 아동학대예방 담당
가정위탁지원센터	위탁아동이 건강하고 안정적인 가정 내에서 보호·양육될 수 있도록 지원
어린이집	6세 미만의 취학 전 아동에게 보육서비스 제공. 「영유아보육법」에 의한 국공립어린이집, 민간어린이집, 직장어린이집, 가정어린이집 등으로 구분

(2) 청소년복지시설

청소년은 부모에게 전적으로 의존하는 아동기에서 심리사회적으로 완전히 독립된 성인기로 전환하는 과정에 있는 연령층의 집단으로(김성이 외, 2010), 「청소년기본법」은 '9세에서 24세 이하'로 규정하고 있다.

청소년 전담부서는 여성가족부로 2011년 보건복지부에서 이관되어 사업을 운영하고 있다. 청소년 생활시설은 일정 기간 생활과 보호를 제공하고 가정, 학교, 사회로 복귀할 수 있도록 지원한다.

〈표 4-3〉 청소년 생활시설

구 분	대상 및 내용
청소년쉼터	가출청소년이 가정·학교·사회로 복귀하여 생활할 수 있도록 일정 기간 보호하면서 상담·주거·학업·자립 등을 지원
청소년자립지원관	일정 기간 청소년쉼터 또는 청소년회복지원시설의 지원을 받았는데도 가정·학교·사회로 복귀하여 생활할 수 없는 청소년에게 자립하여 생활할 수 있는 능력과 여건을 갖추도록 지원

청소년치료재활센터	학습·정서·행동상의 장애를 가진 청소년을 대상으로 정상적인 성장과 생활을 할 수 있도록 해당 청소년에게 적합한 치료·교육 및 재활을 종합적으로 지원

청소년 활동시설은 청소년 수련시설과 청소년 이용시설로 구분된다. 청소년 활동시설은 청소년의 신체적 · 정서적 기능강화를 지원하고 상담, 교육, 문화, 체험활동 기회를 제공함으로써 청소년의 건강한 성장을 도모하고자 하는 목적을 갖는다.

〈표 4-4〉 청소년 활동시설

구 분		대상 및 내용
청소년 수련시설		청소년지도사의 지도하에 체계적이고 조직적인 청소년 수련활동 진행. 수련시설은 청소년수련관, 청소년수련원, 청소년문화의집, 청소년특화시설, 청소년야영장, 유스호스텔이 포함됨
청소년 이용시설	청소년 상담복지센터	청소년 상담, 긴급구조, 자활, 의료지원 등 통합지원 서비스를 제공하여 청소년의 건강한 성장 및 복지증진 도모
	청소년방과후 아카데미	저소득층·한부모·장애 등 방과 후 돌봄이 필요한 취약계층 청소년에게 체험활동, 학습지원, 상담 등 종합서비스를 제공

(3) 여성 · 가족복지시설

여성 · 가족복지시설은 「한부모가족지원법」, 「다문화가족지원법」, 「성매매방지 및 피해자보호 등에 관한 법률」, 「성폭력방지 및 피해자보호등에 관한 법률」, 「가정폭력방지 및 피해자보호 등에 관한 법률」에 의한 시설이 해당된다.

〈표 4-5〉 여성 · 가족 생활시설

구 분	대상 및 내용
모·부자 가족복지시설	모·부자가족에게 기본생활지원(주거와 생계), 공동생활지원(자립준비), 자립생활지원(주거지원)

구 분	대상 및 내용
미혼모자 가족복지시설	미혼모자가족과 출산 미혼모 등에게 기본생활지원(출산 전 안전 분만 및 심신 건강 회복, 출산 후 주거와 생계), 공동생활지원(자립준비)
일시지원 복지지설	배우자(사실혼 관계 포함)가 있으나 배우자의 물리적·정신적 학대로 아동의 건전한 양육이나 모의 건강에 지장을 초래할 우려가 있을 경우, 일시적 또는 일정 기간 동안 모와 아동 또는 모에게 주거와 생계를 지원
성매매피해자 지원시설	성매매피해자등을 대상으로 숙식, 자립을 지원하며 일반 지원시설(1년), 청소년 지원시설(19세 미만), 외국인 지원시설(3개월), 자립지원 공동생활시설(2년) 등 운영
성폭력피해자 보호시설	성폭력피해자에게 보호 및 숙식, 상담 치료, 자립, 자활교육을 실시하며 일반보호시설, 장애인보호시설, 특별지원 보호시설, 외국인 보호시설, 자립지원 공동생활시설, 장애인 자립지원 공동생활시설 운영
가정폭력피해자 보호시설	가정폭력피해자에게 6개월~2년의 범위에서 주거편의 및 보호를 지원하는 시설. 단기보호시설(6개월), 장기보호시설(2년), 외국인보호시설(2년), 장애인보호시설(2년) 등 운영

여성·가족복지시설 중 이용시설은 한부모가족복지상담소, 다문화가족지원센터, 건강가정지원센터, 성폭력피해상담소, 성매매피해상담소, 가정폭력피해상담소, 긴급전화(여성긴급상담전화 1366) 등이 있다. 이용시설의 서비스는 생활시설에서 제공하는 서비스와 크게 다르지 않으며 주로 상담과 교육 프로그램 등이 지원된다.

〈표 4-6〉 여성·가족 이용시설

구 분	대상 및 내용
한부모가족 복지상담소	한부모가족에 대한 위기·자립 상담 또는 문제해결 지원
다문화가족 지원센터	결혼이민자와 그 가족을 대상으로 언어지도, 취업준비교육 및 사회적응 프로그램, 가족상담 프로그램을 제공
건강가정지원센터	저소득여성 가장, 미혼모·부자, 조손가정을 포함한 한부모가족 등을 대상으로 취업, 육아, 주거문제 등에 필요한 서비스를 제공하며 지역사회자원 연결 및 후원 등 실시

구 분	대상 및 내용
성폭력피해상담소	전문상담요원이 성폭력 피해를 접수·상담하며 긴급보호를 필요로 하는 사람의 병원 또는 성폭력피해자 보호시설로 이송, 가해자에 대한 고소와 피해배상 청구 등 사법처리 절차 수행
성매매피해상담소	성매매업소에 종사하는 성매매여성들에 대한 현장방문 상담, 법률·의료지원 등을 통해 감금·성매매 강요 등 인권유린 상황에 조기 개입하고 성매매 피해자지원시설·자활지원센터 등에 연계된 업무를 수행
가정폭력피해 상담소	가정폭력을 신고 받거나 상담을 제공하며 가정폭력 피해자를 임시보호하거나 의료기관 또는 보호시설로 인도하고 행위자에 대한 고발 등 법률자문 제공
여성긴급전화 1366	24시간 상담전화로 가정폭력, 성폭력 피해자, 미혼모, 가출, 유흥, 성매매 등 긴급한 상담과 보호를 필요로 하는 여성에게 긴급쉼터, 의료·법률지원, 사회복지서비스 등 필요한 정보를 제공

(4) 장애인복지시설

「장애인복지법」에서는 장애인을 '신체적 · 정신적 장애로 오랫동안 일상생활이나 사회생활에서 상당한 제약을 받는 자'로 규정하고 있다. 장애인복지시설은 장애인이 시설에 입소하거나 통원하여 재활에 필요한 상담, 치료, 교육, 훈련 및 요양 등의 장애인복지서비스를 제공 받을 수 있는 사회복지시설로 장애인 거주시설, 장애인 지역사회재활시설, 장애인 직업재활시설, 장애인 의료재활시설로 구분된다.

장애인 생활시설은 일반가정에서 생활하기 어려운 장애인에게 일정 기간 동안 거주, 요양 지원 등의 서비스를 제공하는 동시에 지역사회생활을 지원한다.

〈표 4-7〉 장애인 생활시설

구 분	대상 및 내용
장애유형별 거주시설	장애유형이 같거나 유사한 장애를 가진 사람들에게 장애유형에 적합한 주거지원, 일상생활지원, 지역사회생활지원 등의 서비스를 제공

구 분	대상 및 내용
중증장애인 거주시설	장애 정도가 심하여 항상 도움이 필요한 장애인에게 주거지원, 일상생활지원, 지역사회생활지원, 요양서비스를 제공
장애영유아 거주시설	6세 미만의 장애영유아를 보호하고 재활에 필요한 주거지원, 일상생활지원, 지역사회생활지원, 요양서비스를 제공
장애인 단기거주시설	보호자의 일시적인 부재 등으로 도움이 필요한 장애인에게 단기간 주거지원, 일상생활지원, 지역사회생활지원을 제공
장애인 공동생활가정	지역사회에서 소규모로 생활하며 사회에 적응할 수 있도록 서비스를 제공

장애인 이용시설은 장애인에게 취업기회와 직업훈련 등의 기회를 제공하며 장애인 직업재활시설, 장애인 지역사회재활시설이 있다.

〈표 4-8〉 장애인 이용시설

구 분	대상 및 내용
장애인 직업재활시설	중증장애인에게 취업기회와 직업훈련 등의 기회를 제공하기 위해 장애인에게 적합한 작업환경에서 직업훈련을 받거나 직업생활을 할 수 있도록 지원
장애인지역사회 재활시설	장애인복지관, 의료재활시설, 주간보호시설, 단기보호시설, 공동생활가정, 체육관, 심부름센터, 수화통역센터 등

(5) 노인복지시설

「노인복지법」에 의하면 노인복지시설은 기능에 따라 재가노인복지시설과 노인주거복지시설, 노인의료복지시설, 노인여가복지시설, 노인보호전문기관으로 분류된다.

이 중 노인주거복지시설과 노인의료복지시설은 노인이 시설에 거주하며 식사와 일상생활의 편의, 의료, 간호 등의 서비스를 받는 생활시설이다. 노인주거복지시설은 양로시설, 노인공동생활가정, 노인복지주택이 있으며, 의료복지시설은 노인요양시설, 노인요양공동생활가정이 있다.

〈표 4-9〉 노인 생활시설

구 분	대상 및 내용
양로시설	입소한 노인에게 급식과 일상생활의 편의 제공
노인공동생활가정	노인들에게 가정과 같은 주거여건과 급식, 일상생활의 편의 제공
노인복지주택	노인에게 주거시설을 임대하여 주거의 편의, 생활지도, 상담 및 안전 관리 등 일상생활의 편의 제공
노인요양시설	치매·중풍 등 노인성질환 등으로 심신에 상당한 장애가 발생하여 도움을 필요로 하는 노인에게 급식, 요양, 일상생활의 편의 제공
노인요양 공동생활가정	치매·중풍 등 노인성질환 등으로 심신에 상당한 장애가 발생하여 도움을 필요로 하는 노인에게 가정과 같은 주거여건과 급식, 요양, 일상생활의 편의 제공

노인복지시설은 방문요양, 주야간보호서비스, 단기보호서비스, 방문목욕서비스를 제공하는 재가노인복지시설과 여가복지시설인 노인복지관, 경로당, 노인교실이 있다. 이용시설은 노인이 자신의 집에서 지역의 다양한 노인복지서비스를 이용하거나 직접 방문하여 서비스를 제공받는 경우에 해당한다(보건복지부, 2016).

〈표 4-10〉 노인 이용시설

구 분	대상 및 내용
재가 노인복지시설	방문요양서비스, 주야간서비스, 단기보호서비스, 방문목욕서비스 중 하나 이상의 서비스를 제공
노인복지관	노인의 교양·취미생활 및 사회참여활동 등에 대한 각종 정보와 서비스를 제공하고, 건강증진 및 질병예방과 소득보장·재가복지, 그 밖에 노인의 복지증진에 필요한 서비스를 제공
경로당	지역노인들이 자율적으로 친목도모·취미활동·공동작업장 운영 및 각종 정보교환과 기타 여가활동을 할 수 있도록 하는 장소
노인교실	노인들에 대하여 사회활동 참여욕구를 충족시키기 위하여 건전한 취미생활·노인건강유지·소득보장 기타 일상생활과 관련한 학습프로그램을 제공
노인보호 전문기관	학대받는 노인의 발견·보호·치료 및 노인학대 예방

(6) 지역사회복지시설

대표적인 지역사회복지기관은 1983년부터 저소득층 밀집지역을 중심으로 설치된 사회복지관이다. 사회복지관은 「사회복지사업법」에 따라 지역사회의 문제해결과 주민 욕구 증진을 위해 설립·운영된다. 또한 저소득층의 자활을 담당하는 지역자활센터가 있다. 지역자활센터는 「국민기초생활보장법」에 기반하여 저소득층에게 근로의 기회를 제공하여 스스로 자활할 수 있는 기반을 조성하는 사업을 수행한다.

〈표 4-11〉 지역사회복지시설

구 분	대상 및 내용
사회복지관	지역사회 내에서 일정한 시설과 전문 인력을 갖추고 지역사회의 인적·물적 자원을 동원하여 지역사회 문제를 해결하고, 주민의 복지욕구를 충족시키기 위해 종합적인 사회복지서비스를 제공
자활센터	지역 내 저소득층에게 집중적이고 체계적인 교육을 통하여 일할 기회를 제공하여 자활의욕을 고취시키고 자립능력 향상을 지원

(7) 의료사회복지시설

의료사회복지는 사회복지의 가치, 지식, 기술, 태도를 의료에 응용하는 것이다. 사업은 주로 병원에서 실천되며 의학 및 관련된 전문직과 함께 심리·사회·환경적 차원을 동시에 고려하는 관점을 가지고 치료에 개입한다. 따라서 의료사회복지의 대상은 질병이나 장애로 인해 기능이 손상되었거나 위기에 처한 사람들로서 의료사회복지사는 의사, 간호사, 물리치료사 등과 함께 팀을 구성하여 서비스에 개입한다.

의료법 시행규칙 제38조에서도 '종합병원에는 「사회복지사업법」에 따른 사회복지사 자격을 가진 자 중에서 환자의 갱생, 재활과 사회복귀를 위한 상담 및 지도 업무를 담당하는 요원을 1명 이상 둔다'고 규정하고 있다.

의료사회복지사의 역할과 기능을 구체적으로 살펴보면 다음과 같다(한인영 외,

2006). 첫째, 질병, 외상관련 위기, 장애에 직면하게 하여 환자의 삶과 주요한 사회관계에 미치는 심리, 사회적 영향을 이해하고 대처하도록 돕고 미래를 계획하도록 돕는다. 둘째, 만성질병과 장애에 대처하는 기술을 촉진시키고 새로운 환경에 재통합, 적응하도록 돕는다. 셋째, 병식을 제공하며, 특정 환자와 가족에 영향을 주는 의료환경에 대한 이해를 돕는다. 넷째, 퇴원을 촉진시킬 수 있는 지역사회 자원과 연결하고 사회복귀를 위한 보호기관으로 의뢰한다. 다섯째, 예측 가능한 슬픔을 돕고 죽음에 직면한 사람들을 상담하며 다른 사별 관련 서비스를 가족성원에게 제공한다. 여섯째, 환자를 사정하고 적절한 프로그램을 계획·실시하며, 지역사회기관과 연계하여 이러한 욕구를 만족시킬 수 있는 서비스를 개발한다. 일곱째, 취약 인구집단에서의 잠재적인 방임을 입증하고 권위 있는 기관에 연결시킨다. 여덟째, 기관의 목적과 목표를 지지하고 환자의 욕구에 대한 기관의 민감성을 고취시킨다.

정리하면 의료사회복지는 환자와 그 가족이 질병의 원인이나 질병치료과정에서 경험하는 신체적, 심리·사회적 어려움을 극복할 수 있도록 도와주고 그들이 건강하게 사회에 복귀할 수 있도록 의료적 및 사회복지적 지원을 제공하는 것으로 요약할 수 있다.

의료사회사업 운영은 사회사업 담당부서가 의료기관 내에 별도로 설치되어 있어 여러 명의 사회복지사가 활동하고 있는 경우가 있기도 하고, 별도의 사회사업부서가 없이 신경정신과나 재활의학과에 같은 부서에서 소수의 사회복지사가 고용되어 활동하는 경우도 있다.

(8) 정신보건사회복지시설

1995년 「정신보건법」이 제정되면서 정신보건영역은 정신장애인의 시설 중심 치료에서 지역사회 중심으로 변화가 이루어짐에 따라 조기발견, 조기치료, 재활로 방향이 전환되었다. 2016년 「정신건강증진 및 정신질환자 복지서비스 지원에 관한 법률」로 전면개정이 되면서 정신보건서비스의 변화가 예상된다. 이 법은 정신질환자의 범위를 중증정신질환자로 축소 정의하고, 전 국민 대상의 정신건강증진의 장을 신설하며, 비자의(강제) 입원·퇴원 제도를 개선하고, 정신질환자에 대한 복지서비스 제공을 추가하는 등 현행 법률상 미흡한 점을 개선·보완하고자 개정되었다.

「정신건강증진 및 정신질환자 복지서비스 지원에 관한 법률」에 따라 '정신건강복지센터'는 정신건강증진시설, 「사회복지사업법」에 따른 사회복지시설, 학교 및 사업장과 연계체계를 구축하여 지역사회에서의 정신건강증진사업 및 정신질환자 복지서비스 지원사업을 하는 기관 또는 단체를 말한다. 구체적으로 정신건강증진시설로는 정신의료기관, 정신요양시설 및 정신재활시설이 해당되며, 정신의료기관은 의료법에 따른 병원 또는 의원 및 기관 등이 해당된다. 정신요양시설은 정신질환자를 입소시켜 요양 서비스를 제공하는 시설이며, 정신재활시설은 정신질환자 또는 정신건강상 문제가 있는 사람 중 대통령령으로 정하는 사람의 사회적응을 위한 각종 훈련과 생활지도를 하는 시설을 말한다.

「정신건강증진 및 정신질환자 복지서비스 지원에 관한 법률」에 따르면 정신보건복지서비스의 영역으로 복지서비스를 개발하기 위해 연구지원체계를 구축하도록 노력해야 하며, 고용 및 직업재활 지원, 평생교육 지원, 문화·예술·여가·체육활동 등 지원, 지역사회 거주·치료·재활 등 통합 지원, 가족에 대한 정보제공과 교육 관련 서비스를 제공해야 함을 명시하고 있다.

보건복지부에서는 정신건강 분야에 대한 전문가로 정신건강전문요원 자격을 부여하고 있다. 정신건강전문요원으로는 전문분야에 따라 정신건강임상심리사, 정신건강간호사 및 정신건강사회복지사로 구분한다. '한국정신보건사회복지학회'에서는 2012년부터 중독전문사회복지사 자격제도를 실시하는 등 새로운 분야의 전문 인력을 양성하고 있다.

(9) 학교사회복지시설

학교사회복지는 학교라는 사회적 제도에 개입하여 학생 개개인의 지적·사회적 · 정서적 욕구와 문제해결에 관심을 갖도록 도와주며 학업성취를 향상시킴은 물론, 모든 학생들이 학교에서 공평한 교육기회와 성취감을 제공받을 수 있도록 학교현장에서 활동하는 전문적인 사회사업분야로 규정된다(Costin, 1981). 여기서 학교사회복지의 일차적인 실천 대상은 학생이지만, 학생에게 영향을 미치는 교사와 부모, 학교가 모두 사회복지의 실천 대상이 된다.

Allen-Meares(1997)에 의하면 학교사회복지는 학생들이 건전한 사회기능을 달성할 수 있도록 준비시키며, 학생 개인의 문제뿐만 아니라 사회환경이나 교육환경의 변화에 즉시 개입하여 학교가 자신의 역할과 기능을 극대화할 수 있도록 도와주는 연계활동이라고 정의하였다. 이를 위해 학교사회복지사는 일반 교사나 교육행정가의 역할을 수행해야 한다고 보는 것이며 가정－학교－지역사회 간의 연계를 강화하여 학생들에게 적합한 교육환경을 마련해 주어야 한다.

우리나라에서 학교사회복지는 1997년 교육부에서 '학교사회사업 시범연구사업'을 시작한 것에서 비롯되었다. 현재 교육부 산하 시 · 도교육청 및 교육지원청에서 주관하는 '교육복지우선지원사업'이 활발히 운영되고 있으며, 그 외 We start, 드림스타트, 지방자치단체 자체사업 등 다양하게 학교사회복지사업이 진행되고 있다.

학교사회복지사의 자격

필수자격

1. 사회복지사 1급 자격증 소지자
2. 학교사회복지론을 이수한 자
3. 아동복지론과 교육학 관련 교과목 중 1과목 이상을 이수한 자

선택자격

1. 240시간 이상의 학교사회복지 관련 실습을 이수한 자
2. 초·중·고등학교에서 학생복지업무 전담 사회복지사로 6개월 이상 근무자
3. 사회복지기관에서 학교사회복지관련 실무를 1년 이상 담당한 경력이 있는 자

(10) 교정사회복지시설

교정사회복지는 범죄인이나 비행청소년 등의 재활과 사회복귀를 돕고 범죄사건으로 인한 제반 영향을 해결하기 위한 전문적 사회복지의 한 분야이다. 즉, 범죄인이나 비행청소년의 개인 차원은 물론 그들을 둘러싼 사회환경에 개입함으로써 당면한 문제뿐만 아니라 재범을 예방하고 문제해결을 도모하고자 하는 것이다. 따라서 교정사회복지의 실천 대상은 범죄자 및 비행청소년뿐 아니라 범죄나 비행의 피해자 및 그들의 가족, 범죄가 발생한 지역사회가 대상이 된다.

교정복지 관련 기관은 크게 사법기관, 수용시설, 보호시설, 민간시설로 나뉜다. 사법기관은 경찰, 검찰, 법원, 수용시설은 교도소, 보호시설은 보호관찰소, 소년원학교, 소년분류심사원, 치료감호, 민간시설은 갱생보호기관, 소년보호시설이 해당된다.

교정사회복지는 사회복귀를 위해 보호관찰제도, 가석방제도, 갱생보호제도, 사회봉사수강명령, 선도조건부 기소유예 등의 제도를 실시하고 있다. 특히 보호관찰제도는 1988년 「보호관찰법」이 제정되면서 사회복지실천과 매우 중요한 연결성을 주고, 지역사회 중심 보호관찰 활동의 근거를 만들었다. 1995년 「보호관찰 등에 관한 법률」로 전면개정이 되면서 형사범 전체에 대하여 보호관찰이 확대 실시되고, 사회봉사명령 · 수강명령 조건부집행유예제도가 도입되었다.

교정복지는 범죄인이나 비행청소년들을 단지 처벌한다는 단순한 차원을 넘어서 그들이 교정 · 교화될 때까지 사회적 지원이 이루어져야 한다는 것에 한층 강한 사회적 · 국가적 사명감을 갖고 있다. 이러한 역할을 수행하기 위해 보호관찰소를 설치하고 보호관찰관을 두고 있는데, 보호관찰관의 전문적 소양으로 형사정책학, 범죄학 외 사회사업학도 포함하고 있다(최옥채, 2006).

〈표 4-12〉 교정사회복지시설

구 분		대상 및 내용
사법 기관	경찰, 검찰, 법원	경찰은 범죄의 예방, 수사 등 치안을 유지하거나 검찰의 수사 지휘업무를 협력하며, 법원은 수사기관이 공소 제기한 범죄에 대해 판결
수용 시설	교도소, 개방 교도소	교도소는 형의 유무에 따라 기결(미결)자를 수용하여 교정교화와 건전한 사회복귀를 도모. 그 중 개방교도소는 전국 교도소에서 선별된 모범수형자를 수용하여 외부 기업체 취업 등 외부 통근제를 실시하여 출소 전 사회 적응 능력을 배양
보호 시설	보호 관찰소	교정시설에 수용하지 않고 일상 사회생활을 유지하면서 재범을 하지 않도록 대상자를 지도, 감독하는 사회 내 처우이며, 수강명령과 사회봉사명령 등이 포함
	소년원 학교	법원 소년부에서 보호처분을 받은 소년을 보호, 수용하여 선도 교정교육을 하는 특수 교육기관으로 교과교육, 직업능력개발훈련, 의료, 재활교육 등을 실시
	소년 분류 심사원	범죄 소년에 대한 분류심사를 실시하여 법원소년부에 자료를 제공하고, 교정 처우 지침 제시, 사후지도 권고 등을 실시
	치료 감호	치료감호법에 의해 치료감호처분을 받은 자의 수용, 감호와 치료 및 이에 대한 조사와 연구를 실시하며, 사법기관에서 의뢰한 자에 대한 정신을 감정하며, 인성치료재활센터 등에서 그 역할을 수행
민간 시설	갱생 보호 기관	한국법무보호복지공단이 대표적이며, 무의탁 출소자에 대한 숙식제공과 물질적인 원호가 필요한 사람에게 긴급원호를 지원하는 프로그램을 운영. 또한 직업훈련, 취업지원, 창업지원 프로그램과 사회성향상교육, 심리치료, 멘토링 및 사후관리 지원 등 상담지원 프로그램을 운영
	소년 보호 시설	소년법원에서 6호 처분을 받은 소년을 아동복지법상의 아동복지시설이나 그 밖의 소년보호시설에 감호를 위탁하여 학업과 직업 교육을 제공. 종교, 사회기관 및 시설, 지역사회복지관과 복지시설 등 다양한 시설에 서비스 대상자를 위탁

2. 사회복지실천 대상

사회복지실천의 대상은 서비스의 범위와 내용에 따라 세 가지로 구분된다. 첫째, 미시적 수준은 개인을 대상으로 하며, 둘째, 중간수준으로써 가족과 소집단을 중심으로 하는 활동이 포함된다, 셋째, 거시적 수준으로 지역사회에 대한 접근이 있다(Zastrow, 1999).

1) 개인대상 사회복지실천

(1) 개인대상 사회복지실천의 정의

개인대상 사회복지실천은 원래 개별적인 효과를 나타내기 위한 지원방법을 의미하는 개념으로 사회복지기관과 시설에서 개인이나 가족이 사회생활에서 직면하는 문제에 대해 개별적인 접근을 통해 원조하는 데 사용하고 있다.

개별사회사업에 대한 학자들의 정의를 살펴보면 Richmond(1944)는 개별사회사업을 '개인과 그 사회환경 간에 조정을 통해서 개인을 발달시키는 과정'이라고 정의하였으며 Bowers(1949)는 '클라이언트와 그가 속한 환경 전체 또는 일부분에서 보다 나은 적응을 해 나가도록 개인이 가진 능력과 지역사회의 자원을 동원하기 위해서 인간관계에 대한 과학적 지식 및 대인관계의 기능을 활용하는 기술'이라고 정의하였다. Perlman(1957)은 '사람들이 사회적으로 기능함에 있어서 그들의 문제를 보다 효과적으로 대처해 나가도록 개인을 도와주는 복지기관에서 활용되는 한 과정'으로 정의하였다. 학자들의 공통적인 주장을 종합해 보면 개인의 능력을 향상시키고 지역사회의 자원에 초점을 두고 개인의 더 나은 적응을 지원하는 사회복지실천을 개별사회복지실천으로 정의하고 있다.

서비스 제공방식은 대면 접촉이 이루어지는 직접적 접근과 자원 연계나 환경적 조정과 같은 간접적 접근 방식이 있다. 직접적 접근은 임상사회사업 분야에서 클라이언트의 면접이나 상담을 주로 활용하는 반면, 간접적 접근은 지역사회를 중심으로 클라이언트의 주변 체계에 개입하여 사회지지체계나 관련 자원들을 활용한다(이준우 외, 2006).

(2) 개인대상 사회복지실천의 목적과 특징

개인대상 사회복지실천은 개인적이고 사회적인 문제를 해결할 수 있도록 돕는 데 그 목적이 있다. Zastrow(1999)는 개별사회사업은 '개인이 사회에 적응할 수 있도록 돕는 것과 개인의 특수한 욕구에 따라 서비스를 받을 수 있도록 돕는 것을 모두 포함한다'고 하였다. 즉, 개인의 보다 나은 적응과 변화를 위해 개인의 능력이나 지역사회 자원을 활용할 수 있도록 돕는 것을 개별사회사업의 궁극적 목적이라 할 수 있다.

이러한 목적을 가지고 있는 개별사회복지실천은 실천 현장에서 다음과 같은 특징을 갖는다. 첫째, 클라이언트는 자기 스스로 해결하기 곤란한 문제를 가진 개인이다. 둘째, 개별사회사업의 주체는 문제에 대한 과학적 지식과 전문적 기술을 가진 전문가이다. 셋째, 클라이언트의 실질적인 변화를 도모할 수 있는 여러 개입모델들이 서비스 실천으로 제공된다. 넷째, 개별사회사업은 클라이언트의 성장·발달과 환경적응을 다루는 계획된 원조활동이다. 다섯째, 개별사회사업은 개인과 그를 둘러싼 사회환경과의 상호작용을 중요시하며 개인의 내적 강화와 환경개선에 도움을 준다.

2) 가족대상 사회복지실천

(1) 가족대상 사회복지실천의 정의

가족을 한마디로 정의하기 어려우나 전통적이고 협의의 가족은 혼인을 통해 맺어진 성인남녀와 그들에게서 출생한 자녀로 구성되며 공통의 거주공간에서 생활하는 집단이다. 그러나 전통적인 가족 정의는 현대사회의 새롭게 등장한 기러기 가족, 공동체가족 등 다양한 형태의 가족을 설명하지 못한다. 따라서 광의의 가족은 혈연에 기반한 특수한 관계를 지닌 사람들의 공동거주를 필수 요소로 삼지 않는다.

이러한 현상은 낮은 혼인율, 높은 이혼율, 저출산, 남성중심 가족제도 변화 등으로 인해 독신가족, 한부모가족, 무자녀가족, 맞벌이가족처럼 구조적으로 다양한 가족을 포함하여 입양가족, 다문화가족 등 기존 가족개념과 다른 가족이 증가함으로써 가족의 기능면에서도 많은 변화가 일어났기 때문으로 해석된다.

따라서 가족대상의 사회복지실천은 이상에서 제시한 다양한 가족을 포함하며 가족구성원들이 각자의 발달적·정서적 욕구를 충족시켜 보다 유능하게 자신의 역할과 기능을 배우고 활용할 수 있도록 돕는 사회복지적 개입이라 정의할 수 있다.

가족대상 사회복지실천은 가족이 하나의 구조와 체계로서 어떻게 작용하는지 살펴 구성원들이 각각의 발달적·정서적 욕구를 충족시키며 보다 유능하게 자신의 역할과 기능을 배우고 활용할 수 있도록 돕는 것이다. 여기서 가족구성원들은 각각의 부분으로 작용하며 일정한 속성을 가지고 서로 순환적인 인과관계를 통하여 상호작용하는 속성이 있다.

(2) 다양한 가족과 문제

① 확대가족과 핵가족

확대가족은 두 세대 이상의 부모와 자녀로 구성된 가족으로 가부장 중심의 위계적 관계를 가지며 가족 전체의 결속을 중시하나 구성원 개개인의 자유가 제한되고 여성의 지위가 약한 것이 특징이다. 반면, 핵가족은 한 세대의 부부와 미혼의 자녀로 구성된 가족으로 부부 중심의 수평적 관계가 발달되어 있고, 구성원 개개인의 자유를 중시하고, 부모와 자식 간의 민주적 관계가 형성되어 있다. 최근 가족구조 형태 중에서 가장 많은 비중을 차지한다.

② 한부모가족

부모 중 한명과 자녀로 구성된 가족으로 최근 이혼율 증가와 배우자 사망으로 인해 점차 증가하는 추세이다. 한부모가족의 부모는 혼인상태의 변화, 가족구조 내의 역할 변화, 가족기능의 변화, 가족관계의 변화 등을 경험하게 되며 가족해체라는 구조적 결손으로 인해 기능적 결손에도 영향을 받게 된다. 이러한 가족기능의 약화는 경제적 어려움, 가족생활의 문제, 특히 자녀에게 심리·사회적으로 부정적인 영향을 미치게 된다. 특히 모자세대의 경우에는 부자세대에 비해 경제적 문제와 자녀양육의 이중부담에 노출되어 '여성 빈곤화' 현상을 가중시키고 있다.

③ 재혼가족

재혼가족은 '배우자 한쪽 혹은 양쪽 모두가 재혼 이상의 결혼으로 자녀가 있거나 없으면서, 하나의 가구를 유지하는 남편과 아내로 구성된 가족'으로 정의되며 혼합가족, 재구성가족 등으로 불린다. 최근 이혼율 증가와 함께 재혼율도 급속히 증가하고 있다. 재혼가족은 새로운 부모, 형제자매가 생기면서 새로운 변화를 경험하게 되고 새로운 가족관계에 익숙해지는 데 오랜 시간을 필요로 하며(김미옥, 2014), 이 과정에서 갈등을 겪기도 한다.

④ 다문화가족

다문화가족은 우리와 다른 민족 또는 다른 문화적 배경을 가진 사람들이 포함된 가정을 통칭하는 말이다. 우리 사회에 거주하고 있는 외국인 노동자, 국제결혼 이주자, 북한이탈주민, 그밖에 외국인 거주자, 외국인과의 사이에서 태어난 자녀들을 비차별적으로 부르는 용어이다(김범수 외, 2008). 「다문화가족지원법」의 다문화가족은 대한민국 국민과 혼인한 적이 있거나 혼인관계에 있는 재한 외국인과 '국적법'에 의해 대한민국 국적을 취득한 자로 이루어진 가족으로 정의하고 있다. 생활양식과 문화가 다른 이들이 만나 결혼생활을 유지하기란 쉬운 일이 아니다.

의사소통이 원활하지 못해 갈등이 유발되기도 하며 낯선 환경으로 인한 부적응을 호소하기도 한다. 따라서 다문화가족 구성원들의 어려움을 완화하기 위해 동등한 기회에 대한 가치관 정립 교육, 다양성에 관한 교육, 다문화가족 상담전문가 양성 등의 사회복지실천의 역할이 강조된다.

⑤ 노인가족

노인가족은 노인이 부모나 부부, 자녀, 형제 등 혼인, 또는 혈연관계에 의해 맺어지는 가족의 한 구성원으로 이루어진 집단이며, 최근에는 핵가족화로 인해 노인부부만 사는 노인부부 가족, 사별·이혼·별거 등으로 노인 독신가족 등이 증가하고 있다. 노인가족의 경우 돌봄 문제, 경제적 문제, 정서적 문제 등을 동반한다.

3) 집단대상 사회복지실천

집단사회복지실천은 1930년대 초에 개별사회사업과 구별하기 위한 목적으로 '집단사회사업'(group work)이라는 용어로 사용되었다. 클라이언트와 사회복지사 간 일대일 실천이 이루어지는 개인대상 사회복지실천은 클라이언트를 개별화하여 접근할 수 있다는 점에서 효과적이지만 비용과 시간, 노력이 보다 많이 요구되는 문제가 있다. 반면, 같은 문제를 경험하는 사람들의 집단은 그 자체로 서로의 문제를 공유하고 스스로의 문제를 이해하는 효과가 있으며 개입을 통한 변화가 보다 실생활과 가까울 수 있다는 장점 때문에 사회복지실천 현장에서 집단을 이용한 사회복지실천 방법이 폭넓게 활용되고 있다.

(1) 집단의 정의

집단에 대한 정의는 다양하다. 일반적으로 물리적인 공간에 같이 모여 있다고 해서 모두 집단은 아니며 유사한 문제를 가지고 공통된 목표 하에 상호작용하는 인간 집합체를 집단이라 할 수 있으며(김혜란 외, 2006), 공통적으로 다음과 같은 몇 가지 특징이 강조된다(남세진 · 조흥식, 2001).

- 3인 이상의 집합체이다.
- 성원들이 공통의 목적이나 관심사를 가져야 한다.
- 성원들이 소속감을 가져야 한다.
- 성원의 기능과 역할을 규제하는 규범을 가져야 한다.
- 성원들끼리 정서적 결속과 함께 상호 의존적이며 상호작용이 이루어져야 한다.

(2) 집단의 종류와 집단대상 사회복지실천

집단사회사업의 개념과 범위를 이해하기 위해서는 다양한 종류의 집단에 대해 이해해야 한다. 왜냐하면 집단의 종류에 따라 접근방법이 다르게 적용되기 때문이다. 다음은 집단의 목적에 따라 종류를 구분한 것이다.

① 지지집단

지지집단(support group)은 성원들이 스트레스를 주는 생활상의 사건을 잘 대처하고 효과적으로 적응할 수 있도록 원조하는 데 목적을 둔다. 지지집단에서 사회복지사의 역할은 자조 및 상호원조를 통해 대처기술을 향상시키도록 동기화시키며 미래에 대한 희망을 갖게 하는 것이다. 지지집단의 구성원은 유사한 문제나 경험을 가지고 있으며, 사회복지사는 지지집단을 직접 지도하지 않으면서 비전문가가 이끄는 자조집단에 자문을 주는 형태의 간접적인 원조를 제공한다.

- 한부모 자녀집단
- 암환자가족으로 질병예방과 대처방법에 대한 의견을 공유하는 집단
- 장애아 부모모임

- 알코올 단주모임

② 교육집단

교육집단(educational group)의 목적은 구성원들이 지식, 정보 또는 기술의 향상을 목적으로 하며, 성원들은 학습에 대한 공통된 관심을 가진 사람들로 구성된다. 학습은 강의나 토론형태로 구성된다. 교육집단은 주로 강의를 중심으로 하기 때문에 성원들의 자기표출은 비교적 낮은 편이며 구성원들은 학습자의 의도에 따라 비교적 적극적으로 참여하고자 하는 의지를 보인다.

- 예비부모 교육집단
- 위탁가정부모 참여집단
- 특정 질환에 대해 정보를 수집하고자 하는 집단

③ 성장집단

성장집단(growth group)의 목적은 자신과 타인에 대해 그들의 생각, 감정, 행동을 인식, 확장, 변화시킬 수 있는 기회를 통해 자신의 잠재력을 최대한 발휘할 수 있도록 하는 데 있다. 성장집단은 심리·사회적 병리를 치료하기보다는 심리·사회적 건강을 향상시키는 데 초점을 두며, 집단활동을 통해 자신을 성장시키고자 하는 분명한 목표의식을 가지고 있다. 집단 성원들은 집단 활동을 통해 통찰력을 기르고 새로운 행동을 시도하며 피드백을 얻고 성장할 수 있는 지지적인 환경 속에 있다.

- 부부대상 참만남 집단
- 청소년 가치정립 집단
- 은퇴 노년의 삶의 질 향상을 위한 노인집단

④ 치료집단

치료집단(therapy group)의 목적은 성원들의 문제개선, 행동변화, 상실된 기능회복을 돕는 데 있다. 집단 성원은 공통의 문제를 겪고 있는 클라이언트로 구성된다. 치료를 목적으로 하기 때문에 자기표출의 수준이 비교적 높은 편이지만 의지가 박약하거나 개인적 사유로 인한 치료 중도 포기자 비중도 높은 편이다.

- 금연클리닉
- 심리치료자 집단
- 약물중독 치료자 집단

⑤ 사회화집단

사회화집단(socialization group)은 사회적 관계에 어려움을 가진 클라이언트를 대상으로 사회생활에서 효과적으로 기능하기 위해 필요한 사회기술을 학습하거나 사회적으로 받아들여지는 행동 형태를 배우는 데 목적이 있다. 사회화집단은 게임, 역할연습, 레크리에이션 활동 등의 특정 프로그램 활동에 참가하여 대인관계 기술을 향상시키고 결속력을 발전시킨다.

- 학교폭력가해자 집단
- 사회부적응자 모임
- 치료센터 입소자 집단

4) 지역사회대상 사회복지실천

(1) 지역사회복지실천의 정의

지역사회복지(community welfare)란 말은 매우 포괄적인 개념으로 전문 혹은 비전문 인력이 지역사회 수준에 개입하여 지역사회에 존재하는 각종 제도에 영향을 미치고 지역사회의 문제에 대응하고자 하는 일체의 사회적 노력을 의미한다. 이러한 조직적·비조직적 노력은 동서고금을 막론하고 모든 형태의 지역사회에 존재하여, 흔히 '사회복지'보다 광범위한 개념으로 사용된다.

따라서 지역사회복지는 개인복지나 가족복지보다 넓은 차원의 개념이며, 아동복지, 청소년복지, 노인복지 등 대상 중심의 복지보다 지역성이 뚜렷하다(나동석·서혜석, 2008). 뿐만 아니라 생산·분배·소비의 기능을 비롯하여 사회화기능, 사회통제기능, 사회통합의 기능, 사회부조기능 등 어느 특수 분야에 국한되는 것이 아닌 광범위한 접근으로 조직적 접근을 다룬다.

(2) 지역사회복지 실천모델

지역사회복지실천은 각 지역마다 각기 다른 변화 요인을 갖기 때문에 단일한 모형으로 설명하기는 어렵다. Rothman(1991)은 지역사회복지활동을 다음과 같은 세 가지 모형으로 분류하였다.

① 지역사회개발 모델

지역사회개발 모델(community development model)은 지역사회 구성원의 자발적 참여와 역량개발을 통해 지역사회 문제를 해결하고자 하는 것으로 지역사회복지의 가장 전형적인 모델이다. 지역사회의 문제나 욕구를 다룰 때 구성원들이 지역사회의 문제를 스스로 해결할 수 있는 능력을 강화시키는 데 역점을 둔다. 즉, 지역사회 구성원들의 의식 개선과 역량강화를 통해 지역사회의 전반적인 역량을 개선하고 지역사회가 갖는 통합능력을 제고하고자 하는 모형이다. 주로 지역복지관의 지역개발사업, 성인교육 활동 등이 여기에 해당된다(박용순, 2006).

② 사회계획 모델

사회계획 모델(social planning model)은 지역사회가 갖는 문제를 해결하는 데 있어서 합리적이고 전문적인 역량에 기초하여 효율적으로 문제를 해결할 수 있는 가장 적합한 방안을 마련하고자 하는 모형이다. 전문가가 개입하여 지역사회복지 실천 과정을 주도하고 복지욕구가 있는 지역사회의 구성원에게 물자와 서비스를 제공한다. 즉, 최근의 복잡한 현대 산업사회의 변화를 위해 거대한 관료적인 기관들을 움직일 수 있도록 고도의 전문성을 갖춘 인력을 필요로 하며 사회문제해결을 위한 기술적인 과정을 강조한다.

③ 사회행동 모델

사회행동 모델(social action model)은 지역사회의 억압 받고 소외된 구성원이 사회경제적으로 보다 나은 대우를 받을 수 있도록 하려는 접근 모델로 의식화, 조직화, 권리요구와 같은 적극적인 방법을 사용하여 불평등 및 기회 제한의 문제 등을 개선하는 활동을 전개하며 이런 활동을 통해 지역사회의 정의를 실현하고자 한다. 이는 곧 차별받던 지역사회 구성원의 의지 및 역량을 강화하여 이들이 스스로 자신의 권리를 찾아 나설수 있도록 도와준다. 지역사회의 불우계층을 사회정의와 민주주의에 입각해 보다 많은 자원과 향상된 처우를 지역사회에 요구할 수 있도록 지원한다. 일반적으로 소수인종집단, 여권신장 운동, 노동운동조합, 소비자보호운동, 환경보호운동 등이 포함된다.

(3) 지역사회복지실천 현장의 주요 활동

지역사회수준에서 클라이언트의 요구에 유연하게 대응하기 위해서는 다음과 같은 지역사회 활동이 요구된다.

첫째, 지역사회 내 기관 간의 유기적인 협력이 필요하다. 클라이언트 요구를 효과적으로 충족시켜주기 위해 지역사회의 다양한 조직이나 기관의 협조는 매우 중요하다. 클라이언트의 문제가 복잡하고 다양하기 때문에 한 기관의 클라이언트의 문제를 모두 해결할 수 없는 경우가 많다. 따라서 기관들 간 협조체계를 구축하여 클라이언트의 욕구에 효과적으로 대응할 수 있도록 해야 한다.

둘째, 클라이언트 옹호활동이 요구된다. 옹호란 클라이언트에게 제공되지 않는 자원과 서비스를 연계하기 위해 클라이언트에게 불리한 영향을 미치는 환경 등을 변화시키고 필요한 서비스나 자원을 제공받을 수 있도록 하는 것이다.

셋째, 사회적 지지체계의 개발이 필요하다. 사회적 지지체계 활용은 자연적 지지체계와 공식적 지지체계 활용을 포함할 수 있다. 즉, 기존 체계들이 사회복지서비스를 대체할 수 있도록 지리적 여건이 좋지 않거나 서비스가 부족한 경우 교회, 병원, 미용실 등 지역체계 내의 인적·물적 자원을 사회복지서비스 대안으로 활용할 수 있으며(김충식 외, 2009), 기존의 사회복지기관 등에서 이루어지는 주민여가프로그램을 활용할 수 있다.

넷째, 서비스 조정이 필요하다. 다양한 문제를 가진 클라이언트에게 복합적인 서비스가 주어질 때 서비스의 중복과 누락을 방지하면서 서비스의 공동목적을 달성하기 위해 서비스 연결, 서비스 의뢰, 사례관리를 포함한 서비스 조정이 필요하다.

연습 문제

1. 다음 중 1차 사회복지실천 현장이 아닌 곳은?

① 아동양육시설 ② 노인복지시설
③ 장애인재활시설 ④ 공동생활가정
⑤ 보건소

2. 모자보호시설의 실천 현장 분류로 가장 알맞은 것은?

① 이용시설 ② 생활시설
③ 요양시설 ④ 직업재활시설
⑤ 사회복귀시설

3. 사회복지실천에서 공식적 자원에 해당하는 것은?

① 친구 ② 자원봉사자
③ 사회복지사 ④ 종교기관
⑤ 가족

4. 다문화가족 증가에 따른 사회복지실천의 역할을 모두 고르시오.

ㄱ. 동등한 기회에 대한 가치관 정립 교육
ㄴ. 가족관계 법령 강화 및 유지
ㄷ. 다양성에 관한 교육
ㄹ. 다문화가족 상담전문가 양성

① ㄱ
② ㄴ, ㄹ
③ ㄱ, ㄷ, ㄹ
④ ㄹ
⑤ ㄱ, ㄴ, ㄷ, ㄹ

5. 지역사회 수준에 대한 개입방법으로 적합한 것을 고르시오.

ㄱ. 클라이언트 옹호
ㄴ. 서비스 조정 및 연계
ㄷ. 기관 간 유기적인 연계
ㄹ. 사회적 지지체계 개발

① ㄱ
② ㄴ, ㄹ
③ ㄱ, ㄷ, ㄹ
④ ㄹ
⑤ ㄱ, ㄴ, ㄷ, ㄹ

정답

1. ⑤ 2. ② 3. ③ 4. ③ 5. ⑤

제 5 장

사회복지실천의 통합적 관점

학습목표

1. 사회복지실천에서 통합적 방법론이 등장하게 된 배경을 이해한다.
2. 일반체계이론과 생태체계이론의 기본개념과 실천에 있어서 유용성을 이해한다.
3. 통합적 실천모델인 체계모델과 생활모델의 개념과 적용원리를 이해한다.
4. 통합적 사정체계인 생태도와 PIE(Person in Environment) 체계의 실천 방법을 이해한다.

개요

사회복지실천에서 통합적 방법론이 자리를 잡게 된 배경은 실천의 초점이 개인변화에만 둘 경우 문제해결의 한계점을 인식하게 된 점이다. 개인의 문제원인을 이해할 때 환경의 중요성이 고려되어야만 본질적인 변화를 가져올 수 있다. 개인과 환경은 상호 복합적으로 기능하기 때문에 포괄적인 시각에서 문제원인을 사정하고 개입방법을 모색해야만 한다. 이에 통합적 방법론은 개인변화와 환경변화라는 이중초점을 갖고 클라이언트의 삶의 질 향상을 돕고자 하는 사회복지실천의 기본틀이라 할 수 있겠다. 이 장에서는 통합적 방법론이 등장하게 된 배경을 살펴보고 체계이론과 생태체계이론, 실천 모델이 실천에서의 관련성과 어떻게 적용될 수 있는지를 이해하도록 한다.

사회복지실천의 통합적 관점

1. 통합적 방법의 등장 배경

전통적인 실천 방법은 문제해결방안을 개인변화에만 초점을 두었기 때문에 개인의 잠재력이 충분히 개발되지 못했다. 더구나 사회환경변화로 인한 개인의 욕구가 더욱 복잡해졌음에도 불구하고 실천의 초점이 개인에게만 집중되어 있어서 문제해결의 한계점을 낳게 되었다. 즉, 전통적 방법으로는 클라이언트의 복잡한 문제 상황에 대해 효과적으로 개입하기 어렵다는 점을 인식하기 시작하였다. 실천 방법에서 개인의 상황을 이해하는 데 환경요인의 중요성이 점차 강조된 점이다.

이에 미국사회복지사협회(NASW, 1958)는 개인을 이해하는 데 환경요인이 실천 방법으로 포함될 것을 '사회복지실천의 작업 정의'라는 보고서에 처음으로 제시하고 있다. 이후 Bartlett(1975)은 『사회사업실천의 공통기반』이라는 그의 저서에서 개인과 환경에 대한 이중 초점의 중요성으로 통합적 방법을 강조하였고, 아울러 Pincus와 Minahan(1973), Goldstein(1973), Compton과 Galaway(1975), Germain과 Gitterman(1994) 등의 많은 학자들에 의해 통합적 방법에 관한 이론구축을 위한 노력이 진행되었다. 또한, 사회복지실천 전문가들의 노력에 의해서도 통합적 방법이 정립하게 되는 계기가 되었다. 사회복지실천에서 체계이론(system theory)과 생태체계이론(ecosystem theory)을 주요 이론으로 적용하기 시작하면서 개인의 복잡한 문제를 개입하는 데 그 유용성을 입증하려는 시도가 이어졌다. 이렇듯 포괄적이고 체계적인 방법론을 요구하는 사회복지 전문가들의 욕구와 맞물리면서 통합적 방법론이 정립하게 되는 기틀을 마련하게 된다. 따라서 통합적 방법은 사회환경변화에 따른 복잡한 개인의 욕구와 이에 대한 전통적 실천 방법의 한계점을 극복하기 위한 전문가들의 노력들이 자연스럽게 발전하면서 중요한 방법론으로 자리를 잡게 되었다.

한편, 통합적 방법론이 발전하게 된 또 다른 배경은 전통적인 실천 방법으로는 효율적으로 서비스를 제공하지 못한 점을 지적할 수 있다. 즉, 서비스가 지나치게 세분화 또는 전문화되어 있어서 다양한 욕구를 가지고 있는 클라이언트들이 다양한 기관이나 사회복지사들을 찾아다녀야 하는 부담을 안겨다 주었다. 또한 이렇게 세분화된 서비스 분야에서는 공통기반의 지식이론들이 합의되지 않고 각자의 이론을 적용하고 있어서 사회복지 전문직으로서의 정체성을 확립하는 데 장애가 되었다. 이러한 점이 사회복지실천에서 한계점으로 지적되면서 통합적 방법론이 실천 과정에서 공통적으로 필요하다고 인식하게 된다. 이에 통합적 방법론은 클라이언트를 '환경 속의 인간'(PIE)의 관점으로 이해하도록 한다. 이러한 관점은 일반체계이론과 생태체계이론을 지식으로 적용하여 보다 효과적으로 문제를 개입하는 데 주요 실천 방법으로 활용되고 있다.

2. 통합적 방법의 이해

1) 통합적 방법의 개념

사회복지실천에서 통합적 방법이란 사회복지사가 개인, 집단, 지역사회에서 제기되는 사회문제를 개입할 때 활용할 수 있는 공통된 하나의 원리나 개념을 제공할 수 있는 방법의 통합틀을 말한다. 그리고 통합적 방법은 다음과 같은 특징이 있음을 강조한다(조흥식 외, 2009).

첫째, 통합적 방법은 사회복지실천의 본질적 개념, 활동, 기술, 과업 등에 공통적인 기반이 있음을 전제로 한다. 둘째, 통합적 방법의 가치는 클라이언트의 잠재성을 인정하며 아울러 잠재성이 개발되고 성장할 수 있음을 강조한다. 셋째, 사회복지실천의 지식은 개인의 내부적 정신역동적인 측면과 외부적 환경적인 측면인 상황 속의 인간을 이해하는 데 필요한 개념을 모두 포함한다. 넷째, 과거 사회복지의 개입은 주로 인간에게 초점을 두거나 환경에 초점을 두는 이분법적 형태로 이루어졌으나 통합적 방법은 양면적 상호작용에 초점을 둠으로써 인간과 환경의 공유영역, 즉 사회기능수행 영역에서 사회복지사가 개입해야 함을 강조한다. 마지막으로, 클라이언트의 존엄성을 인정하고 그의 강점과 자기결정 및 개별화를 극대화할 것과 실천 과정에서 계속적인 평가를 강조한다.

이 장에서의 통합적 개념이란 개인, 가족, 집단 대상에게 사회복지를 실천함에 있어 '환경 속의 인간'이라는 관점으로 개인과 환경 모두에 실천의 초점을 두는 것으로 정의한다. 또한 환경 속의 인간이라는 관점은 체계이론과 생태체계이론을 이론적 배경으로 하며, 두 이론은 실천에서 개인과 사회환경 간의 관계를 파악하고 개입의 방향을 제시하는 데 유용한 통합적 방법이라 할 수 있다.

2) 통합적 방법론과 사회복지사의 역할

Godon(1969)은 통합적 방법을 지향하는 사회복지사의 역할에 대해 환경이 제공하는 자원과 개인이 가지고 있는 욕구와 성장 잠재력과의 조합을 이루어내는 것이 사회복지사 활동 초점이라고 보았다. 즉, 사회복지사는 클라이언트가 갖고 있는 대처능력과 클라이언트가 속해 있는 환경이 요구하는 것 사이의 균형을 이루기 위해 노력해야 한다. 이러한 역할을 수행하기 위해 사회복지사는 생태체계적 관점을 유지하면서(McMahon, 1996), 개인과 환경 모두의 기능을 회복하도록 초점을 두면서 다양한 체계수준에서 포괄적으로 개입하는 것을 의미한다. 이러한 점은 미국사회복지사협회(NASW, 1981)에서 사회복지실천 목적은 '모든 사람들의 삶의 질을 향상시키기 위해 개인과 사회 간의 상호 유익을 위해 상호작용을 증진시키는 것'으로 정의한 것과 일치된다. 이는 곧 사회복지사의 역할로도 이해할 수 있다. 사회복지사는 이러한 실천목적을 달성하기 위해 통합적 방법의 지식들을 적극 활용하여 사회문제를 해결해 나가야 한다.

3. 통합적 방법의 이론적 기반

사회복지실천의 통합적 방법에 가장 많은 영향을 미친 이론이 체계이론과 생태체계이론이라 할 수 있다. 두 이론의 공통점은 인간행동에 대한 환경의 중요성을 기반으로 개인과 환경 간 상호작용의 영향력을 강조하고 있다는 점이다. 이러한 시각은 클라이언트의 문제에 대해 개입하는 데 있어서 개인에게만 원인을 두는 것이 아니라 환경에도 관심을 가지도록 하였다. 사회복지실천은 개인의 변화뿐 아니라 환경변화에도 초점을 두면서 개입해야 함을 의미한다.

체계이론은 개인, 가족, 집단, 지역사회 등을 각각의 사회체계로 적용하여 인간과 환경 간의 상호관련성 및 의존성에 관심을 갖고 있다면, 생태체계이론은 인간과 환경을 하나의 단일체계로 보고 전체적인 맥락에서 문제의 원인을 파악한다. 즉, 체계이론은 개인의 문제원인을 이해하는 데 환경과의 상호작용의 중요성을 갖도록 하였다면, 생태체계이론은 '환경 속의 인간'(PIE)이라는 좀 더 포괄적이고 확장된 관점으로 인간을 바라볼 수 있게 하였다. 따라서 두 이론은 사회복지실천에서 클라이언트 문제를 개입할 때 개인과 환경 체계 간의 특성들을 파악하는 데 필요한 주요 개념과 개인이 속해 있는 환경과의 기능이 어떠한지를 전체적인 맥락에서 이해하는 데 필요한 이론적 배경을 제공하였다.

체계이론과 생태체계이론이 사회복지실천 방법론으로 활용되면서 클라이언트의 복잡한 문제에 대해 보다 구체적으로 접근할 수 있는 기틀이 마련되었다. 이러한 이론적 기반은 그동안 인간이나 사회 행동에 대해 부분들만 다루었던 것과는 달리 '전체'(wholes)를 다룬 다는 점에서 그 가치가 있다. 특히 생태체계이론은 인간과 환경 사이의 상호교환을 기반으로 생태학이론과 체계이론을 통합하여 발전한 이론이다.

체계이론과 생태학이론의 공통점은 인간과 환경을 하나의 체계의 개념으로 보고 인간, 환경에 대한 각 체계의 기능뿐만 아니라 인간과 환경 간의 상호작용에 관심을 갖는다. 따라서 두 이론의 개념이 결합되어 생태체계이론으로 발전되었고 생태체계이론은 '환경 속의 인간'이라는 관점으로 개인의 적응 문제를 이해하고 다차원적으로 개입하는 데 지대한 영향을 미쳤다. 생태체계관점은 인간과 환경은 서로 분리되어 있는 것이 아니라 지속적으로 상호 교류하는 하나의 전체체계로 보기 때문에 인간과 환경 간의 관계를 파악하고 상호 간의 적응을 위해 어떠한 개입이 필요한지를 사정하는 데 중요한 방향을 제시해 준다. 이에 사회복지사는 실천이론으로 일반체계이론과 생태체계이론을 이해하는 것이 필요하다.

1) 일반체계이론

사회복지실천에서의 일반체계이론은 Bertalanffy(1981)에 의해 제시되었다. 체계이론은 생물학적 이론에서 비롯된 것으로 모든 유기체는 체계(system)의 개념으로 상호 간 연결되어 기능한다고 본다. 체계이론의 개념으로 개인, 가족, 집단, 지역사회 등 사회체계 간의 관계들을 설명하고 파악하는 데 활용된다. 사회복지실천에서 개인의 사회적응문제는 원인과 결과라는 단편적인 관계로 분석하기보다는 문제와 원인이 상호 간 연결되어 있어서 전체로 파악되어야 한다. 사회복지실천에서 체계이론은 개인과 환경 간의 요소들이 어떻게 관계되어 기능하는지를 이해하는데 중요한 영향을 미쳤다. 이러한 일반체계이론의 주요 개념을 제시하면 다음과 같다.

(1) 일반체계이론의 주요 개념

일반체계이론은 다양한 체계 간의 상호작용을 강조하는 개념으로 개인, 가족, 집단, 지역사회 간의 관계를 의미한다(Barker, 1999). 체계(system)라는 용어는 '결합한다'의 의미로서 모든 체계는 상호의존적으로 결합되어 있다고 보는 전체의 하나로 간주한다. 개인과 환경은 어느 한쪽이 일방적인 영향을 끼치는 것이 아니라 상호 간 모두 원인인 동시에 결과를 제공하는 전체의 단위로 본다. 따라서 개인과 환경이 끊임없이 상호 간 영향을 주고받으면서 기능하기 때문에 클라이언트의 문제를 이해할 때 이러한 상호관계를 파악하는 데 유용성을 갖는다. 체계이론을 설명하는 데 필요한 주요 개념은 경계, 개방체계와 폐쇄체계, 하위체계, 항상성, 엔트로피 및 네겐트로피 등으로 설명될 수 있다.

① 경계

경계는 체계 내 관계를 구분 짓는 것으로 모든 체계는 경계선을 가지고 있다. 가족체계가 정상적으로 기능하기 위해서는 하위체계들이 각자의 기능을 잘 수행해야 한다. 예를 들면, 부모자녀 관계는 하위체계로 구성되는 데 상호 간의 역할 구분이 존재함으로써 가족의 기능이 유지된다. 그러나 부모의 경계선이 너무 투과적일 경우 자녀에게 지나치게 간섭하게 되어 자녀의 독립심을 방해하는 요소로 작용된다. 경계선의 개념은 가족체계의 기능이 어떠한지를 파악해 볼 수 있다.

② 개방체계 및 폐쇄체계

개방체계는 주변 환경과 지속적인 상호교류를 통해 체계를 유지하는 것을 말한다. 예를 들면, 가족은 발달에 필요한 정보나 에너지를 외부환경으로부터 자유롭게 받아들이고 공유할 때 가족체계가 건강하게 기능한다. 반면, 폐쇄체계는 주변 환경과 아무런 상호교류를 하지 않기 때문에 체계가 단절되고 정상적으로 기능을 하지 못한다. 예를 들면, 맞벌이 가족의 경우 자녀의 돌봄에 대해 외부의 도움이 필요하지만 도움을 요청하지 않거나 차단하는 경우 가족의 기능이 정상적으로 발달하는 데 어려움을 준다.

③ 하위체계

하위체계는 큰 전체 체계에서 파생된 부분체계로 설명할 수 있다. 예를 들면 가족체계에서도 부부 하위체계, 부모자녀 하위체계, 형제자매 하위체계로 구성되어 있다고 보고 체계들이 지속적으로 상호교환함으로써 가족은 순기능 또는 역기능으로 발달한다고 본다. 하위체계의 개념은 전체 가족의 기능이 어떠한 양상으로 발달해 왔는지를 이해하게 한다.

④ 항상성

항상성의 개념은 체계란 비교적 안정적이면서 지속적인 균형 상태를 유지하고자 하는 경향을 말한다. 만약 체계의 균형을 깨뜨리는 것이 있다면 다시 안정된 상태를 회복하려는 속성을 갖는다(Barker, 1999). 이에 모든 체계들은 생존하기 위하여 안정성을 유지하고자 하는 본질적인 속성을 가지고 있으며, 이러한 항상성으로 인해 체계는 규칙성 있는 행동방식을 갖게 된다.

⑤ 엔트로피 및 네겐트로피

엔트로피는 체계가 해체하는 방향으로 진행하는 경향을 말한다. 체계가 외부로부터 유용한 에너지를 받지 못하면 소진되어 소멸된다는 의미이다. 예를 들면, 폐쇄체계를 구성하고 있는 조직들은 시간이 지남에 따라 구성원들 사이의 구별이 없어지게 되며 점차 동일성을 띠게 된다. 따라서 체계 내의 조직구성 및 그 기능이 쇠퇴하게 된다. 네겐트로피는 엔트로피의 반대의 경향으로 체계가 성장하고 발달하는 방향으로 진행하는 과정을 의미한다. 체계가 외부로부터 긍정적인 에너지를 가져옴으로써 체계 내부의 유용하지 않은 에너지가 감소되는 것을 말한다.

또한 체계가 어떻게 작용하는지에 대한 방식을 설명하는 주요 개념은 투입, 전환, 산출, 피드백 과정으로 설명한다. 먼저, 투입은 외부로부터 어떤 체계 내로 들어가는 에너지나 정보 등을 의미한다. 전환은 체계 내 투입된 에너지와 정보를 처리하는 과정을 의미하며, 투입된 에너지나 정보가 활용되는 단계를 말한다. 산출은 전환과정을 통해 나타난 결과물이 체계 밖으로 나타나는 결과물로 설명한다. 그리고 피드백이 체계가 자신이 계획한 목적 방향대로 잘 나가고 있는지를 조절하고 보다 근접한 목적달성을 위해 체계와 환경 간의 상호작용을 수정해 나가는 것을 가리킨다.

지금까지 설명한 개념을 예를 들어 정리하면 다음과 같다. 누군가 나에게 취업정보에 대해 말해 준다면(내 체계로의 투입), 이 정보는 나의 행동에 영향을 주고(내 체계 속에서의 전환), 구직활동을 위해 노력하려는 행동변화가 일어나게 된다(산출). 구직 정보에 대한 긍정적 반응과 느낌을 상호 간 공유하게 됨으로써 구직활동에 참여한 전체의 변화를 갖게 된다(피드백). 사회복지사는 클라이언트가 무엇을 원하고 이루고자하는 목적이 무엇인지를 집중하면서 클라이언트와 관계를 맺고 있는 체계와의 상호 교류에 관심을 갖고 개입해 나가야 한다.

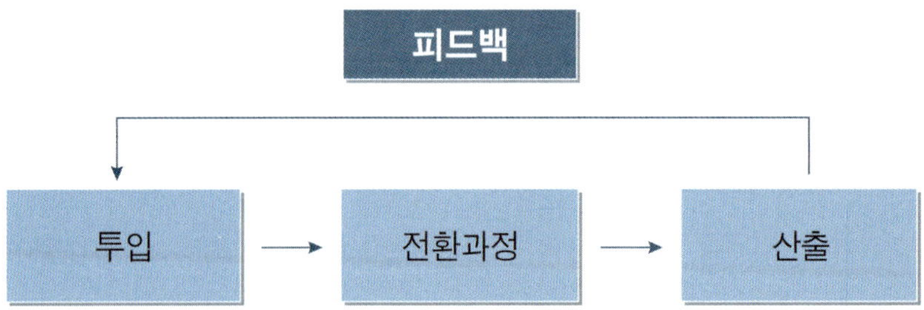

[그림 5-1] 체계 내의 활동

2) 생태체계이론

사회복지사는 사회복지실천에서 통합적 관점에서 클라이언트의 문제를 이해해야 한다. 개인의 문제를 바라볼 때 개인과 가족을 포함한 환경적 요소가 어우러져서 나타나는 결과로 보아야 하며, 아울러 문제해결방안도 모두의 기능을 향상시키는 데 초점을 두어야 한다. 이는 사회복지사가 개인과 환경체계가 어떻게 상호작용하는지를 그 기능에 집중하면서 문제해결의 방안을 찾아가는 것을 의미한다. 이러한 관점에서 생태체계이론은 개인과 관련된 환경체계를 상세히 분류함으로써 문제해결방안을 다양하게 고려하도록 개입방향을 제시한다.

생태체계이론은 인간행동에 대한 체계이론과 생태학이론의 개념들을 통합한 이론이다. 생태학은 자연과학의 생물학적 관점에서 발달한 학문으로 이를 인간의 생활과 환경과의 관계에 적용하여 접근한 이론이다. 생태학이론이 사회복지실천에 적용됨으로써 그동안 단편적인 원인분석이 아닌 환경 간의 관계에서 상호 교류하는 인간의 적응 문제를 이해하는 데 새로운 견해를 제공해 주었다. 사회복지실천에서 생태체계이론의 유용성은 인간을 보다 구체적으로 이해하며, 이에 필요한 도움을 주는 데 모든 환경자원을 개발하고 활용한다는 점이다. 따라서 생태체계적 관점은 사회복지실천 과정에서 개인, 환경, 개인과 환경 간의 상호적 관계 모두를 전체적인 시각에서 조명하여 개입해 볼 수 있는 유용한 실천 방법론이다. 이러한 측면에서 Compton 등(1989)은 생태체계이론이 환경 속의 인간을 이해하는 데 통합적 방법론으로 중요하게 기여한 점을 강조하였다.

통합적 방법의 대표적인 이론은 체계이론과 생태학이론이라 할 수 있다. 그리고 생태학이론은 체계이론을 기반으로 하여 생태체계이론으로 발전하였다. 두 이론의 공통점은 인간행동에 대한 환경의 영향을 강조한다는 점에서 유사점이 있다. 또한 개인 혹은 환경의 어느 하나에 초점을 두는 것이 아니라 인간과 환경을 하나의 체계로 보며 인간과 환경이라는 각 체계뿐 아니라 이들의 상호작용에 함께 관심을 가지고 있다는 공통점이 있다. 따라서 두 이론 모두 클라이언트의 내

부적 기능에 초점을 두기보다는 외부적인 기능의 상호작용을 강조하고 있다.

반면, 체계이론은 설명되지 못한 몇 가지의 한계점이 있다는 점에서 생태체계이론에 더 관심을 기울이게 되었다. 첫째, 체계이론에서 충분히 설명되지 않은 적응(adaptation)과 상호교류(transaction)라는 개념을 생태체계이론에서는 중요하게 설명하고 있다. 둘째, 체계의 변화속성만을 강조한 체계이론에 비해 생태체계이론은 변화와 동시에 체계의 유지기능도 중요하게 다룬다. 셋째, 생태체계이론은 체계이론 보다 개인이 일상생활 속에서 실제 경험하고 있는 생활사건에 관심을 가지고 있으며, 이를 도울 수 있는 실천 방법을 다루고 있다. 이러한 점에서 사회복지실천에서 통합적 방법으로 생태체계이론을 적용하고 있다.

(1) 사회복지실천에서의 유용성

사회복지사가 생태체계관점으로 클라이언트 문제를 개입할 때 개인에 대해 보다 포괄적인 이해를 가능하도록 해 준다. 특히 클라이언트와 환경체계 간의 욕구를 사정하고 개입의 방향을 설정하는 데 있어서 그 유용성을 갖는다. 예를 들면, 생태도를 활용하여 사회적 관계망을 분석함으로써 개인과 환경 간의 적응을 방해하는 요인을 파악하거나 적응에 도움이 되는 지지체계를 발견할 수도 있다.

이러한 측면에서 생태체계이론은 개인과 개인이 속해 있는 환경이 어떻게 적응상태를 이루는지에 초점을 두면서 접근하기 때문에 문제원인을 어느 한쪽으로 전가시키지 않는다. 이에 개인과 환경체계 모두의 변화를 촉진시키는 데 개인과 환경의 잠재력과 자원을 최대한 활용한다는 관점을 유지한다. 따라서 생태체계이론에서의 사회복지실천 목적은 '사람들의 적응 능력을 강화하고 그들의 환경에 영향을 주어서 상호교류가 보다 적응적이 되도록 하는 것'이다(Germain et al., 1994).

(2) 생태체계적 관점

생태체계이론은 Bronfenbrenner(1979)가 체계적 관점을 확대하여 이론화하였고,

Germain과 Gitterman(1994)이 생활모델(life model)을 제시하면서 생태체계이론이 사회복지실천에서 자리를 잡게 되었다. 그리고 생태체계이론은 체계이론과 생태학이론이 결합되어 생태체계이론으로 발전하게 되었다(Beckett & Johnson, 1995).

생태학은 유기체와 환경 간의 관계를 연구하는 생물과학이다. 생태학적 관점은 환경과 유기체가 상호작용, 상호하면서 성장하고 적응해 나가는 것에 관심을 두고 있다. 이러한 관점에서 인간행동과 사회환경 간의 관계로 응용하여 인간의 적응과정을 연구한 이론이 생태체계이론이라 할 수 있다. 이는 앞서 살펴본 '환경 속의 인간'으로 제시한 개념적 틀을 구체화한 것이 사회복지실천 분야에서의 생태체계관점이라 할 수 있다. 따라서 사회복지실천에서 적용되고 있는 생태체계관점은 클라이언트의 문제를 개입함에 있어서 개인, 환경, 개인과 환경 간의 상호적 관계 모두에 초점을 둔다.

생태학이론은 인간이 환경의 모든 요소들과 지속적으로 상호교류하는 체계의 관점으로 보기 때문에 인간과 환경 모두의 중요성을 강조한다. 개인이 환경에 영향을 미칠 수도 있으나 환경이 개인에게 영향을 미친다고 보는 상호관계적인 측면에 관심을 둔다. 따라서 개인의 기능을 돕는 데 환경적 조건들을 개선하고 필요한 서비스를 제공하는 데 실천의 목표를 갖는다. 이에 생태체계관점으로 억압, 빈곤, 실업, 환경오염문제 등의 성장과 건강, 사회적 기능을 방해하는 환경요인을 개선하는 데 관심을 기울인다(Germain et al., 1994). 또한 클라이언트가 경험하고 있는 환경에서 타인과 성공적으로 상호작용하는 방식, 특히 클라이언트가 성장할 수 있는 잠재능력을 활용하는 것을 방해하는 생활문제에 관심을 가진다. 아울러 개인, 가족, 집단, 지역사회 등에서 어려움을 유발하는 상황을 보다 적응적 상황으로 재구조화하는 데 관심을 기울인다(Germain, 1979). 이렇듯 생태체계적 관점은 개인이 속해 있는 환경의 적응에 초점을 두기 때문에 개인과 환경 모두의 변화를 추구한다.

〈표 5-1〉 생태체계적 관점의 기본 가정

• 환경과 상호작용하고 타인과 관계를 맺는 능력은 타고난 것이다. • 유전 및 다른 생물적 요인은 환경과 상호작용하는 과정에서 다양한 방식으로 표현된다. • 개인과 환경은 상호 영향을 미치는 단일체계로 형성한다. • 개인을 자연적 환경과 상황 속에서 이해하여야 한다. • 성격은 개인과 환경 사이의 상호작용의 산물이다. • 생활상의 문제는 전체 생활공간 내에서 이해하여야 한다. • 내담자를 원조하기 위하여 사회복지사는 내담자의 생활공간에 개입할 준비가 되어 있어야 한다.

출처: 권중돈, 2014.

(3) 생태체계이론의 주요 개념

인간과 환경수준을 이해하는 데 필요한 주요 개념을 제시하면 다음과 같다.

- 사회환경(social environment)은 인간을 둘러싼 조건이나 상황을 의미하며 대인 간의 상호작용 등을 포함한다. 개인은 생존과 성장을 위해 환경과 원만하게 상호작용해야 된다.
- 상호작용(transaction)은 인간은 환경 속에서 다른 사람들과 의사소통하며 밀접한 관계를 맺으며 살아간다. 여기에서 상호작용이란 역동적인 관계의 활동으로 이해될 수 있다.
- 에너지(energe)란 인간과 환경 사이에 적극적으로 개입하는 데서 나오는 자연적인 힘으로 투입이나 산출의 형태를 지닐 수 있다.
- 공유영역(interface)은 체계이론과 유사한 개념으로 개인과 환경이 상호작용하는 지점을 말한다. 사회복지실천 개입에서 클라이언트와 사회복지사가 함께 문제를 이해하거나 합의된 목표 등을 의미한다.
- 적응(adaptation)은 클라이언트가 자신의 주변 환경 조건에 맞추어 조절하는 능력과 변화하고 적응하는 정도를 의미한다. 개인이 효과적으로 기능하기 위해서는 새로운 환경조건과 상황에 맞게 적응하고 변화되도록 스스로 조절해 나가는 능

력이 필요하다.

- 대처(coping)란 적응의 한 형태로 문제를 극복하기 위해 노력하는 것을 의미한다. 적응이 현재 자신이 처한 새로운 환경 조건에 반응하는 능력이라면, 대처는 이러한 부정적인 경험을 잘 다룰 수 있는 대처능력이라 볼 수 있다. 사회복지사는 클라이언트로 하여금 정보 찾기, 목표계획하기, 감정통제하기, 만족 욕구지연하기 등 문제해결을 위해 대처하는 기술을 개발하고 도울 수 있어야 한다.
- 상호의존(interdependence)은 한 개인이 다른 사람이나 집단에 서로 의존하고 의지하는 것을 말한다. 사람들은 서로 간에 생존과 발달에 필요한 자원을 유입하기 위하여 투입, 에너지, 서비스 등을 통해 균형을 이루고 상호 의존하게 된다.
- 적합성(person-in-environment fit)은 개인의 적응적 욕구와 환경의 질이 어느 정도 부합되는가와 관련된 개념이다. 즉, 개인과 환경 간의 상호교류가 안정적이고 적응적일 때 접합성이 높다고 볼 수 있다.

지금까지 살펴본 주요 개념 중 적응의 개념이 중요하고 볼 수 있다. 생태체계적 관점에서 설명하고 있는 적응이란 개인과 환경 간의 적합을 의미한다(Germain et al., 1994). 적합의 개념은 개인적 욕구와 사회적 요구 사이의 조화와 균형 정도를 의미하며, 양쪽 모두의 적합도가 양호할 경우 모두에서 적응이 잘 이루어진 상태로 설명한다. 따라서 상호 간 적합이 잘 이루어진 상태에서 개인의 사회적 기능은 성장하고 발달하는 데 영향을 미치게 된다. 이에 실천개입에서 적응과정은 개인과 개인이 속해 있는 환경 간의 적합성을 지속적으로 유지해 나가도록 돕는 것을 의미한다. 인간은 자신과 사회환경의 변화에 대처하고 적응해야만 하는데, 적응에 어려움이 있는 경우 스트레스를 경험하거나 잠재능력을 상실하게 된다. 따라서 생태체계관점에서 사회복지실천의 목적은 클라이언트의 적응을 방해하는 장애물들을 파악하고 클라이언트와 환경 간의 적합성을 회복 또는 성장시켜 나가는 데 노력하는 모든 활동이라 할 수 있다.

〈표 5-2〉 생태체계관점의 실무원칙

- 개인과 환경을 분리할 수 없는 존재로 보라.
- 개인의 적응에 영향을 미치는 모든 수준의 체계를 사정함으로써 개인과 환경 사이의 상호교류를 파악하라.
- 많은 스트레스를 유발하는 생활상황과 생활전이를 사정하라.
- 개인이나 환경의 어느 한 요소에만 초점을 둘 경우 효과적인 원조가 이루어지기 어렵다는 사실을 수용하여 개인과 환경 간의 적합성을 증진할 수 있는 개입 방안을 모색하라.
- 긍정적 관계와 생활경험을 통하여 내담자의 개인적 유능성을 증진해 나가라.
- 클라이언트와 모든 수준의 환경 사이의 적합성을 증진할 수 있는 개입 방안을 찾으라.
- 전체적인 원조전략에 있어서 사회적 지지체계와 원만한 조화를 이루어라.
- 내담자와 함께 해결방안을 모색하고 내담자의 역량강화에 초점을 두라.

출처: 권중돈, 2014.

(4) 생태체계관점의 특징

생태체계이론은 개인과 환경의 상호작용에서의 주요 기능을 중요하게 본다. 개인과 환경의 상호작용을 이해하기 위해서는 사회환경에 대한 이해가 필요한데 네 가지의 환경체계로 구분한다. 즉 환경체계는 미시(micro), 중간(meso), 외적(exo), 거시(macro)체계로 구분하여 인간의 행동을 설명한다.

먼저 미시체계는 개인과 가장 인접한 수준의 환경으로 말하는데, 가족, 학교, 직장 등이 해당된다. 이는 개인이 일상생활 속에서 직접 접촉하고 상호 교류하는 밀접한 체계로서 상호 간 가장 많이 영향을 주고받는 체계이다.

중간체계는 상호작용하는 여러 미시체계 중 가정과 학교, 가정과 직장, 학교와 병원의 관계 등 두 가지 이상의 환경 내에서 일어나는 과정에서의 역동성을 의미한다. 이러한 중간체계는 전체의 환경체계에 간접적인 영향을 미치나 미시체계에서는 직접적인 영향을 미친다.

다음으로 외적체계는 개인에게 직접 영향을 미치지는 않지만 개인의 발달에 영향을 주는 환경체계를 말한다. 예를 들면, 부모의 직장이 자녀의 발달에 직접적인 영향을 미치지는 않으나 부모가 직장생활에 만족하는 경우 자녀양육을 보다 안정적으로 제공하게 되어 자녀발달에 영향을 미치게 된다.

거시체계는 사회구성원 모두에게 공통적으로 해당되는 환경체계로 문화, 법, 종교, 정치적 구조, 경제와 같은 광범위한 사회적 맥락을 의미한다. 거시체계는 개인에게 직접 영향을 미치지는 않지만, 사회구조적 맥락 안에서 개인에게 간접적인 영향을 미치게 된다. 생태체계이론은 체계이론을 적용하여 전체 환경체계 내에서 다시 하위체계로 부분적으로 구분하고, 모든 수준의 체계들이 어떻게 상호 교류하는지에 대해 지식을 제공한다. 이러한 관점에서 인간은 '환경 속의 인간'이라는 총체적 인간관으로 해석하고 환경의 모든 요소와 지속적인 상호교환의 존재로서 적응과 발달해나가는 진화의 개념으로 본다.

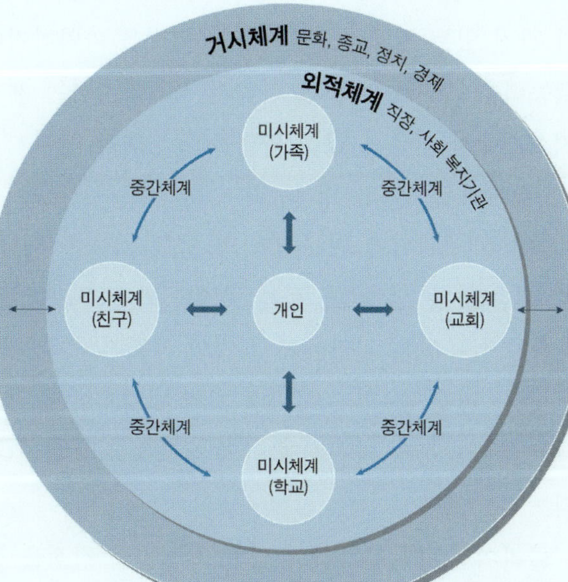

[그림 5-2] 개인과 환경체계 구분

4. 통합적 방법의 관련 모델

Pincus와 Minahan(1973)은 사회복지실천에서 사회복지사가 체계론적 사고를 적용해야 한다고 보았다. 대부분의 사람들은 만족스런 삶을 위해 자신과 관계되는 환경체계와 의존되어 살아가기 때문에 체계변화에 초점을 맞춘 실천개입이 필요하다고 본다. 체계를 좀 더 구체적으로 구분해 보면 비공식체계, 공식체계, 사회체계로 분류한다.

먼저 공식체계는 개인이 밀접하게 관계되어 있는 가족, 친구, 직장 동료 등을 말하며, 비공식체계는 개인이 주변자원을 활용할 수 있는 지역사회 복지기관, 직장, 병원, 학교, 교회 등을 의미한다. 사회복지사는 이러한 체계를 활용하여 클라이언트의 문제와 관련 있는 체계들을 찾아내어 원인을 파악하거나 자원체계를 연결하여 문제해결능력을 촉진해야 한다. 따라서 사회복지사는 체계론적 사고에 입각하여 사회복지실천에서 다음과 같은 과업을 달성해야 한다.

첫째, 사람들의 문제해결능력과 대처능력이 향상될 수 있도록 도와야 한다. 예를 들면, 가족기능을 개선시키기 위해 자녀의 양육 기술을 새롭게 학습할 수 있도록 부모교육을 제공해 줄 수 있다. 둘째, 사람들과 자원체계를 연결해 주는 것이다. 최근에 장애진단을 받은 사람에게 지역의 사회복지기관을 소개시켜주거나 적합한 재활 서비스를 받을 수 있도록 관련 기관 담당자에게 정보를 제공하는 것 등이 해당된다. 셋째, 사람들과 자원체계 간의 상호작용을 돕거나 수정해 주는 일이라 할 수 있다.

사회복지사는 클라이언트가 관계하고 있는 체계들의 강점을 잘 찾아내어 문제해결과정으로 이어질 수 있도록 관련된 활동을 한다. 그러나 어떠한 클라이언트는 여러 가지 이유들로 생활 속에서 공식적·비공식적 자원체계를 잘 활용하지 못하는 경우가 있다. 이유는 다양하지만 대체로 자원체계가 없거나 있다고 해도 문제해결에 적절하지 않은 자원체계인 경우라 할 수 있다. 예를 들면 독거노인들이 친척이나 가까운 이웃이 없을 경우, 그들은 생활 속에서 비공식체계가 없는 경우라 할 수 있다. 또한 어떤 클라이언트는 주변자원체계를 모르거나 오히려 활용하고 싶어 하지 않을 수 있다. 예를 들면, 남편에게 폭력을 경험한 아내는 어디에서 도움을 받아야 할지 모르거나 또는 사회서비스 받기를 원치 않는 이유가 있을 수 있다. 이는 자신의 사례가 공개된다면 자녀의 학교생활이나 지역주민들로부터 받게 되는 편견 등이 생길 수 있다는 염려 때문 일수도 있다. 사회복지사는 이러한 클라이언트와 주변 환경의 여건들이 충분히 고려되어 체계론적 관점으로 클라이언트의 문제를 사정하고 변화과정으로 이끌 수 있도록 해야 한다.

1) 체계 모델

사회복지사는 실천 과정에서 클라이언트의 목표달성을 위해 상호작용하는 환경체계를 전체적인 관점에서 초점을 두고 개입해야 한다. Pincus 등(1973)이 4체계 모델로 제안한 변화매개체계, 클라이언트체계, 표적체계, 행동체계로 구분하여 구체적인 과업을 설정해 나가야 한다. 아울러 Compton 등(1999)은 여기에 전문가체계와 문제인식체계를 추가적으로 제시하였는데, 이를 6체계모델이라 할 수 있다. 이러한 체계분류는 클라이언트와 관련된 체계들이 어떻게 상호작용하여 기능하는지를 분석하여 개입방향을 수립하는 데 도움을 준다.

(1) 변화매개체계

변화매개체계는 사회복지사 자신을 비롯해 자신이 소속되어 있는 사회복지관, 상담기관, 치료기관 등을 가리킨다. 사회복지사는 자신이 속해 있는 기관을 통해 클라이언트의 문제해결을 위해 클라이언트와 관련된 체계들과 함께 계획을 수립하고 실천에 옮기는 노력을 하게 된다. 변화매개체계는 기관 나름대로 갖고 있는 활동영역, 활동방침, 활동권위의 확보 및 제공, 다양한 자원의 제공과 연결을 통해 실질적인 사회복지사의 활동방향을 결정하게 된다.

(2) 클라이언트체계

클라이언트체계는 실제 원조를 받는 데 동의한 사람, 집단, 가족, 지역사회 등을 가리키며 변화매개체계와 함께 일을 하게 된다. 사회복지사는 클라이언트의 문제와 관련 있는 사람들과 함께 일함으로써 문제해결을 위해 노력하게 된다. 예를 들면 부모가 가출한 청소년의 문제를 가지고 상담을 요청해 왔을 경우, 부모가 클라이언트체계가 되며 사회복지사와 함께 자녀의 문제를 해결하기 위해 협력하게 된다. 이후 가출한 청소년이 사회복지사에게 도움을 요청한 경우 청소년 자신이 클라이언트체계가 되는 경우이다. 또한 클라이언트체계에서 잠재적(potential) 클라이언트로서 사회복지사가 관여하고 싶어 하는 사람들(보호관찰 중인 사람들이나 아동학대 가해자로 의심되어 조사받는 사람들)이 포함되는 경우라 할 수 있다.

(3) 표적체계

변화매개체계가 목적을 달성하기 위해 변화시키고자 하는 대상을 표적체계라 할 수 있다. 표적체계는 클라이언트 자신이 변화 대상의 표적체계일수도 있지만 클라이언트와 관계된 환경이 곧 변화의 표적체계가 될 수도 있다. 이러한 관점은 변화매개체계인 사회복지사가 환경 속의 인간에 초점을 두고 클라이언트의 문제해결을 위해 클라이언트 개인과 클라이언트 주변 환경체계의 변화를 위해 노력하는 것으로 이해될 수 있다.

(4) 행동체계

행동체계는 클라이언트의 목적을 달성하기 위해 사회복지사와 함께 노력하며 상호작용하는 사람들을 가리킨다. 상이한 행동체계가 존재할 수 있으나 행동체계들은 클라이언트에게 도움을 주는 변화를 가져오기 원하는 이웃, 가족, 친척, 친구 등이 될 수 있다. 예를 들면 청소년 가출문제를 해결하기 위해 사회복지사인 변화매개체계는 가족, 학교, 또래친구, 종교기관 등과 상호작용하면서 공동의 노력을 보탤 수 있다.

(5) 전문가체계

전문가체계는 사회복지사를 전문가로 길러내기 위해 노력하는 체계로서 대표적으로 한국사회복지사협회, 한국사회복지교육협의회 등이 해당이 된다. 이와 같은 전문가체계는 사회복지사들의 활동에 권한을 부여하고 사회복지사들이 기본적으로 갖추어야 할 가치체계와 기본적 윤리체계 등을 마련하고 훈련함으로써 그러한 가치들을 현장에서 실천하게 하는 역할을 한다. 사회복지사는 전문가체계의 도움을 얻어 자신이 속한 기관에서 자신의 영향력을 증대시키거나 사회변화노력에 대한 자원을 얻어낼 수 있다. 그러나 사회복지사의 활동은 어느 한 체계와 관련되어 활동하는 경우 보다 다양한 체계들과 동시에 역동적으로 활동하는 경우가 많다.

(6) 문제인식체계

문제인식체계는 의뢰 또는 응답체계라고도 한다. 문제인식체계는 잠재적 클라이언트를 사회복지사의 관심영역으로 끌어들이기 위해 행동하는 체계를 말한다. 즉 의뢰체계는 클라이언트를 사회복지기관에 서비스를 요청한 사람을 가리키며, 응답체계는 서비스 요청에 의해 서비스를 제공하는 기관을 의미한다. 또는 초기 접촉단계에서 클라이언트가 문제인식체계가 될 수 있으나, 사회복지사는 역할전이가 이루어질 때까지 문제인식체계를 잠재적 클라이언트로만 보아야 한다.

2) 생활모델

생활모델의 개념은 Germain과 Gitterman이 생태체계학적 관점을 토대로 개발한 통합적 방법모델이다. 생활모델은 문제를 병리적인 측면으로 파악하지 않고 생활의 맥락에서 원인을 파악하는 데 관심을 둔다. 즉 개인의 욕구와 능력, 환경적 특성 사이의 불일치에 의하여 일어나는 심리사회적 사건으로서 긴장을 다룬다. 긴장은 주로 세 가지 상호관련된 생활영역에서 일어나는데, 생활주기의 변화, 환경에서의 압박, 대인관계에서 어려움이 발생한다(Gitterman et al., 1980).

즉 생활모델은 문제를 개인의 성격적인 측면이 아닌 과도한 스트레스를 유발하는 생활상의 문제로 바라본다. 문제를 생활상의 맥락에서 파악하므로 개인과 환경 사이의 상호작용 문제에 좀 더 실용적으로 접근하도록 한다. 따라서 사회복지사는 생활 과정 속에서 클라이언트의 문제를 해결하는 데 필요한 개인의 강점과 환경적 요인의 개선 등을 촉진시켜 나가는 데 중점을 두면서 개입해 나간다.

5. 통합적 사정체계의 적용

1) 생태도

생태체계이론을 반영하여 사회복지실천에서 활용할 수 있는 도구가 생태도(eco map)이다. 생태도는 생활공간에서 개인 혹은 가족을 둘러싸고 있는 환경의 역동성을 이해할 수 있도록 그림으로 표현하여 관련 기호로 기록한다. 이 그림을 통해 개인과 가족생활과 관련 있는 주요 환경체계들의 역동성을 이해할 수 있다.

생태도는 생태체계 주요 개념들을 활용하여 체계들의 에너지 유입 및 유출상황, 갈등관계, 지지체계 자원 등과 같은 상호작용 양상을 한눈에 파악할 수 있다는 유용성이 있다. 그림의 중앙에 개인을 중심으로 개인이 자주 생활하고 직접적으로 영향을 주고받는 가족, 종교, 직장, 학교, 여가 등을 미시체계로 표시할 수 있다. 그리고 미시체계 밖으로 문화, 정치, 역사 등의 배경을 점선으로 표시하였는데 개인 생활에 간접적으로 영향을 미치는 거시환경체계라 할 수 있다. 또한 개인과 관계되는 환경 사이의 관계양상을 선이나 기호양식을 이용해서 그려 넣을 수 있으며, 사정에 추가적으로 필요한 부분이 있다면 다양한 형태로 확장해서 표현해 볼 수 있다. 사회복지사는 클라이언트와 함께 생태도를 완성해 나감으로써 개인과 또는 개인이 속한 주변 환경체계들 간의 적응문제와 환경의 적합도를 향상시켜 나가기 위해 변화되어야 할 부분들에 대해 검토해 볼 수 있다.

이 장에서는 통합적 사정체계로 적용될 수 있는 생태도를 모형으로만 설명하였으나, 9장에서는 활용방법에 대해 보다 자세하게 설명한다.

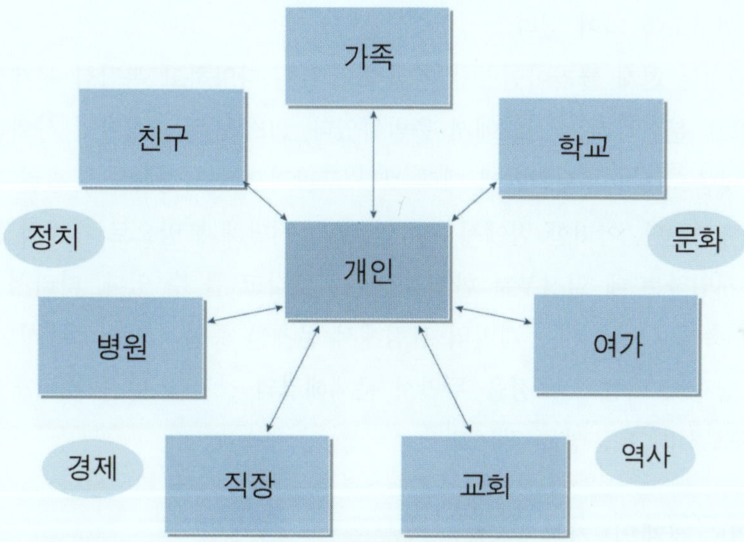

[그림 5-3] 생태도 모형

2) PIE 체계

사회복지실천에서는 생태체계이론을 적용하여 개인과 환경간의 문제를 통합적으로 사정할 수 있는 도구를 개발하였다. 즉, '환경 속의 인간'(Person-in-Environment: PIE)이라는 기본 시각에서 문제를 분류할 수 있는 사정체계를 개발한 것이다. 이러한 PIE 체계는 사회복지사가 클라이언트의 문제에 대해 개인과 환경요인 모두에 초점을 두고 활동하도록 통합적인 관점을 제공한다. 그동안 사회복지실천에서는 미국 정신의학협회가 마련한 DSM(정신장애 진단 및 통계 편람; Diagnostic and Statistical Manual of Mental Disorders) 진단체계를 사용하여 개인의 정신의학적인 문제들만 사정하게 됨으로써 개인의 기능을 효과적으로 돕는데 한계점으로 인식하게 되었다. 이러한 점들이 중요한 문제점으로 지적되면서 사회복지실천 현장에서 활용될 수 있는 사정분류체계(NASW, 1985; Karls, 2000)를 사회복지실천 전문가들에 의해 직접 개발하게 된다. 이렇게 개발된 PIE 사정체계는 기존의 DSM 체계를 바탕으로 하면서 개인의 사회기능상의 문제와 주변 환경에서의 문제로 추가로 구성하여 사정하도록 되어 있다.

PIE 체계는 현재 클라이언트가 경험하고 있는 다양하고 복잡한 문제 상황들을 구체적으로 분류하려는 시도에서 출발하였다. PIE 체계는 개인의 사회적 기능에 초점을 맞춤으로써 문제원인에 대해 보다 포괄적으로 사정하도록 관련 정보를 다양하게 제시한다. 이러한 점에서 그동안 DSM 진단체계 만으로 개인의 문제를 사정하고 개입하는 데 일정부분 한계점을 극복했다고 볼 수 있다. 따라서 PIE 체계는 환경 속에서 살아가는 개인의 관점에서 문제를 통합적으로 접근하며, 아울러 개인의 긍정적 기능에 초점을 두면서 문제해결의 강점을 발견하고 개발하는 데 사정도구로서의 유용성을 갖는다.

(1) PIE 체계의 기본 구조

PIE 체계는 크게 네 가지로 분류되며 사회적 기능 문제, 환경적인 문제, 정신건강 문제, 신체건강 문제로 구성된다. 먼저, 사회적 기능상에서의 문제요인과 환경적 측면에서의 문제요인은 사회복지실천 전문가들에 의해서 새롭게 개발된 영역이며, 정신건강 문제, 신체건강 문제요인은 DSM-VI의 사정체계를 그대로 적용하고 있다. 이러한 네 가지 요인은 클라이언트의 문제 상황을 이해하는데 필요한 개인과 환경에 관련된 다양한 정보를 제공한다. 구체적으로 살펴보면 〈표 5-3〉과 같다.

〈표 5-3〉 PIE 체계의 4요소

구분	주요 요인		내 용
요소 I	사회적 기능 문제		가족역할, 다른 대인관계상 역할, 직업적 역할, 특수한 삶의 상황에서의 역할
요소 II	환경적인 문제	경제/기본 욕구체계	음식/영양, 주거, 일자리, 경제자원, 교통수단, 차별
		교육/훈련체계	교육의 장애물, 교육의 차별, 교육의 질에 따른 문화적 요인의 영향
		사법/법률체계	적절한 처벌 부족, 부적절한 범죄예방, 부족한 경찰 서비스 등
		건강, 안전, 사회서비스체계	신체·정신적 건강, 사회서비스체계의 부족, 자연재해
		자발적 참여 조직체계	종교 집단 부족, 지역사회 집단 자발적 모임체계에서의 차별
		정서적 지지체계	가족 부재, 확대가족 부재, 원가족 부재, 친구친지 부재 등
요소 III	정신건강 문제		정신장애, 물질 관련장애, 기분장애, 불안장애, 섭식장애 등
요소 IV	신체건강 문제		순환기 장애, 호흡기 장애, 소화기 장애 등

(2) PIE 체계의 내용

① 요소I: 사회적 기능 문제

요소I에서는 클라이언트가 사회적 기능에서 어떠한 역할상의 어려움을 보이는지를 확인하기 위하여 사정한다. 클라이언트가 가족역할, 다른 대인관계상 역할, 직업적 역할, 기타 여러 역할 등에서 어떠한 어려움이 있는지를 확인할 수 있으며, 구체적인 문제의 유형을 파악하는데 활용된다. 또한 역할 수행상의 문제와 관련에서 어느 정도 심각성이 있는지, 문제의 지속기간, 개인의 문제해결 능력 정도를 사정한다. 권진숙과 박지영(2015)이 기록양식을 활용한 것을 참고하여 재구성하였다(〈표 5-4〉).

〈표 5-4〉 요소I 사회적 기능수행 문제 기록양식 예시

<table>
<tr><td colspan="2">클라이언트/의뢰자:</td><td colspan="2">면접자:</td><td colspan="2">기관/장소:</td><td>일시:</td></tr>
<tr><th>1. 역할</th><th>부호</th><th>심각성</th><th>지속성</th><th>대처</th><th>개입방안</th><th>척 도</th></tr>
<tr><td>부모</td><td></td><td></td><td></td><td></td><td></td><td rowspan="8">[심각성 수준]
1. 문제없음
2. 가벼움
3. 중간
4. 심함
5. 아주 심함
6. 파국</td></tr>
<tr><td>배우자</td><td></td><td></td><td></td><td></td><td></td></tr>
<tr><td>자녀</td><td></td><td></td><td></td><td></td><td></td></tr>
<tr><td>형제</td><td></td><td></td><td></td><td></td><td></td></tr>
<tr><td>다른가족</td><td></td><td></td><td></td><td></td><td></td></tr>
<tr><td>의미 있는 타자</td><td></td><td></td><td></td><td></td><td></td></tr>
<tr><td colspan="6"></td></tr>
<tr><th>2. 다른 대인관계 역할</th><th>부호</th><th>심각성</th><th>지속성</th><th>대처</th><th>개입방안</th></tr>
<tr><td>애인</td><td></td><td></td><td></td><td></td><td></td><td rowspan="7">[지속기간 수준]
1. 5년 이상
2. 1~5년
3. 6개월~1년
4. 1~6개월
5. 2주~1개월
6. 2주미만</td></tr>
<tr><td>친구</td><td></td><td></td><td></td><td></td><td></td></tr>
<tr><td>이웃</td><td></td><td></td><td></td><td></td><td></td></tr>
<tr><td>회원</td><td></td><td></td><td></td><td></td><td></td></tr>
<tr><td>기타:</td><td></td><td></td><td></td><td></td><td></td></tr>
<tr><td colspan="6"></td></tr>
<tr><th>3. 직업적 역할</th><th>부호</th><th>심각성</th><th>지속성</th><th>대처</th><th>개입방안</th></tr>
<tr><td>유급 근로자</td><td></td><td></td><td></td><td></td><td></td><td rowspan="7">[대처능력 수준]
1. 뛰어난 대처수준
2. 평균 이상의 대처기술
3. 적절한 대처기술
4. 약간 부적절한 대처기술
5. 부적절한 대처기술
6. 대처기술 없음</td></tr>
<tr><td>가사인</td><td></td><td></td><td></td><td></td><td></td></tr>
<tr><td>자원봉사자</td><td></td><td></td><td></td><td></td><td></td></tr>
<tr><td>학생</td><td></td><td></td><td></td><td></td><td></td></tr>
<tr><td>기타:</td><td></td><td></td><td></td><td></td><td></td></tr>
<tr><td colspan="6"></td></tr>
<tr><th>4. 특별한 삶의 상황에서의 역할</th><th>부호</th><th>심각성</th><th>지속성</th><th>대처</th><th>개입방안</th></tr>
<tr><td>소비자</td><td></td><td></td><td></td><td></td><td></td><td rowspan="5">종합 의견</td></tr>
<tr><td>입원환자</td><td></td><td></td><td></td><td></td><td></td></tr>
<tr><td>외래환자</td><td></td><td></td><td></td><td></td><td></td></tr>
<tr><td>보호관찰대상자</td><td></td><td></td><td></td><td></td><td></td></tr>
<tr><td>....</td><td></td><td></td><td></td><td></td><td></td></tr>
</table>

② 요소II: 환경적인 문제

요소II에서는 클라이언트의 환경 상에서 발생 될 수 있는 내용을 이해하는데 사정하게 된다. 환경상의 문제는 다시 여섯 가지 주요체계로 분류되며 여러 유형 중 특별히 클라이언트가 경험하고 있는 어려움이 무엇인지를 이해할 수 있다. 구체적으로 살펴보면, 음식 및 영양, 주거, 고용, 경제적 자원, 사법 및 법률, 건강 및 안전과 사회서비스체계 등으로 구분된다. 사정은 요소I에서 제시한 기준을 참고하여 각 문제의 심각성 정도와 문제의 지속성 정도를 확인한다. 또한 해당 환경체계가 갖고 있는 구체적 문제 유형들을 상황에 따라 자유롭게 기술한다.

〈표 5-5〉 요소II 환경 문제 기록양식 예시

음식/영양	부호	심각성	지속성	개입방안	척 도
일상적 음식 공급부족					
부적절한 영양 공급					
....					[심각성 수준] 1. 문제없음 2. 가벼움 3. 중간 4. 심함 5. 아주 심함 6. 파국
주 거	**부호**	**심각성**	**지속성**	**개입방안**	
주거 부재					
부적절한 주거지					
....					
고 용	**부호**	**심각성**	**지속성**	**개입방안**	
실직					[지속기간 수준] 1. 5년 이상 2. 1~5년 3. 6개월~1년 4. 1~6개월 5. 2주~1개월 6. 2주미만
부적절한 고용					
....					
경제적 자원	**부호**	**심각성**	**지속성**	**개입방안**	
기본적인 생활유지에 불충분한 지역사회 자원					[차별문제] 1. 나이 2. 인종/언어 3. 성별 4. 성적취향(동성애) 5. 시민권 없음 6. ..
경제적 자원에 대한 규정의 장애					
....					
차 별	**부호**	**심각성**	**지속성**	**개입방안**	
해당 번호기호					

③ 요소III: 정신건강 문제

요소III에서는 개인의 정신건강상의 문제가 있는지를 확인하기 위하여 사정한다. 이는 임상적 증상들은 DSM-VI에 의한 기준들로서 정신장애, 물질 관련 장애, 기분장애, 불안장애, 섭식장애 등의 인격 및 발달장애를 포함한다. 또한 클라이언트와 다른 사람들에 의해 보고된 기타 건강상의 문제를 포함하여 자유롭게 기술한다.

④ 요소VI: 신체건강 문제

개인의 신체건강상의 문제를 확인하기 위하여 DSM-VI가 제시한 임상적 기준에 의한 분류와 ICD-11 기준에 제시된 전문의의 진단을 받은 질병이 있는지를 확인한다. 또한 클라이언트나 다른 사람들에 의해 보고된 기타 신체건강상의 문제가 있는지를 확인하여 기술한다.

이 장에서는 사회복지실천에서 사회복지사가 클라이언트의 문제 상황을 이해할 때 통합적인 관점에서 개입해야 하는지를 초점으로 두고 살펴보았다. 통합적인 관점이란 '환경 속의 인간'의 개념으로 클라이언트의 문제를 이해하고 보다 다차원적인 관점에서 원인을 파악해야 됨을 의미한다. 사회복지사는 개인의 문제 영역에 환경의 중요성을 포함하여 개인변화뿐만 아니라 환경의 변화를 위해 함께 개입해 나가야 한다. 이러한 통합적 관점을 이해하는 데 등장 배경과 전통적인 사회복지실천과의 차이점을 살펴보았다. 따라서 이 장은 통합적 방법론의 이론적 근거로는 체계이론과 생태체계이론이 주요 개념과 이를 실천에서 어떻게 적용될 수 있는지를 설명하였다. 마지막으로는 사회복지실천에서 통합적인 사정 틀로서 적용될 수 있는 생태도와 PIE 사정체계를 참고해 볼 수 있도록 제시하였다.

연습 문제

1. '환경 속의 인간'을 반영한 실천 내용으로 옳지 않은 것은?

① 개인·환경 간 상호작용 증진을 위해 환경변화를 시도한다.
② 개인이 경험하는 문제의 일차적 책임을 환경에 있다고 본다.
③ 개인·환경 간 상호작용 증진을 위해 개인의 역량을 강화한다.
④ 문제해결방안을 개인변화와 함께 주변환경변화에서도 강조한다.
⑤ 사회적 맥락을 고려하여 문제를 사정한다.

2. 다음 중 통합적 접근방법이 사회복지실천에 미친 영향으로 옳지 않은 것은?

① 사회복지전문직의 정체성 확립에 기여하였다.
② 개인의 단편적인 분석에서 환경의 포괄적인 분석으로 확대하였다.
③ 사회복지실천 내의 지식의 공통성을 발견하는 데 기여했다.
④ 전통적 실천 방법을 해체하고 새로운 실천 방법을 제시하였다.
⑤ 개인, 가족, 지역사회 등 다양한 체계에 대한 사정과 개입을 가능하도록 하였다.

3. 체계이론의 주요개념에 관한 설명으로 옳은 것은?

① 폐쇄체계는 체계의 정체성이 불분명하고 상호작용을 예측하기가 어렵다.
② 외부의 투입이 없으면 부적 엔트로피 또는 네겐트로피 상태가 된다.
③ 항상성으로 인해 체계는 행동방식의 규칙성을 갖게 된다.
④ 산출은 체계의 변화방향을 설정하고 조정하는 핵심과정이다.
⑤ 환류(피드백)는 체계가 에너지나 정보를 투입하는 것을 말한다.

4. 다음 중 생태체계 관점에 관한 설명으로 옳지 않은 것은?

① 인간행동을 이해하는 데 환경체계의 중요성으로 설명한다.
② 인간과 환경 간의 균형을 강조한다.
③ 문제에 대한 포괄적인 이해의 틀을 제공하였다.
④ 사회구조와 개선을 위한 개입방법을 제시한다.
⑤ 인간과 환경 모두의 변화를 위해 개입하는 데 초점을 둔다.

5. '환경 속의 인간' PIE(Person-in-Environment)의 분류체계에 포함되지 않은 것은?

① 정신건강의 문제
② 신체건강의 문제
③ 사회기능의 문제
④ 환경의 문제
⑤ 사회구조의 문제

정답

1. ② 2. ④ 3. ③ 4. ④ 5. ⑤

제 6 장

관계론

학습목표

1. 사회복지실천 관계 개념과 관계형성을 위해 사회복지사가 갖추어야 할 요소와 자질을 이해한다.
2. 사회복지실천 관계의 7대 원칙을 이해한다.
3. 사회복지실천 관계형성의 장애요인들을 이해한다.

개요

사회복지실천을 위해 사회복지사와 클라이언트의 관계형성은 매우 중요하다. 사회복지실천 관계는 사회복지사와 클라이언트 둘 사이의 단순한 관계를 넘어 클라이언트를 둘러싼 환경을 포함하고, 이들 간 상호작용을 통해 클라이언트를 지지해 주고 필요한 자원을 동원함으로써 변화를 끌어내 문제를 해결하려는 모든 활동을 포함한다. 이런 과정을 원활하게 진행하기 위해 사회복지실천 관계에 대한 개념, 사회복지사가 갖추어야 할 요소와 자질을 이해하도록 한다. 또한, 사회복지실천 관계의 원칙과 관계형성의 장애요인에 대해 살펴보고자 한다.

관계론

1. 관계론에 대한 이해

사회복지실천 관계는 사회복지사와 클라이언트와의 역동적인 상호작용을 의미한다. 이들 관계는 실천관계(working relationship) 및 원조관계(helping relationship) 등으로 표현되기도 하며, 사회복지실천 역사에서 주요 요인으로 간주되어 왔다. 관계는 단순히 사회복지사와 클라이언트뿐만 아니라 이들을 둘러싼 동료, 지역사회 주민, 전문가 및 클라이언트의 주변 사람들과의 관계까지 포함한다. 더불어 이러한 인간 사이의 관계 외 이들을 둘러싼 자원을 적절히 동원하고 활용할 수 있도록 제공하는 과정까지 관계로 볼 수 있다.

대표학자 Biestek(1957)는 사회복지실천 관계 목적에 대해 사회복지사와 클라이언트 간의 감정과 태도의 역동적 상호작용으로써 클라이언트가 자신과 환경 간의 더 나은 적응을 이룰 수 있도록 돕는 것이라고 주장하였다(박주현 외, 2014 재인용).

Perlman(1979)은 관계는 하나의 촉매제로써 문제해결과 도움을 향한 인간의 에너지와 동기를 지지하고 양성하며 자유롭게 하는 원동력이라고 보았다. 또한, Pincus와 Minahan(1973)은 관계란 사회복지사와 그와 관계하는 다른 체계 간의 정서적 유대로 볼 수 있으며, 이들 관계에는 협력, 협상 또는 갈등의 분위기가 포함될 수 있다고 보았다(이종복 외, 2015).

학자들의 정의를 종합해 보면 사회복지실천의 관계는 사회복지사와 클라이언트를 둘러싼 역동적 상호작용을 통해 클라이언트의 변화를 끌어내는 활동의 총체로 볼 수 있다. 이러한 관계에 기반하여 사회복지를 실천하기 위해 관계의 기본 요소와 원칙을 숙지하고 적용해야 할 것이다.

2. 사회복지실천 관계의 기본요소

사회복지사는 클라이언트와 전문적인 관계를 맺게 되며, 제한된 시간 안에 목적을 달성하기 위해 전문적인 원고 과정을 거친다. 원조관계를 유지하기 위해 사회복지사는 다음과 같은 요소를 갖추어야 한다.

1) 이해

이해(understanding)는 상담 내지 모든 인간관계의 중요한 기술로써 상대방의 마음을 읽고 눈을 통해 세상을 볼 수 있는 능력이다. 사회복지사의 이해를 클라이언트에게 충분히 의사소통을 통해 전달할 수 있는 능력의 표현을 의미(엄명용 외, 2016)하기도 한다. 이러한 이해 능력이 클라이언트와 관계하는 일의 상황에서 구체적으로 나타날 때 클라이언트의 감정, 욕망, 가치, 신념 및 지각을 정확하고 민감하게 감지할 수 있다.

2) 권위와 권한

권위와 권한(authority and power)은 클라이언트와 기관이 사회복지사에게 위임한 힘이다. 사회복지사는 지식, 기술 및 경험이 있는 자로서 클라이언트와의 사회복지실천 관계에서 영향을 줄 수 있는 권한을 가지고 있는 것이다. 전문적 관계에서 권위는 두 가지 측면을 갖는다. 하나는 사회복지기관 내에서 사회복지사의 지위와 능력으로부터 나오는 제도적 측면이고, 다른 하나는 전문가인 사회복지사에게 정보와 조언을 구함으로써 클라이언트가 사회복지사에게 부여하는 심리적 측면이다(이종복 외, 2015). 주어진 권한으로 사회복지사는 클라이언트에게 적극적으로 지도와 자원을 제공하고 문제를 해결할 수 있도록 책임을 다해야 한다.

3) 헌신과 의무

헌신과 의무(commitment and obligation)는 사회복지사뿐만 아니라 클라이언트도 가져야 할 요소로 책임감이 기반이 된다. 사회복지실천 관계에서 사회복지사는 약속, 문제해결, 관계유지 등 필수절차상의 조건을 최대한 지키도록 해야 한다. 더불어 클라이언트 역시 정직하고 개방적으로 대하고 최소한의 절차상의 조건을 따라야 한다.

4) 수용과 기대

수용과 기대(acceptance and expectation)는 사회복지사의 비심판적이고 무비판적인 태도가 바탕이 된다. 더불어 클라이언트의 감정에 대한 존중과 클라이언트에 대한 현실적인 믿음을 의미한다(엄명용 외, 2016). 단순히 판단하지 않는 태도라기보다는 적극적으로 이해하려는 태도를 말하며, 클라이언트를 있는 그대로 받아들이는 것이다.

5) 감정이입

감정이입(empathy)은 사회복지사가 클라이언트의 느낌과 경험에 몰입하여 그의 감정을 받아들이고 존중해 주려는 태도이다. 이 과정 중에 사회복지사는 적극적인 경청을 하면서도 자신의 관점을 유지하려고 노력해야 한다.

6) 타인에 대한 관심

타인에 대한 관심은 사회복지사가 클라이언트의 상황에 진실하게 관심을 가지고, 따뜻함, 친절함, 지지적인 태도를 보여주는 것이다. 사회복지사는 클라이언트의 더 나은 삶을 끌어내고자 하며, 클라이언트의 삶과 욕구에 대해 조건 없이 긍정적으로 인정해 주어야 한다.

7) 자아노출

자아노출(self-disclosure)은 사회복지사가 자신의 감정을 표현하거나 자신의 경험을 이야기하는 것이다. 이를 통해 클라이언트는 사회복지사와 동등한 인격적인 관계로 인식할 수 있고 자연스럽게 이야기를 꺼낼 수 있다. 그러나 사회복지사와 클라이언트 간 사적인 대화나 역 감정전이가 올 수 있으므로 적절히 사용해야 한다.

3. 사회복지사의 자질

앞서 살펴 본 사회복지실천 관계의 기본요소 외 사회복지사가 갖추어야 할 자질은 다음과 같다(Compton & Galaway, 1994; 엄명용 외, 2016 재인용).

1) 성숙함

사회복지사는 성장하며 발전하는 인간으로 성숙해지려고 노력해야 한다. 변화와 성장을 흥미 있는 것으로 기꺼이 받아들이려는 자세를 취하는 것이 필요하다.

2) 자기를 관찰하는 능력

자기를 관찰하는 능력을 갖춘 사회복지사는 자신의 목표를 깊이 생각하고, 자기 자신을 믿고 존중하며, 그러면서도 한발 물러서서 자신을 복잡한 개입활동의 한 부분으로 관찰할 수 있다. 관찰하는 과정에서 인정하고 싶지 않은 자신의 모습이 보이더라도 두려워하지 않거나 왜곡하지 않는 용기가 필요하다.

3) 창조성

창조성을 가진 사회복지사는 클라이언트의 문제 상황에 대한 해결책에 대해 개방적이다. 이미 알려진 해결책을 찾기보다는 직면한 상황에서 최선의 해결책을 찾으려 하는 것이다. 이를 위해 자신을 개방하고 기존의 이론적 입장이나 사고체계를 거부하지 않으면서도 새로운 대안을 찾으려는 자세를 갖도록 한다.

4) 민감성

사회복지사는 특정한 단서가 없어도 클라이언트의 내면을 느끼고 감지할 수 있는 민감성이 필요하다. 민감성은 창의성 구성요소 중 하나로 사회복지사는 새로운 것에 대한 개방성과 변화에 대한 준비자세를 갖추어야 한다. 선입견과 고정관념의 틀에서 벗어나 클라이언트의 감정과 사고에 자신을 투입하는 능력이 요구된다.

5) 용기

사회복지사는 자신뿐 아니라 다른 사람과 관련하여 위험 상황이 발생할 수 있으므로 이를 받아들일 수 있는 용기가 필요하다. 사회복지사는 도움이 실패하거나 어려운 상황에 휘말리는 일, 통제할 수 없는 상황에 감정적으로 억눌리거나 비난받는 일, 예측할 수 없는 상황에 계속 연관되는 일, 신체적으로 위협받는 일 등을 기꺼이 받아들일 수 있어야 한다.

6) 인간적 자질

사회복지사는 실천 관계를 맺기 위해 인간적 자질을 갖추어야 한다. 사회복지사가 보이는 수용, 존중, 공감으로 클라이언트는 긍정적 변화를 일으키고 자긍심을 높일 수 있다. 인간적 자질로는 클라이언트의 고통을 존중하는 마음, 자신과 다른 인생 경험 행동양식・가치관에 대한 포용성, 장기목표를 가지고 일할 수 있는 끈기, 클라이언트가 스스로 결정하고 행동할 수 있도록 수동적인 자세를 취할 수 있는 것 등이 있다.

4. 사회복지실천 관계의 원칙

사회복지실천 과정에서 사회복지사는 클라이언트와 전문적인 관계를 형성하는 것이 중요하다. 관계의 기본 원칙에 대해 학자마다 용어와 설명이 다양하지만 포괄적으로 제시하는 Biestek(1957)의 7대 원칙을 살펴보고자 한다.

1) 개별화

개별화(individualization)는 사회복지사가 클라이언트를 특수성을 가진 하나의 독립된 개인으로 인정해야 한다는 원칙이다. 클라이언트를 대할 때 일반적이고 보편적인 존재로 보는 것이 아니라 개인이 가진 특성을 이해하고 반응해야 한다는 것이다. 따라서 클라이언트를 원조하는 방법 역시 개인의 욕구를 충분히 민감하게 탐색하고 개별적으로 목표를 설정해야 한다.

사회복지실천에서 사회복지사가 클라이언트를 개별화하기 위해 해야 할 역할은 다음과 같다.

첫째, 사회복지사는 인간에 대한 편견과 선입견에서 벗어나야 한다. 고정관념을 갖지 않고 클라이언트가 가진 문제를 중립적이고 객관적으로 볼 수 있어야 한다.

둘째, 인간과 행동에 대한 지식을 습득해야 한다. 이를 기반으로 개인을 좀 더 깊숙이 이해하고 원조하기 위한 분석 틀을 마련할 수 있다. 그 외 의학, 심리학, 정신의학, 사회학, 철학 등 제반 지식을 통해 클라이언트를 개별화하는 데 보완하고 활용할 수 있어야 한다.

셋째, 클라이언트는 자신의 특성과 욕구 및 문제 등에 관해 자유롭게 많이 이야기하고, 사회복지사는 경청하며, 관찰할 필요가 있다. 이런 과정을 통해 클라이언트를 충분히 이해할 수 있으며 개별화가 이루어질 수 있다.

넷째, 클라이언트가 조사, 사정 및 개입에 충분히 참여할 수 있도록 현재 처해진 상황에서부터 보조를 맞춰 나감으로써 개별화 전략을 수행할 수 있다.

다섯째, 사회복지사는 클라이언트의 감정을 민감하게 받아들이고 충분히 이해하고 느껴야 한다. 감정에 대한 민감성과 반응을 통해 개별화가 이루어질 수 있다.

여섯째, 사회복지사는 클라이언트가 속한 환경을 포함하여 모든 상황을 이해하고 관여할 수 있어야 한다. 개별화에 치중하게 되면 환경과 같은 전체적인 관점을 소홀히 할 수 있기 때문이다.

2) 의도적인 감정표현

의도적인 감정표현(purposeful expression of feelings)은 클라이언트가 자신의 감정을 자유롭게 표현하고자 하는 것이며, 사회복지사는 감정표현을 돕고 촉진시켜 주어야 한다는 원칙이다. 사회복지사는 클라이언트가 비판받게 될지 모른다는 불안에서 벗어나 자유롭게 억압된 감정 및 부정적 감정 등을 표현할 수 있도록 돕고 경청해야 한다.

사회복지실천에서 자유로운 감정표현의 목적은 클라이언트가 스트레스나 긴장으로부터 해방되고, 자신의 문제를 보다 객관적으로 인식할 수 있게 하는 데 목적을 두고 있다.

사회복지사가 클라이언트의 의도적인 감정표현을 위해 해야 할 역할은 다음과 같다.

첫째, 클라이언트가 자신의 감정을 자유롭게 표현할 수 있도록 편안하고 안정적인 환경을 제공하고 허용적인 태도를 보여 주어야 한다.

둘째, 사회복지사는 클라이언트의 감정과 행동의 차이점을 인식할 수 있어야 한다. 또한 클라이언트가 감정표현을 잘 할 수 있도록 상의하여 가장 좋은 시간과 장소를 선택하도록 한다.

셋째, 사회복지사는 클라이언트에게 정서적 지지를 제공해야 한다. 이를 통해 초기 저항을 줄이고 관계를 편안하게 할 수 있다.

넷째, 클라이언트의 감정을 환기할 수 있도록 노력해야 한다. 감정을 무조건 분출해 버리지 않고 환기를 통해 자신의 경험 속 모든 감정과 생각을 표현할 수 있도록 돕는다.

3) 통제된 정서관여

통제된 정서관여(controlled emotional involvement)는 사회복지사가 클라이언트의 감정을 민감하게 이해하고 그 감정에 적절하게 반응을 하는 것이다. 사회복지사의 반응을 통해 자신의 문제에 공감을 받고 싶어 하는 클라이언트는 이해받고 있다는 느낌을 받아 심리적 안정을 찾을 수 있다.

클라이언트의 감정에 대한 사회복지사의 반응은 사회복지실천 관계에서 가장 중요한 심리적 요소이며, 고도의 기술이 필요한 부분이다(양옥경 외, 2010). 통제적 정서관여를 위한 사회복지사의 역할은 다음과 같다.

첫째, 사회복지사는 민감성(sensitivity)을 가져야 한다. 민감성은 클라이언트의 감정을 잘 살펴보고 경청하는 것이며, 만약 클라이언트가 감정을 언어로 잘 표현하지 못해도 비언어적 표현을 통해 민감하게 파악하고 적절히 대처하는 것을 의미한다.

둘째, 감정이입적 이해(empathetic understanding)를 해야 한다. 감정이입적 이해는 사회복지사가 클라이언트의 감정 표현을 통해 그들 경험을 파악하고 그것이 어떤 영향을 클라이언트의 입장에서 민감하고 정확하게 이해하는 것이다. 감정의 의미를 문제와 관련시켜 이해하고 표면적 내용뿐만 아니라 잠재적 내용에도 반응할 수 있어야 한다.

셋째, 사회복지사는 클라이언트의 감정에 대해 반응(response)을 보여야 한다. 민감성이나 이해로 부족한 부분을 반응으로 채워 줄 수 있으며, 쉬운 듯하지만 어려운 사회복지기술이다. 내면적 반응은 사회복지사가 의도적으로 클라이언트의 감정과 동일화함으로써 감정을 분담하는 것을 의미한다.

4) 수용

수용(acceptance)은 클라이언트를 있는 그대로 받아들이고 다루어 나가는 행동상의 원리이다. 클라이언트를 인간으로서 존엄하게 여기고 그들이 가진 가치, 태도 및 행동 등을 조건 없이 받아들이는 것이다.

수용을 방해하는 요인으로는 첫째, 인간행동양식에 대한 불충분한 지식, 둘째, 사회복지사의 가치관에 의해 무엇인가를 받아들이지 못하는 태도, 셋째, 사회복지사 자신의 감정을 클라이언트에게 돌리는 경우(전이), 넷째, 편견과 선입견, 다섯째, 보장하지 못하면서 말로만 안심시키려는 태도, 여섯째, 수용과 허용의 혼돈, 일곱째, 클라이언트(인간)에 대한 존엄과 가치의 결여이다. 이러한 방해요인을 줄임으로써 클라이언트 수용이 가능하게 된다.

수용을 위한 사회복지사의 역할은 다음과 같다.

첫째, 사회복지사는 클라이언트를 완전히 이해하려는 태도를 가져야 한다. 클라이언트의 있는 그대로의 모습을 온전히 받아들이는 것을 의미한다.

둘째, 사회복지사는 클라이언트와의 가치관 차이가 있음을 인정해야 한다. 클라이언트를 수용하는 데 사회복지사의 가치관이 적용되어서는 안 된다.

셋째, 수용과 동의(agreement)는 다른 원칙임을 인식해야 한다. 수용은 클라이언트와 동의하는 것을 의미하는 것이 아니라 클라이언트가 다를 수 있다는 것을 받아들이는 것이다.

넷째, 수용과 비심판적 태도는 기본적으로 같은 태도이지만 다른 특징을 보인다. 수용은 비판 없이 이루어지는데 반해, 비심판적 태도는 클라이언트의 생각과 행동에 대해 평가를 하되 비난이 섞이지 않아야 한다.

5) 비심판적 태도

비심판적 태도(non-judgemental attitude)는 클라이언트의 문제의 잘못 여부를 심판하지 않고 이를 언어적으로나 비언어적으로 표현하지 않는 것이다. 클라이언트의 특성이나 가치관을 비난하지 않고, 의견과 태도를 경청해 주는 동시에 객관적인 시각으로 접근하여 도움을 줄 방법을 찾아내야 한다.

비심판적 태도의 장애요인을 보면, 첫째, 편견이나 선입견, 둘째, 성급한 확신, 셋째, 다른 사람과의 비교 또는 유형화하려는 태도, 넷째, 사회복지사에 대해 부정적 감정을 가지는 경우이다. 섣부른 평가나 심판적인 태도는 클라이언트와의 관계를 형성하는 데 장애가 될 수 있다.

비심판적 태도를 위한 사회복지사의 역할은 다음과 같다.

첫째, 자신을 심판하지 않을 것이라는 사회복지사의 태도가 클라이언트에게 전달될 수 있도록 해야 한다. 비심판적 태도로 클라이언트가 스스로 존중받고 있음을 느낄 수 있게 함으로써 안정적인 관계를 형성할 수 있도록 한다.

둘째, 앞서 언급된 비심판적 태도의 장애요인을 파악하여 클라이언트와 관계를 형성하는 데 어려움이 없도록 한다.

6) 클라이언트의 자기결정

클라이언트의 자기결정(client self-determination)이란 전반적인 과정에서 클라이언트 스스로 선택하고 결정할 수 있는 자유 및 권리를 제공하는 것이다. 클라이언트가 자신의 문제를 파악하고 나아갈 방향을 선택 및 결정하는 것을 존중하며 그 결정에 대해 책임감을 갖고 실천할 수 있도록 돕는 것이다.

클라이언트의 자기결정을 위한 사회복지사의 역할은 다음과 같다.

첫째, 사회복지사는 클라이언트 스스로 자신의 문제와 욕구를 통합적으로 관찰 및 탐색하여 이해할 수 있도록 도와야 한다.

둘째, 사회복지사는 클라이언트가 활용할 수 있는 지역 내 자원을 알려주어 선택할 수 있는 기회를 제공해야 한다.

셋째, 사회복지사는 클라이언트가 자신의 잠재적인 자원을 이끌어낼 수 있도록 돕고, 특히 의사결정 과정에서 스스로 성장할 수 있는 힘을 키울 수 있도록 지지해 줄 필요가 있다.

7) 비밀보장

비밀보장(confidentiality)은 사회복지사가 클라이언트와의 전문적 관계에서 수집된 정보를 치료목적 외에 타인에게 공개해서는 안 된다는 원칙을 말한다. 비밀보장의 원칙은 사회복지사가 가져야 할 윤리적인 의무이며, 성공적인 사회복지실천 관계 유지를 위해 필요한 원칙이다. 사회복지사는 클라이언트에게 비밀보장의 원칙을 알려줌으로써 클라이언트로 하여금 보호받는다는 안정감을 제공하고 방어적인 태도를 줄여 신뢰가 바탕이 된 관계를 형성할 수 있다.

비밀보장을 위한 사회복지사의 역할은 다음과 같다.

첫째, 사회복지사는 클라이언트에게 초기에 비밀보장의 원칙과 한계(법적인 명령, 클라이언트나 타인의 생명에 위협이 되는 경우 등)에 대해 명확히 설명해야 한다.

둘째, 사회복지사는 클라이언트의 정보가 어떤 목적으로 수집되고 어떻게 활용되는지를 설명해야 한다.

셋째, 사회복지사는 클라이언트에게 그에 관련한 공식적 기록을 이해할 수 있도록 설명해야 한다.

넷째, 사회복지사는 클라이언트와의 실천 과정에서 제3자의 관찰이나 녹음 등을 실시하기 전에 미리 클라이언트에게 알리고 승인을 받아야 한다.

비밀보장은 매우 중요하지만 반대로 한계를 가지고 있다. 다음과 같은 경우 비밀보장의 원리가 유보될 수밖에 없는데, 첫째, 클라이언트의 여러 가지 문제에 대한 적절한 서비스를 전달하기 위해 기관 내·외의 다른 전문가와 필요한 정보를 공유해야 하는 경우, 둘째, 학생이나 초심자의 경우 지도감독을 위해 슈퍼바이저에게 상세히 보고 해야 하는 경우, 셋째, 기관에 보관하는 기록이나 동료들과 사례회의를 하는 경우, 넷째, 타인이나 클라이언트 자신의 생명을 위협하는 경우이다.

5. 관계형성의 장애요인

사회복지실천 과정에서 사회복지사와 클라이언트는 건설적으로 관계를 확립해야 하지만 다음과 같은 문제로 관계형성에 장애가 생기기도 한다.

1) 클라이언트의 불신

사회복지실천 대상자인 클라이언트는 성장 과정에서 부정적 인간관계를 경험한 경우가 많기 때문에 관계를 형성하는 데 어려움을 겪는다. 사회복지사와의 관계에서도 클라이언트는 방어적 태도로 자기노출을 꺼리는 등 불신을 가질 수 있다. 이런 경우 사회복지사는 클라이언트 상황을 충분히 이해하고 인내할 수 있어야 한다. 지속적인 관심과 존중을 보인다면 어느 순간 클라이언트는 자신의 문제를 내보이고 이를 적극적으로 도우려는 사회복지사의 모습을 통해 안정적인 관계로 변화될 수 있다.

2) 사회복지사의 개인문제

사회복지사도 인간이기 때문에 개인적으로 문제가 있거나 실수를 저지를 수 있다. 그러나 반복적으로 실수를 해서 클라이언트에게 피해를 입히는 경우 병리적인 원인으로 살펴 볼 수 있다. 예를 들어 인품이 나쁘고 독설적이며 지배적인 경우, 판단·요구·엄격한 태도를 보이는 경우, 약속에 늦으며 선심 쓰듯 돌봐주는 경우 등이 해당된다.

3) 전이

전이(transference)는 클라이언트가 과거 자신의 경험에 의한 감정을 지금의 사회복지사에게 반응하는 것을 말한다. 클라이언트는 이전 경험에 의해 현재 경험을 과도하게 왜곡하여 인식하며, 이로 인해 사회복지사와의 관계형성이 어려워진다. 예를 들어, 과거 어릴 때 만났던 사회복지사로부터 불신과 두려움을 받은 경험으로 현재 만난 사회복지사에게도 그런 비슷한 감정을 느껴 관계형성을 거부하는 경우이다.

전이는 관계형성을 어렵게 하지만 클라이언트 스스로가 왜곡된 인지를 깨닫고 분리할 수 있도록 사회복지사가 돕는다면 반대로 성장을 위한 기회가 되기도 한다.

4) 역전이

역전이(counter-transference)는 전이와 반대로 사회복지사가 클라이언트를 자신의 과거 어떤 사람과 겹쳐 보면서 무의식적으로 반응하는 것을 말한다. 예를 들어 사회복지사가 어릴 때 자신의 엄마로부터 매 맞은 경험이 각인된 경우, 아이를 학대하는 엄마 클라이언트에게 적대적이거나 두려움을 느끼는 것이다. 이런 문제를 해결하기 위해 사회복지사는 자기분석 및 성찰을 할 수 있으며, 동료 또는 다른 전문가와 논의하여 생각의 전환을 가질 필요가 있다.

5) 지금-여기 반응

지금-여기 반응(here-and-now reaction)은 개입 과정에서 당장 클라이언트가 느끼는 감정을 사회복지사가 인지하고 대응해야 하지만 그러지 못할 때 문제가 생길 수 있다. 클라이언트의 부정적 감정을 즉각적으로 끌어내는 사회복지사의 행동은 다음과 같다. 클라이언트가 가지는 중요한 감정을 알아채는 데 실패, 클라이언트가 비난 및 비판 받는 것으로 오해할 수 있는 메시지 표출, 클라이언트에게 무심함, 클라이언트의 성장을 인정하는데 실패, 시기 혹은 내용면에서 부적절한 직면기술 사용, 이전에 클라이언트가 밝힌 중요한 정보를 기억하지 못함, 약속시간에 늦거나 취소, 성토 혹은 과도한 충고, 졸거나 조바심을 보임, 클라이언트가 계획한 행동을 인정하지 않음, 클라이언트와 대립되는 대상의 편을 들어주는 것 같은 인상을 줌, 논의를 주도하거나 클라이언트의 말을 끊음, 클라이언트가 생각하기에 해내기 어려운 과제를 부여함이다(Hepworth et al., 2006; 김기태 외, 2007). 이러한 행동은 사회복지사가 실수한 것도 있지만 클라이언트가 오해하여 개입 과정 중 부정적인 감정을 이끌어낼 수 있다. 따라서 사회복지사는 현재에 집중하여 클라이언트의 부정적인 감정을 민감하게 알아채고 잘못된 감정을 바로 다룰 수 있도록 수용하는 태도를 보여야 한다.

6) 저항

저항은 사회복지사와 클라이언트의 관계 변화를 방해하는 요인이다. 목표와 반대되는 클라이언트의 행동들을 의미하며, 이런 행동은 클라이언트가 의도적으로 하는 것도 있지만 의식하지 못하는 경우도 있다.

저항의 유형으로는 다음과 같다.

첫째, 침묵이다. 이는 클라이언트가 갑자기 말을 하지 않거나, 할 말이 생각나지 않는다거나, 말하고 싶지 않다고 하는 경우 등이 해당하며 초심자 입장에서 가장 다루기 어려운 저항의 형태이기도 하다.

둘째, 핵심에서 벗어난 주제 말하기이다. 중요한 주제는 그냥 뛰어넘고 쓸데없는 주변 이야기만 장황하게 하거나, 중요하지만 고통스러운 이야기를 꺼내면 못 들은 것처럼 혹은 더 중요한 이야기가 생각난 것처럼 행동하는 것이다.

셋째, 무력함이다. 잘 안 될 것이라고 반응하며 변화를 원치 않는 태도를 보이는 것이다. '잘될 리가 없다', '노력해봤자 뻔하다', '해 봤는데 소용없더라' 식이다. 이런 태도는 사회복지사 역시 무력하게 만든다.

넷째, 문제를 축소하거나 마술적 해법을 기대하는 것이다. 문제에 직면하지 않음으로써 변화를 위한 노력을 하지 않는 것이다. '별로 심각한 것은 아니다', '어떻게든 될 거다'라는 반응을 보이는 것이다.

다섯째, 저항의 심리를 행동으로 보이는 것이다. 사회복지사가 준 과제를 수행하지 않거나 약속 시간에 지각하거나 결석하지 않는 등의 행동 등이 해당된다.

이런 경우 저항의 저변에 깔려 있는 현재 감정에 초점을 두고 부정적인 감정을 다룸으로써 변화를 이끌어 낼 수 있다.

저항의 유형으로는 침묵, 핵심에서 벗어난 주제 말하기, 무력함, 문제를 축소하거나 마술적인 해법을 기대, 저항의 심리를 행동으로 보이기(과제 미수행, 약속시간 미준수 등) 등이 있다.

연습 문제

1. 사회복지실천 관계에서 원칙과 욕구가 바르게 연결된 것은?

① 개별화 — 가치 있는 인간으로 인정받고 싶은 욕구
② 수용 — 독립된 개인으로 처우 받고 싶은 욕구
③ 의도적 감정표현 — 감정을 표현하고 싶은 욕구
④ 자기결정 — 심판받지 않으려는 욕구
⑤ 비밀보장 — 스스로 선택하고 결정을 내리고 싶은 욕구

2. 다음 내용에 해당되는 관계의 기본 요소는?

> 사회복지사가 자신의 관점을 유지하면서 클라이언트의 느낌과 경험을 충분히 이해하고 몰입할 수 있는 능력

① 수용 ② 감정이입
③ 이해 ④ 헌신
⑤ 배려

3. 수용을 위한 사회복지사의 역할로 적합한 것은?

① 사회복지사는 클라이언트의 모든 것을 다 이해하려고 해서는 안 된다.
② 사회복지사는 자신의 가치관을 적용하여 클라이언트를 이해해야 한다.
③ 사회복지사는 클라이언트를 수용함과 동시에 동의할 수 있어야 한다.
④ 수용과 비심판적 태도는 기본적으로 같은 태도이지만 다른 특징을 가지므로 구분해서 클라이언트를 대해야 한다.
⑤ 수용 과정은 저해 요인이 없는 비교적 수월한 역할 중 하나이다.

4. 사회복지사와 클라이언트와의 관계형성에 장애가 되는 요소가 아닌 것은?

① 사회복지사 개인 문제
② 비밀보장
③ 클라이언트의 불신
④ 전이
⑤ 저항

5. 다음 사회복지사의 자질 향상을 위한 노력으로 잘못 연결된 것은?

① 성숙함 — 변화와 성장을 흥미 있는 것으로 기꺼이 받아들임
② 민감성 — 인정하고 싶지 않은 자신의 모습이 보이더라도 두려워하지 않거나 왜곡하지 않음
③ 창조성 — 자신을 개방하고 기존 이론이나 사고를 거부하지 않으면서도 새로운 대안을 찾고자 함
④ 용기 — 여러 문제 상황 등을 기꺼이 받아들일 수 있어야 함
⑤ 인간적 자질 — 자신과 다른 인생 경험, 행동양식, 가치관을 포용하고, 장기목표를 가지고 일할 수 있는 끈기를 가져야 함

정답

1. ③ 2. ② 3. ④ 4. ② 5. ②

제 7 장

면접론

학습목표

1. 사회복지면접의 특징과 면접의 목적 및 유형을 이해한다.
2. 효과적인 면접 진행을 위해 면접의 구조와 과정을 이해한다.
3. 사회복지사가 활용해야 할 면접 기술을 이해한다.
4. 면접을 위한 의사소통의 기술과 태도를 이해한다.

개요

사회복지실천 현장에서 사회복지사가 클라이언트를 대면하는 과정은 필수적이다. 대면과정에서 사회복지사는 클라이언트의 욕구 확인, 자료수집, 개입계획 수립 등을 실시한다. 이러한 면접은 사회복지실천을 위한 중요한 수단 중 하나이다. 면접은 클라이언트와의 대화 그 이상의 것이며, 클라이언트의 문제를 해결하기 위해 사용되는 목표지향적 활동이다. 사회복지사는 전문적으로 면접을 진행해야 하며, 이를 위해 면접의 개념을 이해하고 적절한 기술을 활용해야 한다. 따라서 이 장에서는 사회복지면접의 특징, 목적 및 유형, 면접의 구조와 과정, 면접 기술 및 의사소통에 대해 살펴보고자 한다.

제7장

면접론

1. 면접론에 대한 이해

면접은 사회복지실천에서 중요한 기능을 가진다. 사회복지사는 클라이언트와의 면접 과정을 통해 관계를 형성하고, 정보를 수집하며, 문제해결을 위한 방법을 찾아 개입할 수 있다. 즉, 사회복지사가 사회복지실천 목적을 이루기 위해 필수적으로 거쳐야 하는 과정인 것이다. 면접은 단순히 이야기를 나누는 대화 수준을 넘어 목적과 방향성을 가진 구조화된 의사소통 기술이며, 면접 과정을 통해 클라이언트는 치유의 경험을 갖기도 한다. 따라서 효과적인 면접을 위해 사회복지사는 면접의 목적을 충분히 이해하고, 안정적인 환경을 구성할 수 있으며 적절히 활용할 수 있는 기술을 습득할 필요가 있다.

1) 사회복지면접 특징

사회복지면접은 다음과 같은 특징을 가진다(Compton et al., 1979; 김기태 외, 2007 재인용).

첫째, 면접을 위한 장(setting)이 있다. 즉, 클라이언트와 면접을 위한 기관이 있다.

둘째, 면접은 구체적인 목표를 달성하기 위해 의도적으로 이루어지고 방향을 이끌어 간다. 즉, 문제해결을 위해 개입 목적에 관련된 내용으로 면접 내용이 이루어진다는 것이다.

셋째, 면접은 불필요한 것을 없애기 위한 한정적이며 계약적인 과정이다. 즉, 사회복지사와 클라이언트는 문제해결을 위해 기간을 설정하여 노력해야 한다는 것이다.

넷째, 사회복지사와 클라이언트는 특수한 역할을 가지며, 이에 입각하여 상호작용을 한다. 즉 사회복지사는 면접자, 클라이언트는 피면접자로서 주어진 역할을 문제해결을 위해 수행해야 한다.

Brown(1920)은 효과적인 면접에 영향을 미치는 요인을 다음과 같이 제시하였다. 첫째, 사회복지사의 자기인식 정도, 둘째, 주고받는 심리의 고유한 역동성에 대한 이해, 셋째, 원조관계를 발전시킬 사회복지사의 능력, 넷째, 클라이언트를 존중하며 클라이언트가 커뮤니케이션 과정에 적극적으로 관여하도록 하는 사회복지사의 능력, 다섯째, 클라이언트에게 기술적으로 말을 하고 질문하는 사회복지사의 능력, 여섯째, 면접의 목적, 일곱째, 면접이 이루어지는 분위기와 장소, 여덟째, 비밀보장의 정도, 아홉째, 전이와 역전이 같은 면접과정에서 일어나는 역동성에 대한 사회복지사의 인식이다(박차상 외, 2014 재인용).

2) 면접의 목적과 유형

(1) 면접의 목적

면접의 목적은 삶의 질 향상과 성장을 목적으로 문제를 해결하기 위한 필요한 전략이나 행동을 모색하기 위해 정보를 주고받는 것이다(Hepworth & Larsen, 1993; 박차상 외, 2014 재인용). 문제를 파악하여 클라이언트와 그 상황을 이해함으로써 도움을 제공하고자 하는 것이다. 그 외 이론가들이 주장한 면접의 목적은 다음과 같다.

Kadushin(1990)은 첫째, 정보수집을 위한 면접, 둘째, 사정을 위한 면접, 셋째, 치료를 위한 면접으로 목적을 나누었다(엄명용 외, 2016 재인용).

Brown(1992)은 첫째, 자료수집, 둘째, 치료관계의 확립과 유지, 셋째, 클라이언트에게 정보 제공, 넷째, 원고 과정에서 장애를 파악하고 제거하는 것, 다섯째, 목표달성을 향한 활동을 파악하고 이행하는 것, 여섯째, 원고 과정을 촉진하는 것으로 제시하였다(박주현 외, 2014 재인용).

(2) 면접의 유형

면접 유형은 크게 목적과 구조화 정도에 따라 구분할 수 있다. 목적에 따른 면접은 정보수집, 사정, 치료를 위한 면접으로 구분하지만, 현장에서는 중첩되어 사용되기도 한다. 구조화에 따른 면접은 구조화, 반구조화, 비구조화 면접으로 구분된다.

① 목적에 따른 면접 유형

- 정보수집 면접은 사회조사라고도 불리며 클라이언트와 관련한 나이, 성별, 학력 같은 인구사회학적 배경에서부터 원가족 관계, 학교 생활, 직장 생활 등 개인 발달 등에 관한 정보를 수집하는 과정이다. 이러한 정보는 대부분 클라이언트로부터 직접 얻지만 그 외 가족, 이전 이용 기관 등 주변 사람을 통해 수집도 가능하다. 정보를 많이 얻는 것도 중요하지만 무제한적으로 수집할 필요는 없으며, 객관적 정보 외 클라이언트의 감정과 태도 같은 주관적 정보도 중요하다. 이러한 정보는 사회복지사가 클라이언트를 더욱 잘 이해하고 효과적으로 개입하여 그들이 호소하는 문제를 해결하는 데 도움이 된다.
- 사정을 위한 면접은 앞서 정보수집을 위한 면접보다 훨씬 목적지향적이다. 클라이언트의 문제를 해결하는 데 도움이 될 수 있는 구체적인 질문과 정보 해석을 실시하여 적합한 서비스를 결정하고 제공하고자 하는 데 목적을 둔다.

- 치료를 위한 면접은 클라이언트가 가진 문제를 해결하여 변화를 이끌어내는 데 목적을 둔다. 단순히 클라이언트의 개인 내적인 변화뿐 아니라 그들을 둘러싼 환경의 변화까지 포함하여 치료 면접이 진행된다. 따라서 사회복지사는 치료자 외 옹호자 및 대변자의 역할까지도 수행하게 된다. 클라이언트 개인 내적인 변화를 위한 치료면접은 주로 클라이언트의 자신감과 자기효율성 강화, 필요한 기술훈련, 문제해결능력 증가 등을 목적으로 한다. 환경변화를 목적으로 하는 면접은 클라이언트와 관련된 중요한 사람들 혹은 클라이언트의 권리와 이익을 옹호 및 대변하기 위해 사회복지기관, 지역사회, 관련 공무원들과 이루어지기도 한다(이종복 외, 2015). 따라서 사회복지사는 치료자 외 옹호자 및 대변자의 역할까지도 수행하게 된다.

② 구조화에 따른 면접 유형

- 구조화된 면접: 구조화된 면접은 표준화된 면접조사표나 질문을 만들어서 면접 상황과 관계없이 모든 클라이언트에게 동일한 절차와 방법으로 면접을 진행하는 것이다. 이 면접 유형은 다음과 같은 경우 활용하기 좋다. 수집한 자료를 비교하는 것이 중요한 경우, 한 명 이상의 사회복지사(면접자)가 면접을 수행하는 경우, 사회복지사의 면접 경험이 부족할 경우이다. 하지만 이 유형은 정서적인 내용이 부족하여 클라이언트와의 관계형성에 부정적이며, 클라이언트에 따라 특정한 질문이 해당하지 않거나 부적절할 수 있어 면접 시간을 낭비할 수 있다.
- 반구조화된 면접: 반구조화된 면접은 미리 결정된 질문이나 주요 단어가 있으며, 특정 질문을 미리 만들지는 않지만 클라이언트의 반응에 따라 질문을 유연하게 변경할 수 있다. 이 면접 방법은 사람들 사이의 정보를 비교하고자 하면서도 각각의 경험을 심층적으로 이해하고자 할 때 유용하다.
- 비구조화된 면접: 비구조화된 면접은 가장 개방적인 면접 방법으로 면접목록을 사용하지 않는다. 이 방법은 클라이언트의 상황을 심층적으로 자세하게 알아내고자 할 때 사용한다. 그러나 비구조화된 면접 방식으로 초보 사회복지사(면접자)는 초점과 방향성을 잃기 쉬우므로 면접 진행이 어려울 수도 있다.

2. 면접의 구조와 과정

(1) 면접 구조

면접이 효과적으로 이루어지기 위해서는 면접 장소와 시간, 기록, 비밀보장 같은 구조적인 요건이 갖추어져야 한다.

① 면접 장소와 시간

면접 장소에 따라 관계형성이나 면접 내용이 달라질 수 있으므로 신중하게 고려해야 한다. 장소는 면접에 집중할 수 있도록 독립되고 조용한 곳이 좋으며, 별도의 면접실(상담실)을 이용하는 경우 공식성과 전문성도 강조할 수 있어 좋다. 면접실은 적절한 채광이 있고, 간접 조명을 사용하며, 적절한 온도를 유지해야 한다. 등을 편안히 받쳐 주는 의자가 있고, 테이블은 가운데 배치하여 사회복지사와 클라이언트가 서로 마주보거나 90도 정도의 각도로 앉을 수 있도록 자리를 구성한다.

일반적으로 면접은 기관에서 이루어지지만 클라이언트의 상황에 따라 전화면접 혹은 가정방문 형태로도 진행된다. 전화면접은 처음 클라이언트와 접촉할 때 주로 이루어지는데 클라이언트가 거부감을 갖지 않도록 최대한 친절하고 적절한 속도 및 톤으로 면접을 진행해야 한다. 전화면접은 얼굴을 마주보는 것이 아니기 때문에 클라이언트들이 상대적으로 편안하게 느낄 수 있지만, 사회복지사가 클라이언트의 비언어적 특성을 파악하기 어렵다는 한계를 가지기도 한다. 가정방문은 클라이언트의 사정(예, 교통편이 불편함)으로 기관을 방문할 수 없거나 가정환경을 파악하는 것이 필요할 때 이루어진다. 가정방문은 클라이언트가 개인적인 공간을 보여주는 것이므로 거부감을 보이기도 하고 주변환경 방해요인(예, 다른 사람 방문 등)이 많아 면접 진행이 어려운 편이다. 그러나 클라이언트의 가정환경(경제적 상황, 가족 간 상호작용 등)을 관찰할 수 있어 더욱 많은 정보를 수집할 수 있어 클라이언트 상황을 이해하는 데 도움이 된다.

면접 시간은 기관의 특성과 면접 목적에 따라 편차가 있지만 일반적으로 40~50분 정도로 잡는다. 시간은 처음에 약속한대로 진행되어야 하며, 클라이언트의 상황(주의집중, 의사소통 능력 등)에 따라 조정 가능하다.

② 기록

기록은 사회복지사가 클라이언트와의 면접 전반 과정에 걸쳐 일정한 틀에 객관적이고 사실적으로 서술하는 것을 말한다. 기록은 다음과 같은 기능을 가진다. 첫째, 클라이언트의 욕구 확인, 둘째, 서비스 내용 보고, 셋째, 사례 유지, 넷째, 전문가 간 의사소통의 원활화, 다섯째, 클라이언트와 정보 공유, 여섯째, 슈퍼비전, 자문, 동료에 의한 활성화, 일곱째, 서비스 과정과 효과 모니터링, 여덟째, 학생과 다른 전문가들의 교육자료, 아홉째, 실무와 행정적 과업을 위한 자료 제공, 열째, 조사연구를 위한 자료 제공이다. 기록은 클라이언트 관련 정보를 수집하고, 개입방법의 점검과 확인, 슈퍼비전·자문 활용, 교육과 연구를 할 수 있는 기능을 가진다.

기록 내용은 초기에 인구학적 특성(이름, 성별, 나이, 거주지, 학력, 직업, 혼인상태 등), 서비스를 제공하게 된 사유, 클라이언트의 사회력(개인력, 가족력, 대인관계)이 포함되며, 면접마다 면접 일시와 장소, 목표, 내용, 평가, 다음 면담 계획 등을 기록한다.

기록을 위한 방법으로는 면담 중 사회복지사가 직접 필기하는 방법이 있으나 이는 면담에 집중하는 데 방해가 된다는 단점이 있다. 또는 면담 중 중요한 내용만 간단히 적어두고 이후 사례기록지에 자세히 기술하는 방법도 가능하다. 원활한 면담 진행을 위해 녹음이나 녹화를 하는 방법도 있지만 클라이언트가 부담을 가질 수 있으며, 개인정보 보호 및 윤리적 이슈가 제기될 수 있으므로 사전에 클라이언트에게 동의를 꼭 받아야 한다.

기록 유형으로는 첫째, 과정기록(process recording)으로 면접 과정 중에 일어난 모든 언어적·비언어적 내용을 빠짐없이 그대로 기록하는 것이다. 둘째, 문제중심기록(problem-oriented recording)은 단순히 기록하는 것을 넘어 문제해결 접근 방법을 기록한다. 문제중심기록은 일반적으로 SOAP(Subjective data, Objective data, Assessment, Plan)이라는 약어도 같이 사용된다. S는 클라이언트가 자기문제를 보는 주관적 내용이다. O는 문제에 관한 사회복지사의 관찰과 클라이언트 개인과 환경의 객관적 상황이며, 분석이나 해석 없이 사실만을 기록한다. A는 사회복지사가 주관적, 객관적 자료를 바탕으로 클라이언트의 인식을 살펴보고 그 의미를 전문가의 입장으로 분석하여 문제를 사정하여 기록한다. P는 수집된 정보와 클라이언트의 정서상태 등 모든 자료를 토대로 문제해결을 위한 계획을 수립하여 기록하는 것이다. 셋째, 요약기록(summary recording)은 면접에서 수집되는 모든 자료를 기록하기보다는 중요한 내용만을 선택하여 정확하고 요점 있게 기록하는 것이다. 각 기록 유형마다 장단점을 가지고 있으므로 실천 현장에서 상황에 맞춰 유연하게 기록하는 것이 필요하다.

③ 비밀보장

비밀보장은 면접이 시작되기 전에 사회복지사가 클라이언트에게 안내하고, 면접 과정에서도 지켜져야 할 중요한 사항이다. 면접 과정에서 사회복지사와 클라이언트가 주고받은 내용과 정보는 클라이언트의 동의 없이 누설되지 않을 것을 명확하게 전달해야 한다. 이를 통해 클라이언트는 안정감과 신뢰감을 느끼고 솔직하게 면담에 응하게 된다. 비밀보장 범위는 담당 사회복지사 외 기관에 속한 모든 사회복지사에게도 적용된다.

(2) 면접 과정

사회복지실천 과정에서 진행되는 면접은 시작–중간–종결 단계로 나뉜다. 모든 단계에서 클라이언트의 문제해결능력을 향상시키는데 목적을 두고 진행한다.

각 단계마다 특성이 있으며, 이에 따른 사회복지사가 수행해야 할 과제 및 태도는 다음과 같다.

① 시작 단계

시작 단계는 사회복지사와 클라이언트와 면접을 개시하고 관계를 형성해 가는 단계이다. 라포(rapport; 친밀감)를 형성하고 문제를 파악하여 면접의 목적을 합의해 가는 과정을 거친다.

이 단계에서 클라이언트와 사회복지사의 태도 및 행동을 살펴보면 다음과 같다. 시작 단계에서 클라이언트는 어색함, 불안감, 적대감 등 불편한 감정을 가지게 된다. 따라서 사회복지사는 인사 및 교통, 날씨 등 간단한 이야기로 분위기를 부드럽게 조성하고 최대한 따뜻하고 편안한 분위기를 조성하는 것이 필요하다. 클라이언트는 이 기회를 통해 자신의 삶에 변화가 있을 것이라는 막연한 기대감을 가질 수도 있다. 이럴 때 사회복지사가 무엇이든 해결해 주겠다는 태도는 주의해야 하며, 처음부터 기관과 자신의 역할, 제공할 수 있는 서비스 한계 등에 대해 명확하게 안내해야 한다.

② 중간 단계

중간 단계는 사회복지사와 클라이언트가 문제를 명확히 파악하고 해결을 위한 방안을 적극적으로 모색하는 단계이다. 사회복지사는 전문적 기술과 가치를 토대로 클라이언트가 자신의 이야기를 할 수 있도록 이끌어내고, 그 속에서 어려움과 문제를 파악할 수 있도록 심층적으로 다루어줄 필요가 있다. 그런 과정을 통해 사회복지사와 클라이언트는 함께 문제의 핵심과 해결방안을 탐색, 수정 및 결정을 하게 된다. 결정하는 과정에서 클라이언트가 선택할 수 있도록 사회복지사는 전문적이고 적극적으로 돕는 태도를 가져야 한다.

③ 종결 단계

종결 단계는 목적 달성 확인 및 관계 정리 등 면접 마무리를 위한 단계이다. 종결 시기는 갑작스럽게 끝나지 않도록 미리 계획하고 준비한다. 이 단계에서는 그동안 진행된 과정을 살펴보면서 성공적이었던 과제에 대해서는 긍정적인 피드백을 주고, 어려웠거나 성공적이지 않았던 과제는 차후 스스로 문제를 해결할 수 있도록 짚어준다. 그동안 사회복지사는 그동안 형성된 관계의 감정을 정리할 수 있도록 클라이언트의 감정을 보살피고, 차후 문제가 생길 경우 이용 가능함(사후관리)을 알려주도록 한다.

3. 면접 기술

사회복지사는 클라이언트와의 면접을 효과적으로 실천하기 위해 관찰, 경청, 질문하기, 답하기, 요약과 해설을 활용할 수 있어야 한다.

1) 관찰

관찰은 사회복지실천 과정에서 가장 기본적이며 지속적으로 사용되는 기술 중 하나이다. 클라이언트의 언어적 표현 외에 비언어적 표현 역시 중요한 의미를 전달하므로 사회복지사는 주의를 기울여 관찰하는 것이 필요하다. 사회복지사는 클라이언트의 눈맞춤, 옷차림과 외양, 표정, 자세와 몸동작 등을 관찰하면서 정보를 수집하도록 한다.

그 외 구체적으로 사회복지사는 다음과 같은 사항을 관찰해야 한다(조휘일 외, 2008).

- 신체언어: 클라이언트가 앉아 있는 모습, 얼굴표정, 목소리 톤의 변화 등을 말한다.
- 처음 꺼내는 말과 끝내는 말의 내용: 이 내용은 클라이언트가 자신의 자아나 환경에 대해 어떤 태도를 가지고 있는지 암시를 준다.
- 화제의 이동: 대화 도중 어떤 주제가 나올 때 화제를 바꾸는 경우는 그 주제가 고통스럽거나 이야기를 나누기 싫다는 것을 의미하기 때문에 추후에라도 다시 다루어볼 필요가 있다.
- 반복적 주제의 제시: 클라이언트가 계속해서 한 주제를 제시하는 경우 클라이언트에게 매우 중요한 문제이거나 도움을 받기 원하는 문제일 수 있다.
- 불일치: 클라이언트의 진술 간에 차이가 나는 것은 면접 내용이 클라이언트에게 매우 위협적이거나 공개하고 싶지 않다는 것을 의미한다.

2) 경청

경청은 사회복지실천 과정에서 매우 중요한 기술 중 하나이다. 클라이언트의 진술을 단순히 듣기(hearing)만 하는 것이 아니라 그들이 말하고자 하는 것을 공감하고 이해하며, 적절한 반응을 해주는 적극적인 듣기(listening)의 기술이다. 경청은 사회복지사가 클라이언트의 마음을 열고 긍정적인 관계를 형성할 수 있게 한다. 또한 클라이언트를 심도 있게 이해하여 문제해결에도 도움이 된다. 더불어 공감적이고 수용적인 분위기에서 자신의 이야기를 쏟아 낸 클라이언트는 감정적 정화를 경험하여 치유 및 안정을 찾을 수 있다.

사회복지사는 경청에 사용할 수 있는 기술로 반복 기술(paraphrasing)과 요약 기술(summarizing)을 사용할 수 있다. 반복 기술은 들었던 내용을 다시 반복해 줌으로써 클라이언트가 이야기 한 것을 분명하게 하는 데 도움이 되며, 요약 기술은 클라이언트가 진술한 많은 이야기를 분명하게 정리하는 데 도움이 된다. 이 외 경청을 위한 기술은 다음과 같다(박주현 외, 2014).

(1) 경청 기술

① 가능한 한 개방적이고 직관력이 풍부하며, 감정이입을 할 것
② 시선을 잘 맞출 것
③ 개방적이고 집중하는 자세를 취할 것
④ 비언어적 의사소통 유형과 그 의미에 주의를 기울일 것
⑤ 의사소통의 한 형태로 침묵을 용납하고 활용할 것
⑥ 적절한 물리적 간격을 유지할 것
⑦ 단서를 포착하고 따라갈 것
⑧ 주제를 벗어나는 자신의 산만한 버릇이나 행동을 알고 있을 것
⑨ 모호하고 불분명하거나 이중적인 의미를 갖는 말은 피할 것
⑩ 상대방이 충분히 시간을 갖고, 원할 때 자신의 언어로 말할 수 있게 배려할 것
⑪ 면접 장소의 물리적 환경의 중요성을 기억할 것
⑫ 끼어들거나 주제에서 벗어나지 않도록 노력할 것
⑬ 의사소통이 되지 않는 것 등 면접의 전반적인 분위기에 민감하게 반응할 것
⑭ 면접의 정서적인 내용을 경청하고, 질문을 적당하게 변용시킬 것
⑮ 가능하거나 필요할 때 언제든 환류를 이끌어내고 검토할 것
⑯ 강한 감정이 나올 때, 적절한 시간포착의 중요성을 기억할 것
⑰ 예민하고 고통스러운 문제를 다룰 때 어조의 중요성을 기억할 것
⑱ 선입견, 고정관념, 낙인의 위협을 피하고, 섣부른 판단이나 평가를 내리지 말 것
⑲ 이론에 대해 언급하는 것이 클라이언트가 이해하는 데 도움이 될 때 이해할 수 있는 수준으로 설명해 줄 것
⑳ 가능한 자연스럽고 유연한 태도를 취할 것

(2) 경청과정에서 주의해야 할 사항

① 침묵

사회복지사는 자신의 면접 기술이 부족하여 침묵이 생겼다고 생각하거나 부담스러워 참지 못하는 경우가 있다. 그러나 면접에서 침묵은 의미를 가진다. 첫째, 클라이언트가 자기 생각을 정리하여 표현하기 위해 침묵하는 것, 둘째, 말을 하는 도중 감정이 격해져 이를 다스리기 위해 침묵하는 것, 셋째, 정말 할 말이 없어서 침묵하는 것이다. 사회복지사는 각 경우에 따라 민감하게 인지하고 반응해야 한다.

② 조언

경험이 부족한 사회복지사는 말하는 것에만 신경 쓸 수가 있다. 해결책을 제시해 주어야 한다는 사명감에 대화를 중단하고 섣불리 조언을 해서는 안 된다. 조언은 클라이언트의 의존심을 키울 뿐 아니라 조언의 결과가 나쁠 경우 사회복지사에 대한 신뢰도가 떨어질 수 있기 때문이다.

3) 질문

질문은 사회복지실천 과정에서 의사소통을 돕고 필요한 정보를 얻으며, 대화 초점을 잡기 위해 사용되는 주요 기술이다. 지나치게 많은 질문은 클라이언트를 혼란스럽게 하고, 반대로 적은 질문은 클라이언트에게 부담을 지게 한다. 따라서 질문은 클라이언트의 속도에 맞춰 적절한 시점에 이루어져야 한다. 질문 유형은 개방형 질문과 폐쇄형 질문이 있으며, 두 유형의 질문을 적절히 혼합하여 면접을 진행한다.

(1) 질문 유형

① 개방형 질문

개방형 질문은 클라이언트가 원하는 대로 자유롭게 대답할 수 있도록 하는 질문 유형이다. 일반적으로 현장에서는 개방형 질문을 더 선호하는데, 이는 개방형 질문을 통해 클라이언트와의 관계형성에 도움이 되고, 클라이언트가 더 많은 정보를 제공함으로써 그들의 문제와 욕구를 더 확실히 파악할 수 있기 때문이다. 일반적으로 '어떻게', '무엇'이라는 말이 포함되게 질문하는 형식이다(예, 어떻게 저희 기관을 알고 오셨어요?, 무엇이 가장 필요하다고 생각하세요?).

② 폐쇄형 질문

폐쇄형 질문은 클라이언트의 응답이 한정되는 질문 유형이다. 사회복지사가 구체적 사실을 확인하거나 클라이언트가 당황하고 혼란스러워할 때 초점을 유지하기 위해 사용한다. 일반적으로 '예' 혹은 '아니오'로 답할 수 있도록 질문하는 형식이다(예, 우리 기관은 처음 오신건가요?, 자녀의 학습 지원이 필요하시다는 거죠?)

(2) 피해야 할 질문 유형

질문하는 과정에서 잘못된 질문은 클라이언트에게 위협을 주거나 대화의 흐름을 막는 역효과를 초래하기도 한다. 따라서 사회복지사는 다음과 같은 질문 유형은 피해야 한다.

① 유도형 질문

유도형 질문은 사회복지사가 클라이언트의 응답을 미리 생각하고 이를 이끌어내기 위해 의도적으로 질문을 하는 형식이다. 클라이언트의 감정 및 생각과 상관없이 사회복지사 개인적인 견해가 해결책인 것처럼 제시하는 경향을 보이기 때문에 유도적 질문은 피해야 한다.

② 중첩형 질문

중첩형 질문은 한 번의 질문에 많은 내용을 포함하여 질문하는 형식이다. 많은 질문 내용으로 인해 클라이언트는 질문의 초점을 이해하기 어렵고 내용을 빠뜨리기 쉬우므로 중첩형 질문은 피해야 한다.

③ '왜?'로 시작하는 질문

'왜?'라는 질문은 사회복지사가 클라이언트를 추궁하거나 비난하는 듯한 느낌을 주기 때문에 하지 않는 것이 좋다.

④ 모호한 질문

모호한 질문은 클라이언트가 질문의 의도를 명확하게 이해하지 못하거나 받아들이지 못하는 질문이다. 사회복지사는 클라이언트가 명확히 응답할 수 있도록 구체적으로 묘사하거나 초점을 좁히는 것이 필요하다.

4) 요약과 해석

요약은 클라이언트가 진술한 내용과 관찰된 부분을 사회복지사가 정리하여 말로 전달해 주는 기술이다. 요약 과정을 통해 클라이언트는 사회복지사가 클라이언트 자신의 이야기에 집중해 주고 있다는 신뢰감을 가지게 되고, 잘못된 요약 내용은 바로 잡으면서 자신의 상황을 다시 정리할 수 있는 기회를 가지게 된다.

해석은 요약과 같이 사회복지사가 정리해 주는 방법이지만 그 외에 클라이언트가 미처 인지하지 못했던 문제까지 이해할 수 있게 돕는 기술이다. 클라이언트가 직접적으로 문제를 내세우지 않거나 인정하지 않을 때, 사회복지사는 그동안 클라이언트의 이야기나 행동을 분석하여 내면의 숨겨진 내용을 이끌어내어 클라이언트가 인정하게끔 전달해 주어야 한다. 사회복지사는 해석을 하기 위해 통찰력을 길러야 하며, 클라이언트와의 신뢰 관계가 돈독히 형성되어야 가능하다. 성급한 해석은 클라이언트를 방어적으로 만들어 관계를 망칠 수가 있으므로 조심해야 한다.

5) 초점 유지

초점 유지는 시간이 제한되어 있는 실천 과정에서 최대한의 문제해결 효과를 줄 수 있는 기술이다. 사회복지사는 클라이언트와 면담할 때 미리 탐색할 문제에 대해 미리 생각해 두고 여기에서 크게 벗어나지 않는 선에서 진행하도록 한다. 초점을 유지함으로써 클라이언트가 다른 방향으로 빠지지 않게 하며, 중요한 문제를 더 깊이 탐색하고 원하는 변화를 이끌어낼 수 있다.

6) 반영, 명료화, 직면

반영은 사회복지사가 클라이언트의 말과 행동에서 나타난 감정과 내용을 다른 말로 표현해 주는 기술이다. 예를 들어 사회복지사는 '당신은 ○○에 대해 ○○하게 느끼고 있군요' 식으로 다양한 감정표현을 사용하여 클라이언트의 감정을 짚어주거나, 언급된 내용을 다시 말해 줌으로써 이해하고 있음을 전달해 주는 것이다.

명료화는 클라이언트의 말 속에 내포되어 있는 것을 클라이언트에게 명확하게 짚어주는 기술이다. 예를 들어 '나는 당신이 ○○를 말하고 있다고 생각하는데, 제가 이해한 게 맞나요?' 라는 식으로 클라이언트가 더욱 명확히 표현할 수 있도록 이끌어내는 방식이다.

직면은 사회복지사가 클라이언트의 모순되거나 일치되지 않는 언어나 감정 및 행동을 직접적으로 알려주는 기술이다. 직면과정을 통해 클라이언트는 자신의 모순점을 파악하고 해결해 갈 수 있다. 그러나 사회복지사는 다른 기술보다 직면

기술을 사용할 때 분별력 있게 사용해야 하며, 적절하지 못한 직면은 클라이언트가 공격 또는 비평을 받는다는 느낌을 가지게 하여 심리적 상처를 줄 수 있다.

4. 의사소통 기술

면접의 기본 단위는 대화이며, 대화는 의사소통의 한 방법이다(이종복 외, 2015). 면접은 일반적으로 사회복지사와 클라이언트 사이에서 이루어지므로 성공적인 개입을 위해 안정적인 의사소통 통로가 확보되어야 한다. 의사소통은 언어적 의사소통과 비언어적 의사소통으로 구분되며, 이 의사소통 방법의 기술 및 태도에 대해 살펴보고자 한다.

1) 언어적 의사소통

사회복지사와 클라이언트 사이의 의사소통을 증진하는 기법과 방해하는 요인은 〈표 7-1〉과 같다.

〈표 7-1〉 언어적 의사소통 기술과 방해요인

언어적 의사소통 기술	언어적 의사소통 방해요인
• 클라이언트에 대한 지지적 언어 반응 • 클라이언트 언어의 재구성 • 클라이언트 감정을 읽고 언어로 표현해주는 성찰적 반응 • 클라이언트 인식의 명료화 • 클라이언트 말을 해석 • 클라이언트의 간접적 표현을 직접적으로 언어화	• 사회복지사의 도덕적이며 규범적인 반응 • 사회복지사의 성급한 조언과 해결책 제시 • 사회복지사의 논리적 설득과 논쟁 및 지적 분석 • 사회복지사의 비판과 비난하는 반응 • 사회복지사의 극적인 해석과 전문적 용어를 사용한 명명 • 사회복지사의 겉치레적인 확신, 동정과 위로 • 사회복지사의 지나친 농담 • 사회복지사의 위협, 경고, 역공격적 반응 • 사회복지사의 부적절한 질문 유형 사용

• 클라이언트에게 정확한 설명이나 정보제공 • 클라이언트의 장점 강조 • 사회복지사의 자기노출 • 요약	• 사회복지사가 시기적으로 부적절하게 개입하거나 과도하게 끼어들기 • 가벼운 사교적인 대화 • 사회복지사의 소극적 반응 • 사회복지사의 되뇌임과 진부한 문구의 남용 • 현재가 아닌 과거나 미래에 집착하는 대화 • 사회복지사의 부적절한 자기노출

2) 비언어적 의사소통

비언어적 의사소통은 의식적 통제가 덜한 상태에서 이루어지고 더 많은 메시지를 전할 수 있으므로 사회복지사는 비언어적 의사소통의 기법을 효과적으로 활용할 수 있어야 한다. 비언어적 의사소통 기술의 바람직한 태도와 바람직하지 않은 태도는 〈표 7-2〉와 같다(Hepworth et al., 1990; 조흥식 외, 2009 재인용).

〈표 7-2〉 비언어적 의사소통 태도 목록

구 분	비언어적 의사소통 태도	비언어적 의사소통의 바람직하지 않은 태도
눈 맞춤	• 직접적인 눈 맞춤 • 클라이언트와 같은 눈높이 • 적절한 시선 움직임	• 눈 맞춤 피하기 • 클라이언트보다 높거나 낮은 눈높이 • 시선을 한 곳에 고정하기
표정	• 따뜻하고 배려하는 표정 • 적절하게 다양하며 생기 있는 표정 • 자연스럽고 여유 있는 입 모양 • 간간히 적절하게 짓는 미소	• 눈썹 치켜뜨기 • 하품하기 • 입술을 깨물거나 입 꼭 다물기 • 부적절한 희미한 미소 • 지나친 머리 끄덕임
자세	• 자연스럽게 팔과 손 놓기 • 상황에 따라 적절한 자세 취하기 • 클라이언트를 향해 약간 기울인 자세 • 관심을 보이면서도 편안한 자세	• 팔짱 끼기 • 클라이언트로부터 비껴 앉기 • 계속해서 손을 움직이기 • 의자에서 몸을 흔들기 • 몸을 앞으로 수그리기 • 입에 손이나 손가락 대기 • 지적하는 행위

어조	• 크지 않은 목소리 • 분명한 발음 • 온화한 목소리 • 클라이언트의 느낌과 정서에 반응하는 어조	• 우물대거나 너무 작은 목소리 • 단조롭거나 주저하는 어조 • 잦은 문법적 실수 • 너무 긴 침묵 • 들뜨거나 너무 높은 목소리 • 너무 빠르거나 느린 목소리 • 신경질적인 웃음 • 잦은 헛기침 • 큰소리로 말하기
신체적 거리	• 앉은 의자 사이 간격은 1~2.5m 정도 유지	• 지나치게 가깝거나 먼 거리
옷차림과 외양	• 기관과 클라이언트의 특성을 고려한 옷차림과 외양 • 단정하고 점잖은 스타일	

연습 문제

1. 경청 기술로 적합하지 않은 것은?

① 비언어적 의사소통 유형과 그 의미에 주의를 기울일 것
② 침묵이 생기지 않도록 적극적으로 질문할 것
③ 적절한 물리적 간격을 유지할 것
④ 선입견, 고정관념 등을 가지지 않고, 섣부른 판단이나 평가를 내리지 말 것
⑤ 끼어들거나 주제에서 벗어나지 않도록 노력할 것

2. 다음 중 질문 유형이 다른 하나는?

① 그때 (당신의) 기분은 어떠셨나요?
② 오늘 저희 기관에 처음 오신건가요?
③ 식사는 하고 오셨나요?
④ 저희 기관의 도움이 필요하시다는 거죠?
⑤ 차편이 불편해서 오기 힘드셨죠?

3. 사회복지사가 클라이언트에게 피해야 할 질문 예시가 아닌 것은?

① 요양원에 친정엄마를 보내려는 건 직접 모시기 힘들어서 그런 거예요. 그렇죠?
② 시부모가 자꾸 비난해서 힘들었나요? 그래서 남편과의 관계도 나빠진 건가요? 그래서 아이들을 괴롭히고 때린 거예요?
③ 왜 아무에게도 도움을 청하지 않고 그냥 있었나요?
④ 어떻게 저희 기관을 알고 오셨나요?
⑤ 그전 기관에서는 무슨 일로 다니셨던 건가요? 그만 다니신 이유는 무엇인가요?

4. 다음 내용에 해당되는 면접 기술은 무엇인가?

> 클라이언트의 생각, 행동, 감정을 사회복지사가 말로써 정리해 줌으로써 사회복지사가 클라이언트의 말을 경청하고 있음을 보여주는 동시에 정확히 이해했는지를 확인하는 기술

① 경청
② 요약
③ 해석
④ 명료화
⑤ 질문

5. 다음 면접 시 기록에 대한 설명으로 옳은 것을 모두 고르시오.

> ㄱ. 기록은 사회복지사가 클라이언트와의 면접 과정에 걸쳐 주관적으로 서술하는 것을 말한다.
> ㄴ. 기록은 클라이언트의 욕구 확인, 서비스 내용 보고, 정보 공유, 조사연구를 위한 자료 제공 등을 위한 기능을 가진다.
> ㄷ. 초기 기록내용은 인구학적 특성, 서비스 제공 사유, 클라이언트 사회력이 포함된다.
> ㄹ. 요약기록은 면접 과정 중 일어난 모든 언어적, 비언어적 내용을 빠짐없이 기록하는 것이다.

① ㄱ, ㄴ
② ㄴ, ㄷ
③ ㄷ, ㄹ
④ ㄱ, ㄴ, ㄷ
⑤ ㄴ, ㄷ, ㄹ

정답
1. ② 2. ① 3. ④ 4. ② 5. ②

제 8 장

접수 및 자료수집

학습목표

1. 사회복지서비스 지원을 위한 접수의 개념을 이해할 수 있다.
2. 접수과정의 중요성을 이해할 수 있다.
3. 자료수집 방법과 요소를 이해할 수 있다.

개요

사회복지실천 과정은 클라이언트의 문제와 욕구를 해결하기 위해 다방면의 노력을 기울이게 된다. 특히 접수과정에서는 클라이언트와 첫 접촉이 이루어지는 단계로 클라이언트의 문제 개입에서 매우 중요한 역할을 하게 된다. 접수 단계에서 형성된 라포(rapport)는 클라이언트에 대한 자료수집에 많은 영향을 미치게 된다. 또한 이렇게 수집된 자료는 클라이언트에 대한 문제개입의 초석이 되기 때문에 사회복지실천 현장에서 접수와 자료수집은 매우 중요한 과정이다. 이에 이 장에서는 클라이언트의 문제에 효율적으로 개입할 수 있는 접수와 자료수집에 대해 살펴보고자 한다.

제8장

접수 및 자료수집

1. 접수

사회복지실천 과정은 클라이언트의 문제와 욕구를 해결하기 위한 다양한 노력이 이루어지는 과정이다. 이때 사회복지사의 전문지식과 기술 등은 클라이언트의 문제를 해결하고 욕구를 충족시키기 위한 자원이 된다. 더욱이 클라이언트를 맞이하는 사회복지사의 태도는 서비스의 지속과 관계형성에 매우 많은 영향을 미치게 된다. 때문에 여기서는 사회복지실천의 접수 단계를 다루기 전에 사전준비단계에서 사회복지사의 태도를 다루고자 한다.

1) 사전준비

사회복지실천 과정은 원조 관계를 형성하는 접수 및 초기 단계에서 이용자들의 문제와 욕구를 분석하여 이용자에게 제공될 서비스가 결정된다. Sheafor 등(1997)은 사회복지실천이 성공적으로 이루어지기 위해서는 클라이언트가 접수하기 이전부터 미리 준비하는 것이 중요하다고 강조한 바 있다. 때문에 사회복지서비스가 성공적으로 이루어지기 위해서는 접수 이전에 사전 준비가 매우 중요하다.

즉 기관을 방문하는 대다수의 클라이언트들은 자신의 문제가 외부로 드러나기 전에 나름의 방법대로 자신의 문제를 해결하기 위한 노력을 하지만, 이러한 노력에도 불구하고 문제가 지속될 때 사회복지 서비스를 요청하게 된다. 이때 사회복지사의 태도는 클라이언트와 관계형성뿐만 아니라 원조를 제공하는 전 과정에서 많은 영향을 미치기 때문에 사회복지사의 태도는 원조 과정에 많은 영향을 미치게 된다. 이에 김혜란 등(2013)은 클라이언트와 효과적인 만남을 위해 사회복지사가 사전에 준비해야 할 사항들에 대해 다음과 같이 정리하였다.

첫째, 외부 기관으로부터 클라이언트가 의뢰되었을 때 사회복지사는 기관으로부터 받은 자료와 정보를 사전에 점검해야 하되, 클라이언트에 대한 선입견과 편견을 가져서는 안 된다.

둘째, 이 전에 클라이언트를 담당했던 담당자로부터 기본적인 정보를 수집하고, 클라이언트를 만나기 전에 슈퍼바이저나 동료 사회복지사에게 조언을 구해야 한다.

셋째, 클라이언트와 초기 면접을 위해 사회복지사는 외모와 감정상태 그리고 면접시간 및 장소 등을 세심하게 준비해야 한다.

넷째, 클라이언트의 감정과 문제 그리고 현실에 대해 공감적 이해가 있어야 한다.

다섯째, 첫 만남을 미리 예상하고 면접에 관한 계획을 세워야 한다.

2) 접수

접수(intake)란 사회복지서비스가 필요한 이용자들의 문제와 욕구를 분석하는 것으로 이러한 과정을 통해 이용자들의 서비스 제공 여부와 관련된 자격기준을 확인하고 이를 결정하는 과정을 말한다. 사회복지사는 클라이언트에게 서비스를 제공하기 전에 기관에 찾아오기 전 경험에 대해 탐색할 필요가 있다. 즉 클라이언트가 기관에 찾아오기 전에 어떤 경험을 했는지, 기관을 찾았을 때 감정 상태는 어땠는지 등을 예측할 수 있어야 하는 것이다.

여기에는 클라이언트의 문제가 무엇인지? 기관을 방문한 클라이언트의 행동에 자발성이 있는지? 혹은 다른 누군가의 강요이거나 다른 기관의 의뢰된 형태인지? 등에 대한 정보를 확보해야 한다. 이는 기관을 방문하게 된 배경에 따라 서비스를 제공받는 클라이언트의 감정과 태도가 다르기 때문에 접수 단계에서는 이러한 과정에 대한 정보를 취득해야 한다. 또한 클라이언트의 인구학적 배경(이름, 성별, 나이, 결혼관계, 주소, 전화번호, 종교, 직업, 월평균 소득 등)과 서비스 수혜자격과 관련된 경제적 상황과 사회적·가족적 상황 등 클라이언트와 관련된 기초정보를 확보해야 한다. 이때 클라이언트의 문제와 욕구를 확인하고 기관의 정책과 서비스가 그들의 문제를 해결하고 욕구를 충족시킬 수 있는지 여부도 함께 판단해야 한다(조흥식 외, 2009).

이렇게 접수를 위한 사전 준비가 마무리 되면 본격적으로 클라이언트를 맞이하는 단계에 이르게 되는데, 클라이언트에 대한 문제와 욕구확인, 클라이언트와 관계형성, 의뢰, 동기유발, 저항감 감소 등이 이 단계에서 이루어져야 한다.

(1) 문제 및 욕구 확인

접수 단계에서 클라이언트의 문제와 욕구를 확인하는 것은 클라이언트의 문제를 명확하게 확인하고 분석하는 과정을 의미한다. 즉 문제 확인은 사회복지사는 예비접촉을 통해 클라이언트가 가지고 있는 문제와 욕구가 무엇인지 확인하고, 서비스 개입 이후 변화에 대해 클라이언트가 기대하는 바를 명확하게 파악하며, 이러한 기대가 기관의 자원과 정책에 부합되는지 판단함과 동시에 클라이언트에게 기관의 목적과 사회복지사의 역할, 기관에서 제공할 수 있는 서비스에 대해 구체적으로 설명을 해 줌으로써 클라이언트에 대한 원조를 지원하는 과정이다(엄명용 외, 2016).

이러한 과정을 통해 사회복지사는 클라이언트의 문제를 구체적이고 명확하게 밝혀냄으로써 기관에서 제공할 수 있는 서비스를 평가하게 된다(임은희, 2010). 또한 이러한 문제와 욕구를 확인하는 과정에서 클라이언트와의 관계(rapport)가 형성되기 때문에 문제 및 욕구확인 단계는 클라이언트에 대한 개입의 성공 위해 매우 중요하다.

(2) 관계형성

클라이언트의 문제와 욕구를 명확하게 한 후 사회복지사는 기관이 그와 관련된 서비스를 제공할 수 있는지 확인해야 한다. 이때 사회복지사는 기관의 원조가 가능하다고 판단되면 클라이언트와 원조관계를 형성하게 된다. 사회복지사는 클라이언트가 기관과 원고 과정에 대한 불안감을 해소하고 사회복지사와 긍정적 관계를 형성하여 자신의 문제와 욕구를 해결할 수 있도록 많은 배려와 노력을 해야 하는데, 이 과정에서 두 사람 간에 신뢰를 기반으로 한 긍정적 관계가 형성된다(최금해 · 오정아 · 홍기순, 2010). 긍정적 관계가 형성되면 사회복지사와 클라이언트 간 의사소통이 원만하게 이루어지고 클라이언트가 쉽게 표현하지 못했던 문제나 혹은 내면의 욕구까지도 자연스럽게 표출하게 된다. 클라이언트와 신뢰적 관계를 형성하기 위해 사회복지사는 다음과 같은 기본자세를 갖추어야 한다(Hepworth et al., 1990; Kirst-Ashman & Hull, Jr., 1993; 조흥식 외, 2009 재인용).

첫째, 감정이입(empathy)이다. 이것은 사회복지사가 클라이언트의 경험과 감정을 이해하고 그것을 함께 느낄 수 있는 능력을 말한다. 즉 클라이언트의 관점에서 그의 경험과 감정을 명확하게 인지하는 것으로 클라이언트에게 집중하고, 비언적 단서에 민감하게 반응하는 것들을 통해 전달된다(황철수, 2009).

둘째, 긍정적 관심(positive regard)이다. 이는 클라이언트의 인간존엄성과 관련된 것으로 사회복지사는 클라이언트를 한 인간으로서 가치와 존엄성을 가진 존재로 인식하고 편견이나 선입견을 중지하며 있는 그대로 수용하는 자세를 갖추어야 한다.

셋째, 온화함(warmth)이다. 이는 클라이언트에게 보이는 사회복지사의 미소, 편안하고 적극적인 자세, 적절한 눈 맞춤, 그리고 개방성을 나타내는 몸짓 등과 같은 사회복지사의 온정적 태도는 클라이언트에게 안정감과 자신이 존중받고 있다는 느낌을 안겨준다(최금해 외, 2010; 황철수, 2009).

넷째, 진실성(genuineness)이다. 사회복지사는 거짓이나 위선 없이 방어적이지 않으면서 자신의 있는 그대로 모습을 솔직하고 일관되게 보여줘야 한다(Fischer, 1978).

한편, Biestek(1957)은 성공적인 사회복지실천을 위한 관계형성에서 갖추어야 할 요인으로 클라이언트의 자기결정, 비밀보장, 개별화, 수용, 비심판적 태도, 의도적 감정표현, 통제된 정서적 반응을 제시하였다. 먼저 클라이언트의 자기결정(self-determinism)은 사회복지사가 클라이언트의 결정을 존중하는 것을 말한다. 때문에 사회복지사는 비록 클라이언트가 자신의 생각에 반(反)하는 결정을 했다고 하더라도 클라이언트의 결정을 번복하기 위한 압력이나 부당한 영향력을 행사해서는 안 된다.

비밀보장(confidentiality)은 사회복지실천 과정에서 알게 된 클라이언트와 관련된 저보는 철저하게 보장되어야 한다는 것을 말한다. 즉, 사회복지 서비스를 제공하는 과정에서 알게 된 클라이언트의 정보는 법이 요구하지 않는 한 클라이언트의 동의 없이 외부로 유출해서는 안 된다(황철수, 2009).

개별화(individualization)는 클라이언트의 문제가 유사하더라도 각각의 클라이언트는 고유의 문제와 욕구 그리고 강점과 약점 등을 가진 개별화된 존재로 인식해야 한다는 것을 말한다. 즉, 동일한 문제로 기관을 방문한 클라이언트라고 하더라고 그 문제의 원인과 그로인한 결과가 동일하지 않다는 것이다. 때문에 기관에 방문한 클라이언트의 개성을 존중하고 개별화함으로써 개인에게 맞는 서비스를 제공할 수 있어야 한다.

수용(acceptance)은 모든 클라이언트는 있는 그대로 받아들여질 권리가 있다는 것을 전제로 클라이언트가 있는 위치에서 클라이언트를 이해하고 거기서부터 개입을 시작해야 함을 의미한다(이윤로, 2008).

비심판적 태도(non-judgmental attitude)는 모든 개인은 강점과 약점을 가진 존재로 어려운 문제에 직면하면 좌절하기도 하고, 잘못된 선택을 할 수도 있으며, 분노를 표출할 수 있는 존재라는 것은 인정하면서 중립된 태도를 유지해야 하는 것을 말한다(이윤로, 2008). 클라이언트를 심판하거나 비판하는 행위는 클라이언트와 긍정적 의사소통을 방해하게 되고, 이는 결과적으로 성공적인 서비스 개입을 방해하게 된다. 때문에 사회복지사는 클라이언트에 대한 비심판적인 태도를 갖출 필요가 있다.

의도적 감정표현(purposeful expression of feelings)은 클라이언트의 자기표현과 관련된 것으로 클라이언트는 억압된 감정이나 부정적 감정 등에 대해 자유롭게 표현할 수 있도록 격려받아야 하는 것을 의미한다.

마지막으로 통제된 정서적 반응(controlled emotional response)은 사회복지사가 클라이언트의 감정에 깊이 이입되어 자신의 감정을 통제하지 못하는 상황에 이르러서는 안 된다는 것을 말한다. 클라이언트의 문제에 대해 수용하는 자세는 긍정적 관계형성을 위해 필요하지만, 지나치게 감정이입이 되어 사회복지사 스스로 감정이 통제되지 못하는 행위는 오히려 클라이언트와 관계에 좋지 않은 영향을 미치게 된다.

(3) 의뢰

클라이언트의 문제와 욕구를 해결할 수 없을 때 적합한 기관에 연계하게 되는데 이것을 의뢰(referral)라고 한다. 즉, 클라이언트의 문제와 욕구를 기관에서 해결할 수 없거나 다른 기관이 클라이언트의 문제해결에 더 효과적인 정책이나 서비스를 제공하고 있을 때 다른 기관으로 클라이언트를 의뢰하게 된다. 의뢰가 이루어지기 전에 사회복지사는 먼저 타 기관에 의뢰하는 것은 클라이언트의 동의를 받아야 하고, 그러한 결정은 반드시 클라이언트를 위한 최선의 결정이어야 한다.

이를 위해 사회복지사는 기관에서 클라이언트의 문제에 개입할 수 없는 이유를 분명하게 밝히고, 타 기관의 정책과 자원 그리고 지역사회의 자원에 대한 정보를 파악하며, 클라이언트의 비공식적인 지원체계를 다시 한 번 재점검해야 한다. 뿐만 아니라 의뢰에 대한 클라이언트의 감정을 이해하고 정서적으로 지지하며, 의뢰 과정과 향후 서비스에 대한 정보를 제공하고 의뢰가 이루어진 후에는 의뢰기관에서 서비스가 제대로 수행되고 있는지 확인해야 한다(최금해 외, 2010).

(4) 동기유발

사회복지실천의 궁극적 목적은 클라이언트의 문제해결능력을 강화시키는 것이다. 이러한 목적을 성취하기 위해 클라이언트의 자발성과 동기가 있어야 한다. 즉, 클라이언트가 적극적으로 참여할 수 있는 동기를 유발시킴으로써 원조 과정에 자발적인 참여를 유도해야하는 것이 초기 과정의 중요 과제이다(황철수, 2009). 만약 클라이언트의 참여가 자발성을 띠지 않고 비자발적인 경우 사회복지사는 원고 과정에서 많은 어려움에 직면하게 된다. 즉, 비자발적인 클라이언트는 자신의 문제를 해결하고 변화하려는 동기가 약하거나 없기 때문에 사회복지 서비스를 제공받는 것에 대해 많은 저항을 보이게 된다. 혹은 사회복지사에 대해 부정적인 감정을 표출할 수도 있고 이 경우, 원고 과정에 협조하지 않고 오히려 분노를 표현함으로써 관계형성을 어렵게 한다. 그렇기 때문에 사회복지사는 클라이언트의 동기를 유발시키기 위한 노력을 해야 하는 것이다.

클라이언트의 동기를 유발시키기 위해서는 먼저 클라이언트의 현실과 감정을 있는 그대로 수용하고 공감하는 능력을 기르는 것을 비롯하여 클라이언트의 저항감과 부정적 감정을 표현하도록 격려하고, 강점관점에서 접근하며, 비심판적이고 일관적인 태도를 보이는 것이 중요하다(최금해 외, 2010). 특히 비일관적 태도는 사회복지사에 대한 불신을 키우게 되어 원조관계를 방해하기 때문에 클라이언트에 대한 일관된 태도를 보일 필요가 있다. 또한 클라이언트가 보이는 작은 변화에 민감하게 반응하고, 사회복지서비스가 제공됨으로써 나타날 수 있는 변화를 미리 알려주어 클라이언트가 희망과 용기를 갖도록 하며 시간을 두고 클라이언트와 신뢰감이 형성되도록 기다려야 한다(황철수, 2009).

(5) 저항다루기

사회복지사들은 원고 과정에서 클라이언트의 저항에 직면하는 경우가 있다. 저항은 클라이언트가 익숙했던 것들로부터 벗어나지 않으려는 것과 새로운 변화에 대한 두려움 등으로 인한 양가감정에서 기인될 수 있다. 또한 자신이 옳다고 생각하고 행동했던 인식패턴을 변화시키거나 포기하는 것에 대한 두려움이 저항을 유발하게 된다. 뿐만 아니라 저항하는 클라이언트들은 자신이 도움을 요청하는 행위에 대해 수치스럽다는 감정을 느낄 수 있고 때로는 타인으로부터 비난을 받을 것에 대한 두려움으로 인해 자신을 방어하는 태도를 보이게 된다(이윤로, 2008).

이러한 저항은 비자발적인 클라이언트에게서 더 많이 나타나게 된다. 즉, 자발적인 참여가 아닌 타인의 강요에 의한 비자발적인 클라이언트의 경우 면접과정에서 분노나 욕설과 같은 난폭한 행동을 하거나, 사회복지사의 질문에 대해 침묵으로 일관하는 등 방어적인 태도를 보일 수 있다. 저항은 갈등, 방어, 해결, 통합의 네 단계로 진행되고 원고 과정 전반에 걸쳐서 순환적으로 반복된다(최금해 외, 2010). 이러한 저항은 사회복지사와 클라이언트 간 관계를 어렵게 하고 결과적으로 사회복지 서비스 지원도 방해하게 된다. 이에 사회복지사는 클라이언트가 보이는 저항의 이유를 밝히고 이에 대처하는 능력을 키움으로써 클라이언트와 관계 회복뿐만 아니라 원만한 원고 과정이 될 수 있도록 노력해야 한다.

클라이언트의 저항감을 파악할 수 있는 지침은 다음과 같다(이윤로, 2008).

첫째, 클라이언트의 저항행동이 현 상황에 대한 어려움 때문인가? 아니면 클라이언트의 성격의 일부인가? 확인한다.

둘째, 클라이언트의 저항감의 원인을 분석한다. 이를 위해 다음과 같은 질문을 하는 것도 좋은 방법이다. 예를 들어 "선생님은 저에게 매우 화가 난 것 같습니다. 무엇이 잘못되었는지 말씀해 주시겠어요?" 혹은 "저는 선생님이 겪고 있는 어려움에 대해 진정으로 도움을 드리고 싶습니다. 그런데 저에 대해 많이 화가 나신 것 같아서 제가 선생님과 함께 대화하는 것이 조금 어렵습니다. 저를 조금 도와주시

겠어요?"와 같은 질문을 함으로써 클라이언트가 자신의 행동에 대해 지각할 수 있도록 한다.

아울러 클라이언트의 저항을 다루기 위해 사회복지사는 다음과 같은 사항에 주의를 기울여야 한다. 먼저 클라이언트가 사회복지사와 관계에 주저하는 이유에 대해 가능한 다양한 원인을 사정하고 분석해야 한다. 또한 클라이언트의 주저함에 대한 사회복지사 자신에 대한 반응을 인식하고, 클라이언트의 어떤 문제가 원조관계를 방해하는지 사정하며, 사회복지사로서 무엇이 클라이언트에 대한 개방적 태도를 방해하는지? 그리고 클라이언트의 견해와 관점, 경험에 대해 이해하고 있는가에 대해 다시 한 번 점검해 봐야 한다(이윤로, 2008).

저항을 극복하고 통합으로 나아가게 하는 주요 변수는 사회복지사의 지지와 성공 경험에 대한 인식, 그리고 발전 가능성에 대한 신뢰이다. 사회복지사는 저항을 유발할 수 있는 태도나 환경을 사전에 예방할 뿐만 아니라 저항을 성장의 기회로 인정하는 자세를 가져야 할 뿐만 아니라 이 과정에서 클라이언트의 저항감정을 이해하고 다루어야 한다(최금해 외, 2010). 특히 비자발적으로 기관에 왔거나 지나치게 낙담하고 있는 클라이언트는 원조관계는 물론 전 과정에서 비협조적이거나 회피적인 반응을 보일 수 있다.

사회복지사가 클라이언트의 저항을 받아주고 이해하기 위해 모든 인간은 자신의 삶을 결정하고 존중받을 권리가 있는 존재라는 점과 원조관계에서 사회복지사도 의사소통의 문제에 일정 부분 책임이 있다는 책임의식, 사회복지사의 삶의 경험에서 오는 가치관을 일반화시켜 클라이언트에 대한 편견 혹은 클라이언트에 대한 반응 등에 대해 명확하게 알 필요가 있다. 뿐만 아니라 비록 자신의 문제를 스스로 해결하지 못하고 도움을 요청하는 클라이언트라고 하더라도 한 가지 강점이 있다는 것을 잊지 말고 클라이언트의 강점을 발견하고 강점관점에서 접근할 수 있어야 한다.

자신의 문제를 해결하지 못해 사회복지기관을 방문하는 클라이언트들에 대해 사회복지사가 부정적 시각으로 평가하는 것은 바람직하지 못하다. 만약 사회복지사가 클라이언트의 반응에 대해 부정적 인식이 높아질 경우, 사회복지사 스스로도 슈퍼비전을 받음으로써 내면을 살펴볼 필요가 있다. 사회복지실천 현장에서 원조를 제공하는 사회복지사는 인간존엄사상에 근거하여 모든 인간의 삶은 존중받을 가치가 있다는 생각을 분명하게 하고 비심판적 태도로 원조를 제공해야 한다. 또한 단기간의 서비스로 사회복지사가 클라이언트를 변화시킬 수 있다는 생각도 버려야 한다. 아울러 사회복지사의 역량이 클라이언트의 원조를 제공하는 데 한계가 있다면 주저 없이 다른 기관에 의뢰해야 한다. 이는 사회복지사뿐만 아니라 클라이언트를 위해서도 바람직한 방법이다.

2. 자료수집

일반적으로 자료수집 과정은 사정 전 단계에 속하지만 사실 이 두 과정은 동시에 반복적으로 이루어지고 있어 이를 분류하는 데 다소 어려움이 있다. 즉, 자료를 수집하고 클라이언트–문제–상황에 대한 풍부한 정보를 수집하기 위한 탐색은 클라이언트를 위한 정보를 수집하고 이를 분석하는 사정과 함께 이루어지고 있기 때문에 명확하게 구분하기는 어렵지만 공통적인 것은 클라이언트의 효과적 문제해결을 위해 필요한 과정이라는 것은 일치한다.

자료수집이란 클라이언트의 문제를 이해하고 분석하며 이를 해결하는 데 필요한 사실적 정보를 수집하는 활동을 말한다. 수집된 자료는 사정의 근거가 되므로 다각적 측면에서 객관적 정보를 확보하기 위해 노력해야 한다. 자료수집은 면접, 기록된 양식, 공인된 척도를 활용한 검사, 기관 내 관찰, 가정이나 학교, 직장 방문을 통한 관찰, 관련된 사람들의 의견을 수렴 등 다양한 방법을 활용하여 이루어지게 된다. Zastrow(1999)와 Heptworth 등(1990)은 자료수집의 방법을 7가지로 제안하였는데, 이는 〈표 8-1〉에 제시하였다.

〈표 8-1〉 자료수집 출처

자료수집 출처	내 용
클라이언트의 이야기	자신의 문제, 감정, 개인적 자원, 문제해결 노력, 문제의 역사와 원인
클라이언트가 작성한 서류	접수 양식에 기록한 개인 정보: 이름, 성별, 나이, 직업, 주소, 전화번호, 문제, 가족사항 등
클라이언트의 비언어적 행동	제스처, 얼굴표정, 손동작, 목소리톤
부부, 가족원, 기타 중요한 사람과의 상호작용	관계의 특성, 의사소통 방식, 지위와 역할 등
주변인의 반응, 평가	친척, 친구, 교사 등 관련된 사람들의 반응, 평가
심리검사 결과	성격, 지능, 사회성숙도, 결혼만족도, 가족관계, 자존감 등
사회복지사 개인의 직접 경험	클라이언트가 사회복지사와 상호작용하는 패턴과 그것에 대한 사회복지사의 느낌

출처: Zastrow, 1999.

또한 양옥경 등(2010)은 자료수집에 포함될 요소를 클라이언트의 기본정보, 문제에 대한 심층정보, 클라이언트의 개인력, 가족력, 클라이언트의 기능, 자원, 한계점과 장점 그리고 동기를 제시하였다.

〈표 8-2〉 자료수집에 포함될 요소

자료수집 요소	내 용
클라이언트의 기본 정보	이름, 성별, 주소, 전화번호, 가족사항 등
문제에 대한 심층 정보	문제에 영향을 미치는 개인 및 환경적 요인, 문제를 악화시키는 개인 및 환경적 요인: 생활력, 인간관계, 경제력, 건강상태, 정서상태, 문화적 요인 등
클라이언트의 개인력(생애사)	생활주기에 따른 인간관계, 생활사건, 당시의 느낌과 감정
클라이언트의 가족력	원가족의 가족상황과 가족관계, 현재의 가족구성과 가족관계

클라이언트의 기능	인지, 정서, 신체, 행동, 대인관계, 업무능력, 문제해결 능력 면에서 나타나는 기능
클라이언트의 자원	현재 이용하고 있는 서비스, 활용 가능한 자원, 네트워크 등
클라이언트의 한계, 장점, 동기	문제해결과 관련된 개인 또는 환경의 한계, 장점, 동기

출처: 양옥경 외, 2010 재구성.

이렇게 자료수집과 함께 클라이언트와 문제, 그리고 상황에 대해 좀 더 정확하고 현실적으로 이해하기 위한 탐색(exploring)이 이루어진다. 탐색과정에서는 클라이언트의 사고나 감정, 주요 관심사나 상황들을 공유하도록 클라이언트를 격려한다. Cournoyer(2000)는 탐색 차원을 9개 영역으로 구분하였다. 다시 설명하면, 탐색 영역은 클라이언트-문제-상황이며, 각각의 영역은 현재, 과거, 미래의 시간적 구분에 따라 탐색이 이루어지므로 총 9개가 된다. 이것을 탐색 영역별로 살펴보면 다음과 같다.

〈표 8-3〉 클라이언트에 대한 탐색의 차원

탐색차원	내 용
클라이언트에 대한 탐색	현재: 클라이언트의 강점, 능력, 약점, 결점, 사고 과정의 특성, 감정, 행동 과거: 경험에 대한 클라이언트의 사고, 감정, 행동 미래: 클라이언트의 현재 상태가 계속되거나 해결될 경우 예측 가능한 것
클라이언트의 문제 탐색	현재: 문제의 심각성, 반복 정도, 지속 기간, 문제 발생의 맥락 과거: 문제 발생 초기부터 현재까지 발달 과정, 클라이언트의 대처 양식과 경험 미래: 문제와 상황이 계속되거나 해결될 경우 발생 가능한 것
클라이언트의 상황 탐색	현재: 현재의 표출문제, 사회적·경제적·문화적 요소, 주변 체계들에 관한 것 과거: 현 상황과 관련된 과거의 배경 미래: 클라이언트의 현 상황이 계속되거나 해결될 경우 상상 가능한 것

탐색과정에서 활용될 수 있는 실천기술은 강점 찾기, 질문, 명확화, 내용 반영, 감정 반영, 의미 반영, 세분화, 그리고 대화 이면에 숨은 의미까지 이해하는 기술 등이 있다(Cournoyer, 2000). 탐색에서 주의해야 할 점은 클라이언트의 문제 상황

보다 강점과 자원에 더 주목해야 한다는 것이다. 사회복지사는 어떤 클라이언트든지 자기 나름의 능력과 재능을 가지고 있으며, 자신에 대한 다양한 신념을 가지고 있다는 사실을 기억해야 한다. 클라이언트 자신 혹은 사회복지사가 그 강점과 능력을 발견했다면 적극적으로 지지하고 격려함으로써 모든 삶의 측면에서 그것을 활용할 수 있도록 도와야 한다. 클라이언트의 작은 성공과 노력을 북돋워 주는 것은 자신에 대한 유능감과 미래에 대한 가능성을 확신하도록 이끌어 준다. 따라서 사회복지사가 클라이언트－문제－상황에 대한 탐색을 강점 관점과 긍정적 방향에서 지속적으로 실천할 때 클라이언트의 성장과 변화를 경험하게 될 것이다.

연습 문제

1. 김혜란 등이 접수 단계에서 제시한 과제로 옳지 않은 것은?

① 외부 기관으로부터 받은 자료와 정보를 사전에 점검
② 클라이언트를 만나기 전에 슈퍼바이저나 동료에게 조언을 구하는 것은 비밀보장의 의무를 어기는 것이기 때문에 지양해야 한다.
③ 사회복지사는 외모와 감정상태 그리고 면접시간 및 장소 등을 세심하게 준비해야 한다.
④ 클라이언트의 감정과 문제 그리고 현실에 대해 공감적 이해가 있어야 한다.
⑤ 첫 만남을 미리 예상하고 면접에 관한 계획을 세워야 한다.

2. 문제 및 욕구확인 단계에서 해야 할 일이 아닌 것은?

① 클라이언트가 기대하는 바를 명확하게 파악해야 한다.
② 기관의 자원과 정책에 부합되는지 판단해야 한다.
③ 클라이언트에게 기관의 목적과 사회복지사의 역할을 설명할 필요는 없다.
④ 기관에서 제공할 수 있는 서비스에 대해 구체적으로 설명해야 한다.
⑤ 문제 점검은 클라이언트의 문제를 확인하고 원조를 지원하는 과정이다.

3. 클라이언트와 신뢰적 관계를 형성하기 위해 사회복지사가 해야 할 일이 아닌 것은?

① 감정이입
② 긍정적 관심
③ 사회적 편견
④ 온화함
⑤ 진실성

4. Biestek이 주장하고 있는 성공적인 사회복지 실천의 조건으로 옳은 것은?

① 온화함
② 진실성
③ 긍정적 관계형성
④ 개별화
⑤ 사회적 편견의 배제

5. 자료수집의 방법이 바르게 연결된 것은?

① 클라이언트 이야기 — 관계의 특성, 의사소통 방식을 포함한다.
② 클라이언트의 비언어적 행동 — 얼굴표정, 손동작, 목소리톤을 포함한다.
③ 중요한 사람과 상호작용 — 접수 양식에 기록한 개인정보를 의미한다.
④ 주변인의 반응 — 관계의 특성, 의사소통 방식을 말한다.
⑤ 심리검사 — 클라이언트가 사회복지사와 상호작용하는 패턴을 말한다.

정답

1. ② 2. ③ 3. ③ 4. ② 5. ②

제 9 장

사정

학습목표

1. 사정의 개념을 알 수 있다.
2. 사정의 내용을 이해할 수 있다.
3. 사정도구를 활용할 수 있다.

개요

사정은 클라이언트에 대한 정보를 수집하고 이를 분석하여 클라이언트가 갖고 있는 문제의 우선순위 분석 후 이에 대한 개입이 이루어지는 과정이다. 이 단계에서 클라이언트 개인과 환경 등에 대한 정보를 수집하고 이를 토대로 문제를 명확하게 하여 클라이언트의 문제를 해결하기 위한 노력을 하게 된다. 이에 이 장에서는 사정의 개념과 내용 그리고 사정도구 및 활용방법 등을 학습하고자 한다.

사정

1. 사정의 특성

자료수집 단계에서 정보가 수집되면 이를 근거로 사정작업이 진행된다. 이 단계에서는 클라이언트와 형성된 관계(rapport)를 토대로 클라이언트의 문제에 대해 다차원적으로 밝혀내게 된다. 즉, 사정(assessment)은 자료수집과 탐색을 통해 얻은 정보를 분석하고 의미를 부여함으로써 최종적으로 문제를 규정하여 개입의 방향을 결정하기 위한 종합적인 과정이라고 할 수 있다. 이렇듯 클라이언트의 원고 과정에서 중요한 위치를 차지하는 사정은 몇 가지 특성을 가지고 있다. 먼저 사정은 지속적인 과정이고, 사회복지사와 클라이언트 간 상호작용 과정이며 클라이언트의 강점을 확인할 수 있다는 것이다(도광조, 2012). 이와 함께 사회복지사의 전문지식이 사정의 특성으로 볼 수 있다.

첫째, 지속적인 과정으로서 사정은 클라이언트와 관련된 정보는 개입 초기 가장 많이 확보되지만, 원고 과정 중 클라이언트와 상호작용에서 발견될 수 있다는 것이다. 즉, 앞에서도 논한바와 같이 개입 초기 클라이언트에 대해 가장 많은 정보를 획득하게 되지만 이러한 초기 사정의 결과가 모두 옳다고 볼 수 없을 뿐만 아니라 시간이 지나면서 클라이언트와 상호작용 과정 중에 미처 발견하지 못한 새로운 사실을 발견할 수 있다는 것이다.

둘째, 사회복지사와 클라이언트 간 상호작용으로서 사정은 클라이언트와 의사소통 과정에서 문제 및 욕구와 관련된 내용이 명확해 질 수 있고, 그 과정에서 클라이언트는 자신의 문제를 구체적으로 인식하게 된다. 사회복지사와 클라이언트는 상호작용을 통해 사회복지사는 클라이언트의 문제와 요구 그리고 변화에 대한 기대 등과 관련된 내용에 대한 이해력을 높일 수 있고, 클라이언트는 자신의 문제에 대해 객관적으로 지각할 수 있다.

셋째, 클라이언트의 강점을 확인한다는 것은 사정 단계에서 클라이언트와 관련된 문제와 관련된 정보를 획득하기도 하지만, 클라이언트의 문제를 해결을 위한 계획도 포함하고 있다. 그 과정에서 클라이언트의 문제를 효과적으로 해결할 수 있는 강점도 확인할 수 있다.

넷째, 사정의 특성으로 전문지식을 필요로 한다는 것은 클라이언트의 상황을 이해하기 위해서는 그의 가족관계를 비롯하여 지역사회환경, 정부정책과 행정체계 그리고 개별 사례에 따른 지식 등과 관련된 전문지식이 필요하다는 것이다. 사회복지사의 전문성이 미흡한 경우 클라이언트의 문제에 대해 명확하게 진단하기 어렵고, 이는 결과적으로 개입의 방향이 잘못될 수 있기 때문에 사정에서 사회복지사의 전문지식은 매우 중요하다.

Kirst-Ashman 등(1993)은 클라이언트의 참여와 클라이언트의 강점 확인, 클라이언트의 다양한 문제규정, 우선순위 선정, 클라이언트에 대한 개입방법을 다양하게 설정하는 것을 기본원칙으로 사회복지사가 사정에서 기억해야 한다고 보았다. 아울러 사정 결과에 따라 클라이언트에 대한 개입이 이루어지기 때문에 사정 단계에서 사회복지사의 능력도 함께 점검하여 실천 가능한 프로그램을 결정해야 할 필요가 있다.

2. 사정 내용

사정에서 다루어지는 내용은 클라이언트의 문제규정, 개인자원 사정, 클라이언트의 환경 사정 등 세 가지 관점에서 살펴볼 수 있다. 그러나 사회복지실천은 그 목적에 따라 내용이 달라지기 때문에 사정의 내용은 대상자 특성에 따라 그 내용도 변할 수 있다. 때문에 이러한 관점에서 사정 내용은 초기에 결정되는 것이 아니라 실천 과정 동안 반복적으로 이루어지면서 수정과 변경을 거듭한다. 이를 구체적으로 살펴보면 다음과 같다.

1) 문제규정

사정은 클라이언트의 욕구와 문제를 발견하고 규정하는 가장 기초적인 작업이 이루어진다. 사정 단계는 접수 단계에서 이루어졌던 문제에 대한 정보를 확보하는 단계를 넘어보다 심층적으로 문제에 접근하게 된다. 초기 단계에서는 문제가 무엇인가를 발견하는 것에 초점을 두었다면, 사정 단계에서는 문제의 특성과 원인까지 고려하여 규정한다. 접수 및 자료수집에서는 클라이언트가 제시한 문제에 기초했다면 사정에서는 사회복지사의 평가도 중요하게 작용한다.

클라이언트들의 문제는 다양하기 때문에 클라이언트의 문제를 명확하게 파악하지 못하고 잘못된 사정을 했을 경우 클라이언트의 욕구 및 기대와 상반된 개입이 이루어질 수 있다. 때문에 사정 단계에서 클라이언트의 기대를 구체적으로 살펴보는 것은 매우 중요하다. 이에 Hepworth 등(2006)은 기관을 찾아오는 클라이언트들은 가족간 갈등이 낮아질 것, 배우자로부터 인정받기, 결혼이나 관계에서 좋은 관계 형성하기, 자아존중감 회복, 갈등을 효과적으로 다루는 것, 자기통제, 우울증 극복, 폭넓은 교우관계, 의사결정에 관여 등을 기대하기 때문에 이와 관련된 내용을 사정할 필요성이 있다고 보았다.

이에 Johnson은 효과적으로 클라이언트의 문제규명을 위해서는 세 단계를 거친다고 보았는데, 첫 번째가 충족되지 못한 클라이언트의 욕구를 인지할 것이고, 두 번째는 욕구 충족의 장애물을 확인하는 것이며, 세 번째는 욕구충족의 장애를 제거하는 방식으로 문제규명이 이루어진다고 하였다(이영분 외, 2012 재인용). Kirst-Ashman 등(1993)은 사회복지사가 인식해야 할 클라이언트의 기본적인 문제 영역을 제시하면서 클라이언트의 문제의 유형을 이해하는 것의 중요성을 강조하였는데 이는 〈표 9-1〉에 제시한 바와 같다.

〈표 9-1〉 클라이언트의 문제 영역과 사정

기본적 문제	사정 내용
친밀한 인간관계 어려움	다른 사람과의 관계에서 발생하는 어려움
사회적 관계에서의 문제	드러나지는 않지만 사회적 관계에서 흔히 경험하고 느끼는 불만족
병원이나 사회복지기관 등과 같은 공적 조직과의 문제	클라이언트가 서비스를 제공하는 공적 기관에 대해 느끼는 불만족
역할수행상의 문제	자신의 지위와 기대되는 행동양식에 맞는 역할을 수행해야 하는 어려움
발달단계상 사회적 전환기에 경험하는 문제	인생 주기상 결혼, 임신, 퇴직, 이혼과 같은 전환기에 경험하는 혼란
심리행동상의 문제	우울, 불안, 스트레스와 같은 심리적 문제와 일탈, 반사회적 행동 문제
자원의 결핍이나 부재로 인한 문제	기본적 욕구를 해결하는 데 필요한 자원이 부족하여 발생하는 문제
의사결정상의 문제	중대한 결정을 해야 할 때 선택을 하는 데 어려움이 있는 문제
다문화사회에서 파생되는 문제	상이한 인종과 문화로 인한 부적응과 편견, 차별 등의 문제

출처: Kirst-Ashman & Hull., 1993; 조홍식 외, 2009; 엄명용 외, 2016 재구성.

2) 개인자원 사정

클라이언트의 문제를 해결할 수 있는 열쇠는 클라이언트 개인에게 있다. 때문에 사회복지사는 클라이언트 개인의 자원을 발굴하여 이를 문제해결을 위한 수단으로 활용할 수 있도록 해야 한다. 문제해결에 활용할 수 있는 클라이언트의 개인자원은 클라이언트의 성격, 경험, 능력, 변화에 대한 동기 등과 같은 개인 내적 자원과 물리적 자원, 경제적 자원 등과 같은 외적 자원으로 구분할 수 있다. 이 외에도 클라이언트의 신체적 기능이나 건강상태 그리고 심리, 인지, 정서적 요소와 관련된 부분도 사정되어야 한다.

〈표 9-2〉 클라이언트의 개인자원 사정

개인자원의 종류	사정 내용
교육 정도와 취업 경험	취업에 필요한 교육배경, 기술, 경력
문제해결 능력과 의사결정 능력	과거 어려운 문제를 해결해 본 경험, 당시 사용했던 방법, 그것의 재적용 가능성
문제해결에 대한 동기와 의지	문제해결과 변화에 대한 긍정, 기대, 적극적 참여 가능성
개인적 자질과 능력	대인관계, 지적 능력, 개입 과정에 참여하는 태도, 적극적·긍정적 기질
물리적·재정적 소유	소유하고 있는 자산

출처: Kirst-Ashman & Hull., 1993; 조흥식 외, 2009; 최금해 외, 2010.

이와 함께 클라이언트 개인의 강점 사정을 통해 클라이언트가 문제를 해결해하는 데 있어 자신감을 회복할 수 있도록 할 필요가 있다. 강점은 권한 부여(임파워먼트), 잠재능력, 능력 부여, 역량강화, 성장잠재력 등과 동의어로 사용되고 있고, 사회복지사가 클라이언트의 잠재능력을 발견하여 그 능력을 발휘할 수 있도록 한다(도광조, 2012). 이를 위해 사회복지사는 생존전략, 지지망 및 예외적 사항에 대한 질문, 가능성에 대한 질문, 자존감 등에 대한 질문을 함으로써 클라이언트의 강점을 사정하도록 한다(Saleeby, 1999; 도광조, 2012 재인용).

3) 클라이언트의 환경 사정

클라이언트의 문제를 해결하기 위해서는 클라이언트 개인이 보유한 자원을 확인하는 것도 중요하지만, 클라이언트를 둘러싸고 있는 환경체계와 관련된 사정을 하는 것도 매우 중요하다. 이는 클라이언트가 보이는 문제는 개인으로 인해 유발될 수도 있지만, 자신이 생활하는 환경과 상호작용의 결과로 나타날 수 있기 때문에 클라이언트의 환경체계에 대한 사정은 클라이언트의 문제해결을 위해 매우 의미 있는 일이다. 따라서 사회복지사는 클라이언트의 주변 환경이 문제해결에 적절한지 부적합한지, 긍정적으로 기능하는지 부정적으로 기능하는지, 또는 보호요인과 위협요인은 무엇인지 클라이언트의 가족체계와 사회환경체계 등을 사정해야 한다.

(1) 가족체계 사정

가족은 인간의 기본적인 욕구를 충족시키는 장(場)으로 가족구성원 간 상호작용은 개인의 성장과 발달에 영향을 미치기 때문에 클라이언트에게 매우 중요한 자원이 된다. 또한 가족체계는 구성원들 간 상호의존적(interdependent) 존재이기 때문에 가족구성원들의 행동은 상호영향(mutual influence)을 주게 된다(Bertalanffy, 1975). 이는 부부, 부모－자녀, 형제－자매 등 체계로서 가족구성원들의 행동은 다른 가족의 생활에도 많은 영향을 미친다는 것을 의미한다.

이에 가족구성원들을 각각 개별적인 특성으로 설명하기보다는 가족 전체를 유기체로 각 체계가 상호영향을 주고받는 역동적인 존재로 보는 것이 마땅하다. 따라서 클라이언트의 문제 사정에서는 부부체계, 부모－자녀체계, 형제－자매체계와 같은 가족 하위체계와 가족규칙이나 역할 등과 같은 가족기능, 가족의사소통을 탐색하는 것은 성공적인 문제해결을 위해 매우 중요하다.

① 가족기능

가족체계는 여러 하위체계로 구성되는데, 가장 먼저 결혼과 함께 형성되는 부부체계를 중심으로 부모-자녀체계, 형제-자매체계 등으로 구성된다. 건강한 가족은 각 하위체계 간 독립성과 자율성이 보장받지만, 건강하지 않은 가족의 경우 지나치게 경직되거나 경계가 불명확한 특성을 보이게 된다. 이렇듯 가족을 역동적 개방체계로 가족구성원 간 의사소통을 비롯한 상호작용 그리고 가족체계의 공유 등을 토대로 가족구성원들은 건강한 발달을 하게 된다(Friedman & Sherman, 1987; Olson, Sprenkle, & Russell, 1979).

특히 가족구성원들 간 응집성과 적응성의 정도는 가족 문제에 직간접적인 영향을 미치게 된다. 응집성이 낮은 경우 유리된 가족 혹은 분리된 가족 등의 형태를 보이게 된다. 즉, 응집성이 낮은 가족은 구성원들의 정서적 요구에 반응하지 못하고 가족 내에서도 고립감과 소외감을 경험하게 된다. 예를 들어, 부부간 응집력이 낮은 경우 서로에게 냉담하게 반응하게 될 가능성이 높고 이러한 문제가 지속되면 부부는 서로에게 정서적으로 지지받지 못하며 심한 경우 언어적·비언어적 폭력이나 갈등이 발생할 가능성이 높다. 또한 부부가 자신들의 문제에 적절하게 대처하지 못했을 때 자녀에게 그 문제가 표출될 가능성이 높아 부부-자녀체계에까지 부정적 영향을 주게 된다. 이러한 가족체계는 가족구성원들 간 소속감과 상호존중감을 손상시킬 뿐만 아니라 사회적 관계에서 대인관계 영역에서 어려움을 겪을 수 있다.

더욱이 가족구성원 간 적응성이 낮은 경우 경직된 가족이 되거나 혹은 적응성이 너무 높은 경우 경계가 모호한 혼동된 가족의 형태를 보이게 된다(Olson, Russell, & Sprenkle, 1983). 가족응집력과 적응력을 포함한 가족체계는 가족규칙과 의사소통 그리고 가족구성원들 간 역할과 경계 등을 포함한다. 따라서 클라이언트의 문제에 대한 접근을 할 때는 가족체계와 관련된 사정을 통해 가족 문제에 대해 접근해야 한다.

〈표 9-3〉 가족체계 사정

응집성	적응성
정서적 유대 가족의 관여 부부관계 부모-자녀관계 가족 내 경계 외부경계	리더십 훈육 협상 역할 규칙

출처: Olson et al., 1983.

② 의사소통

의사소통은 가족 및 사회 구성원들과 관계에서 이루어지는 언어 및 비언어적 표현을 포함한다. 김영희 등(2013)은 의사소통의 특성을 다음과 같이 제시하였다.

첫째, 의사소통은 양방향적이어서 주고받는 상호작용의 특성이 있다.

둘째, 의사소통은 상호 간에 감정적 교류가 있어야 일체감을 경험할 수 있다.

셋째, 의사소통은 관계의 속성을 반영한다.

넷째, 의사소통은 계속적이며 변화한다.

이는 의사소통은 두 사람 이상 관계에서 나타나는 상호작용으로 개인의 감정과 느낌이 표현될 뿐만 아니라 의사소통의 유형에는 상호 간의 관계를 보여주고 구성원과 관계에서 친밀감을 형성하도록 하는 힘을 지니고 있는 것과 함께 갈등을 유발하는 힘도 갖고 있다는 것을 의미한다. 때문에 문제규명을 위해 이루어지는 사정에서 가족구성원들 간 의사소통을 살펴보는 것은 가족구성원들 간 관계를 비롯하여 가족체계를 확인하는 데 도움이 된다.

클라이언트의 문제를 규명하기 위해 사회복지사가 사정해야 할 가족 의사소통 문제는 먼저 언어적 비언어적 의사소통의 명확성과 일치성이다. 이는 언어적·비언어적 의사소통이 일치하지 않는 것은 상대에게 많은 혼란을 가중시키게 된다. 이러한 것을 이중 메시지라고 하는데, 이중 메시지를 전달받은 가족구성원은 심리적으로 갈등하게 되고 불안해하거나 방황하는 등 행동을 하고 결과적으로 관계에서 불안과 낮은 자존감 및 부정적 자아개념을 형성할 뿐만 아니라 불안정한 사회적 관계를 형성하게 된다. 예를 들어, 아이가 엄마에게 친구와 놀러다녀온 후 학교숙제를 해도 되냐는 질문에 엄마가 언어적 표현은 '알았어'라는 긍정적 메시지를 전달하면서 비언어적, 즉 표정이나 행위 등에서는 '놀지마!'라는 메시지를 전달하게 되면 아동은 자신의 어머니가 허락한 것인지 혹은 허락하지 않은 것인지 가늠하기 어렵고 혼란스러워 하게 된다.

(2) 사회환경 사정

클라이언트가 생활하는 지역사회를 비롯하여 클라이언트의 주변 환경은 클라이언트가 지닌 문제의 원인을 파악하고 문제를 해결할 수 있는 좋은 자원이 된다. 특히 사회적 관계망은 클라이언트의 문제를 해결하는 데 지지적 자원이 될 수 있기 때문에 클라이언트의 문제규명을 위한 사정에서 사회적 지지를 비롯한 환경사정은 매우 중요하다.

사회적 관계망은 클라이언트의 환경범위에 있으면서 영향을 미치는 중요한 사람들의 체계를 의미하는 것으로 학교, 직장, 혹은 그 외 사회적 활동 등을 통해 형성되는 관계를 모두 포함한다. 이러한 사회적 관계망은 클라이언트에게 정서적 안정과 지지를 제공해 주고 때로는 재정적 지원을 비롯하여 다양한 정보와 기술을 제공해 줌으로써 개인에게 유대감과 소속감 및 긍정적 자아존중감 형성에 도움을 주기도 한다(도광조, 2012). 그렇기 때문에 클라이언트와 관련된 사회적 관계망에 대한 사정은 클라이언트가 자신의 문제를 해결하는 데 정서적 지지를 받을 수 있는 자원을 확보할 수 있다는 것과 클라이언트의 문제의 원인과 관련된 정보를 확보할 수 있는 등 문제 사정에 도움이 될 수 있다.

3. 사정도구

정확한 사정은 효과적인 개입을 위해 필요불가결한 조건이므로 전문적이고 체계적인 도구를 활용하여 사정하는 것이 요구된다. 사정의 도구는 매우 다양한데, 이것을 적재적소에 맞게 활용하는 것이 사회복지사의 기술이라고 할 수 있다. 여기에서 대표적인 사정도구들을 몇 가지 소개하면 다음과 같다.

1) 가계도

Zastrow(1999)는 가계도(genogram)는 3세대 가족관계를 도표로 작성함으로써 클라이언트가 현재 보이는 문제의 원인을 규명하는 것으로 가계도를 통해 가족구성원의 한 세대에서 다음세대까지 생물학적·법적·정서적 관계성을 도표로 확인함으로써 세대 간 반복되는 관계유형을 밝혀내고, 이에 대한 통찰을 하는 데 매우 중요한 도구라고 하였다(황철수, 2009). 또한 가계도는 가족의 하위체계를 비롯하여 가족관계와 관련된 가족환경을 확인할 수 있다는 점에서 매우 유용하다.

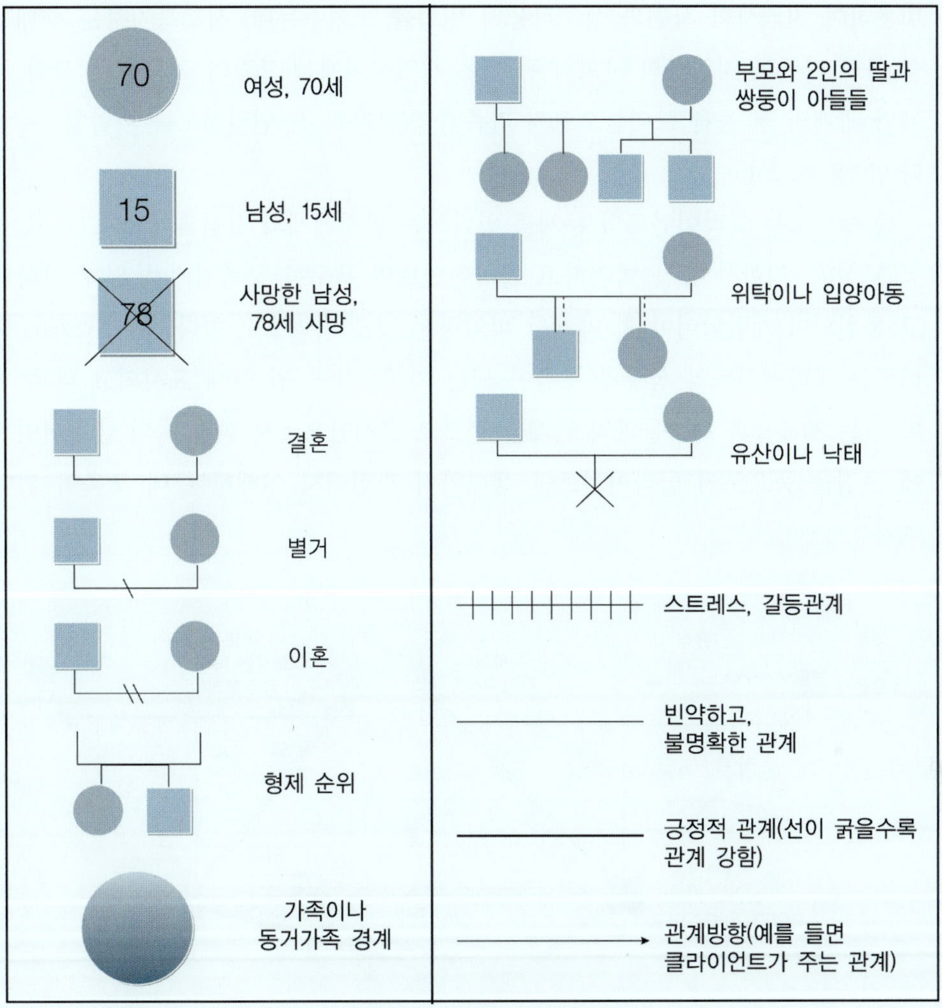

[그림 9-1] 가계도 표준기호

2) 생태도

생태도는 가족들이 지역사회 자원들과 얼마나 유기적인 관계를 형성하고 있는가를 확인할 수 있다. 생태도는 클라이언트의 양육환경과 주변환경과의 관계를 비롯하여 지역사회 자원과 상호작용의 변화를 보여주는데, 사회복지사는 생태도를 통해 가족이 지역사회 사회적 관계망, 지역사회에서 고립의 정도, 지역사회 체계와 관계의 질 등을 보여줌으로써 가족과 외부자원 간 연결정도를 파악할 수 있다(엄명용 외, 2016).

즉 생태도는 클라이언트의 문제를 압박하는 환경체계의 강점과 약점 그리고 성공과 실패, 적합성 등을 발견하고 클라이언트의 욕구를 충족시키기 위해 강화되고 동원되며 개발되어야 할 체계를 파악하는 것을 목적으로 한다(이윤로, 2008). 생태도는 클라이언트의 상황의 초점이 되는 가족도표가 원 안에 표시되고 다른 의미 있는 체계들과 가족들과의 관계를 선으로 표시함으로써 환경 속의 클라이언트에 초점을 둠으로써 클라이언트를 생태학적 관점에서 이해하는 데 도움이 된다(황철수, 2009).

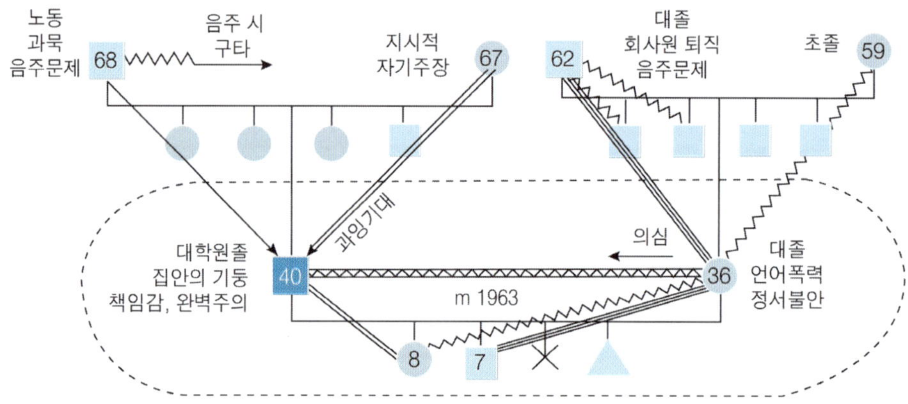

[그림 9-2] 생태도 작성

출처: 이영주 외, 2015.

3) 사회도

사회도는 Moreno와 Jenning이 개발한 것으로 집단구성원들 간 상호작용을 그림으로 표현함으로써 구성원 간 개인적 수용과 거부 그리고 집단 내 대인관계를 평가하는 데 유용하게 사용된다(남세진 외, 2001 재인용). 생태도와 같이 사회도의 경우도 개입 과정에서 변화를 측정할 때 여러 번 그리게 되는데, 집단구성원의 행동을 관찰하는 것만으로 파악하기 어려운 집단 내 소외자, 2군, 3군, 결탁관계, 경쟁관계, 연합관계, 하위집단 등을 파악할 수 있다는 점에서 클라이언트의 문제규명에 매우 유용하다(엄명용 외, 2016).

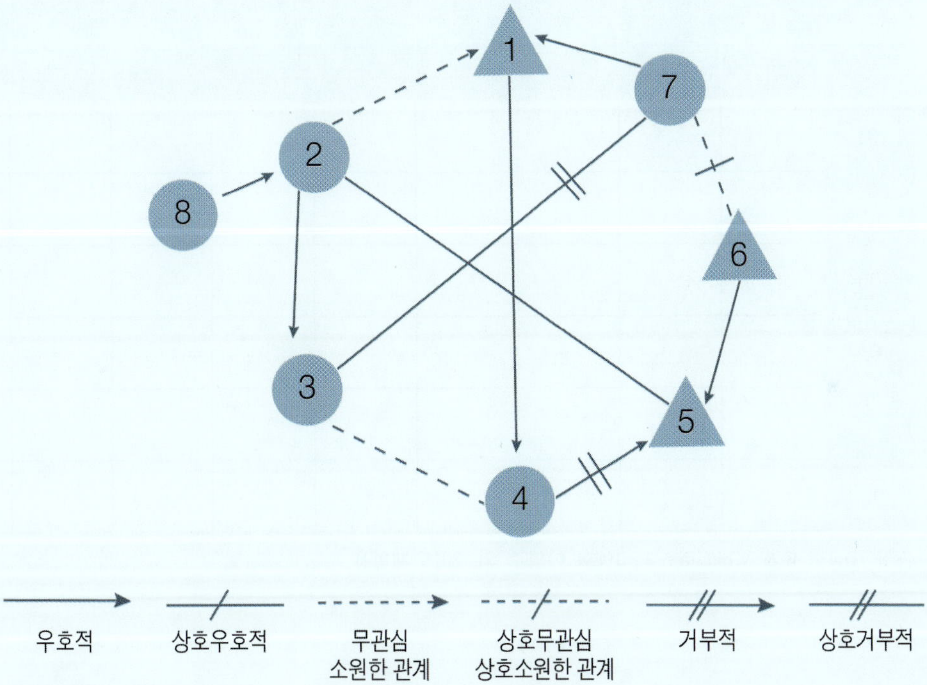

[그림 9-3] 사회도

출처: 1급사회복지사 시험연구회, 2008.

〈표 9-4〉 사회적 관계망 그리드(social network grid) 예시

응답자 :_____	생활 영역	물질적 지지	정서적 지지	정보/조언	비판	원조 방향	친밀도	만나는 빈도	알고지낸 기간
	1. 가구원 2. 다른 가족 3. 직장/학교 4. 조직 5. 다른 친구 6. 이웃 7. 전문가 8. 기타	1. 거의 없다 2.가끔씩 3.거의 항상	1. 거의 없다 2. 가끔씩 3. 거의 항상	1. 거의 없다 2. 가끔씩 3. 거의 항상	1. 거의 없다 2. 가끔씩 3. 거의 항상	1. 양방향 2. 그들에게만 3. 그들이 당신에게만	1. 거의 친하지 않음 2. 가까운 정도 3. 매우 가까움	1. 1년에 한번 2. 한달에 몇 번 3. 주마다 몇 번 4. 매일	1. 1년 이하 2. 1~5년 3. 5년 이상
01									
02									
03									
04									
;									
13									

출처: Tracy, E & Whittaker. J., 1989; 이영주 외, 2015 재인용.

연습 문제

1. 사정의 특성으로 옳은 것은?

① 사정은 사례과정 중 초기 단계에서만 이루어진다.
② 사회복지사는 사정에서 클라이언트에 대한 판단을 해서는 안 된다.
③ 정보수집 이후 사정은 사회복지사 단독으로 해야 한다.
④ 사정은 현재 욕구뿐만 아니라 과거력도 모두 중요하다.
⑤ 사정은 과거력과 개인문제력만 해야 한다.

2. 다음 중 클라이언트의 개인정보 사정이 아닌 것은?

① 교육 정도와 취업 경험
② 문제해결능력과 의사결정능력
③ 문제해결에 대한 동기와 의지
④ 주변환경의 보호요인과 위험요인
⑤ 물리적 · 재정적 소유

3. 다음 중 의사소통의 특성이 아닌 것은?

① 의사소통은 양방형적이어서 주고받는 상호작용의 특성이 있다.
② 의사소통은 개인의 일방적인 행위이다.
③ 의사소통은 상호 간에 감정적 교류가 있어야 일체감을 경험할 수 있다.
④ 의사소통은 관계의 속성을 반영한다.
⑤ 의사소통은 계속적이며 변화한다.

4. 사정도구인 가계도에 대한 설명이 바르지 않은 것은?

① 가계도는 4세대 가족관계를 도표로 작성한 것이다.
② 클라이언트가 현재 보이는 문제의 원인을 규명하고자 한다.
③ 가족구성원의 한 세대에서 다음세대까지 생물학적 관계성을 확인할 수 있다.
④ 가족구성원의 한 세대에서 다음세대까지 정서적 관계성을 확인할 수 있다.
⑤ 가족환경을 확인할 수 있다는 점에서 매우 유용하다.

5. 사정도구 중 생태도에 대한 설명으로 옳지 않은 것은?

① 가족들이 지역사회 자원들과 얼마나 유기적인 관계를 형성하고 있는가 확인할 수 있다.
② 클라이언트의 양육환경과 주변환경과의 관계를 확인할 수 있다.
③ 지역사회 자원과 상호작용의 변화를 확인하는 것은 어렵다.
④ 사회복지사는 생태도를 통해 가족의 지역사회 사회적 관계망을 파악할 수 있다.
⑤ 생태도를 통해 가족과 외부자원 간 연결정도를 파악할 수 있다.

정답

1. ④ 2. ④ 3. ② 4. ① 5. ③

제 10 장

계획과 개입

학습목표

1. 계획의 목적과 목표를 이해할 수 있다.
2. 계약에 대해 이해할 수 있다.
3. 개입 단계에 대해 알 수 있다.

개요

클라이언트에 대한 문제와 욕구가 파악되고 이에 대한 사정이 마무리되면 클라이언트를 위한 서비스 개입을 위한 계획과 개입이 이루어지게 된다. 이 과정에서 클라이언트의 문제에 대응할 수 있는 목적과 목표를 설정하고 이를 위한 다양한 개입방법들을 적용하게 된다. 이에 이 장에서는 클라이언트 문제에 대한 개입 계획과 개입에 대해 살펴보고자 한다.

제10장

계획과 개입

1. 계획

클라이언트의 문제와 관련된 자료수집과 사정이 마무리 되면 클라이언트의 문제해결을 위한 계획 단계로 이어지게 된다. 이 단계에서는 개입을 위한 구체적인 목표를 설정하고 사회복지사와 클라이언트 간 계약이 체결된다. 계획은 원고 과정에서 클라이언트의 변화에 초점을 두고 사정과 개입 단계 사이에서 교량적 역할을 하게 된다(Johnson et al., 2007). 계획 단계에서 사회복지사는 변화를 통해 클라이언트가 성취하고자 하는 것이 무엇인지? 그리고 누구를 관여시켜야 하는지? 어떻게 하려고 하는지 등에 대한 질문에 답을 구하기 위해 노력해야 한다(이원숙, 2014). 이에 Kirst-Ashman 등(1993)은 이를 위해 계획의 8단계를 제시하였다.

〈표 10-1〉 계획 과정의 주요 단계

주요 단계		내 용
1단계	클라이언트와 함께 작업하기	계획 과정에 클라이언트를 참여시켜 동기를 부여
2단계	문제의 우선순위 정하기	어떤 문제에서부터 접근할지 우선순위를 결정 및 최우선적으로 해결한 문제에 합의
3단계	문제를 욕구로 전환하기	클라이언트가 필요한 것이 무엇인지를 욕구개념으로 전환시키면 문제해결을 위해 무엇을 해야 하는지 구체화시킴
4단계	개입 수준 평가하기-전략의 선택	문제는 미시적 혹은 거시적 실천 방법으로 접근될 수 있고 전략 수립에서 클라이언트의 강점을 활용하여 각 전략에 대한 찬반양론을 검토한 후 효율적이고 효과적 전략을 선택
5단계	목적 설정하기	목적은 왜 개입하는지를 명료화시켜줌
6단계	목표를 구체화하기	목적을 세분화하여 구체화된 목표를 설정
7단계	행동단계를 구체화하기	목표를 달성하기 위해 누가, 무엇을, 언제까지 수행할 것인지에 대한 행동단계를 구체화
8단계	클라이언트와 계약을 공식화하기	계약은 사회복지사와 클라이언트가 개입 과정에 무엇이 일어날지에 관한 합의사항으로 목적, 목표, 개입기간, 역할 등을 포함

출처: 이원숙, 2014 재인용.

1) 목적

클라이언트의 문제에 효과를 극대화하기 위해서는 목적과 목표가 명확할 때 가능하다. 일반적으로 목적(goal)은 개입을 통해 이끌어내고자 하는 장기적이고 궁극적인 결과를 의미한다. 개입 단계에서 목적을 분명하게 하는 것은 사회복지사와 클라이언트 간 문제를 보다 명확하게 할 수 있다는 점과 원조의 방향성을 제시해 줄 뿐만 아니라 클라이언트의 관심과 문제정의에 타당성을 부여함으로써 클라이언트의 역량을 강화시킨다(이원숙, 2014). 아울러 문제에 대해 명확하게 진술

된 목적은 사회복지 원조의 성공 여부를 평가할 수 있는 기준이 되기 때문에 매우 중요하다(Kirst-Ashman et al., 1993). Johnson 등(2007)은 상황에 따라 서로 상이한 목적이 설정되어야 한다고 주장하면서 5가지 목적설정을 제안하였는데, 이는 다음 〈표 10-2〉에 제시하였다.

〈표 10-2〉 상황에 따른 목적

목적유형	내 용
관계 유지하기	상황 속의 사람을 변화시키는 것이 어렵고 클라이언트에게 필요한 지지를 제공해 줄 수 있는 의미 있는 타자가 없다면 관계유지를 목적으로 함
구체적 행동변화	클라이언트가 특정 증상이나 행동패턴으로 인해 어려움을 겪고 있지만 그 문제만 제외하고 자신의 생활이나 상황에 만족하고 있다면, 현재 클라이언트를 괴롭히는 특정 문제의 행동을 변화시키는 것을 목적으로 함
관계변화	문제가 까다로운 관계에 있을 때 관계의 변화를 추구함
환경변화	환경변화 또는 개인과 환경 사이의 교류의 변화가 요구된다고 인식하면 환경변화를 추구함
방향전환	가치가 갈등적이거나 명확하지 않을 때 혹은 클라이언트가 목적이나 변화 노력의 방향이 분명하지 않다고 느낄 때 등에서는 목적의 방향을 전환하도록 시도함

출처: 이원숙, 2014 재구성.

2) 목표

목표(objective)는 목적을 구체적으로 세분화한 것이며, 문제가 해결된 상태, 또는 개입을 통해 일어나기를 바라는 변화를 나타낸다(양옥경 외, 2010). 목표는 클라이언트의 자기결정권을 보장하기 위하여 클라이언트와 사회복지사가 상호 합의를 통해 결정하는 과정으로, 클라이언트의 문제 목록을 기록하고, 그 가운데에서 양자 간의 동의와 합의를 통해 목표의 우선순위를 결정하는데, 주로 목표의 중요성과 긴급성에 따라 분류된다(최금해 외, 2010). 이러한 목표는 개입에 관한 계획을 수립하고 목적을 달성해 나가는 과정에 클라이언트의 자발성과 적극성이 요구되기 때문에 사회복지사와 클라이언트 간의 동의와 합의를 통해 이루어져야 한다. Hepworth 등(1990)은 목표설정에 필요한 지침을 일곱 가지로 제시하였다(양옥경 외, 2010 재인용).

① 클라이언트의 욕구 반영되어야 함
② 명백하게 측정 가능한 형태로 기록되어야 함
③ 달성 가능해야 함
④ 사회복지사의 전문 지식과 기술로 해결 가능해야 함
⑤ 성장을 지향하는 긍정적 용어로 기록되어야 함
⑥ 사회복지사의 중요한 권리나 가치에 상응해야 함
⑦ 기관이 가지고 있는 기능 및 목표와 일치해야 함

이와 같이 목표설정은 사회복지사의 전문성과 윤리 그리고 가치에 기반하여 클라이언트의 요구를 반영하고 클라이언트가 수용할 수 있어야 한다. 또한 클라이언트의 문제가 복잡하고 다양할 경우 목표의 우선순위를 다음과 같이 정해야 한다.

〈표 10-3〉 목표 우선순위

구 분	내 용
1	클라이언트에게 가장 시급한 문제를 우선으로 한다.
2	가장 단기간에 달성하여 성취감을 느낄 수 있는 것을 우선으로 한다.
3	클라이언트가 목표달성에 전력을 다할 수 있도록 강한 동기를 갖고 있는 것을 우선으로 한다.
4	기관의 기능에 적합하고 사회복지사의 능력에 맞는 달성 가능한 것부터 설정한다.

출처: 황철수, 2009 재구성.

2. 계약

계약(contract)은 목표를 달성하기 위한 전략, 역할, 개입, 평가 방법 등에 대해 구체적인 용어로 기술한 것에 사회복지사와 클라이언트가 상호 동의하는 것을 의미한다(양옥경 외, 2010). 계약의 요소는 성취할 목표, 참여자의 역할, 사용될 개입방법 또는 기법, 회기(session)의 기간, 시간, 진행에 대한 평가방법, 계약의 재협상에 대한 계약조항, 시작 날짜, 회기취소 및 변경, 비용 등을 포함해야 한다(Hepworth et al., 1990; 황철수, 2009 재인용).

계약 방식은 구두와 서면 두 가지가 있지만, 서면으로 하는 것이 향후 발생할지 모르는 오해를 해결하는 데 도움이 되므로 더 바람직하다. 또한 사회복지사와 클라이언트가 합의한 목표, 사회복지사와 클라이언트의 역할, 시간의 제한성, 구체적인 개입방법 등이 계약에 포함되어야 한다.

3. 개입 단계

개입 단계(working phase)는 사회복지사와 클라이언트가 계약 시 합의된 내용을 구체적으로 실천함으로써 상호 간에 합의한 목표를 달성하는 과정이다. 때문에 개입 단계에서 사회복지사는 클라이언트 개인과 상황의 의도적 변화를 유발하기 위해 전문적이고 포괄적인 개입을 실시한다. 개입방법에 대해 Hepworth 등(1990)은 개인과 집단을 대상으로 하는 미시적 차원의 서비스를 직접적 개입이라고 하였고, 행정, 정책, 지역사회조직 등 거시적 차원의 서비스를 간접적 개입이라고 하였다(김용일 외, 2009). 두 가지 개입 방법을 〈표 10-4〉에서 비교해 보았다.

〈표 10-4〉 직접적 개입과 간접적 개입의 비교

비 교	직접적 개입(미시적 차원)	간접적 개입(거시적 차원)
개입 초점	클라이언트 개인의 변화	클라이언트의 환경적 지원
개입 목적	클라이언트의 정서적 지지, 인지구조의 변화, 문제행동의 변화, 문제 상황과 자원에 대한 통찰력 향상	사회자원이나 서비스 제공 및 연결, 관련 조직 및 기관 조정, 제도 및 프로그램 변화
개입 대상	클라이언트, 주요한 타인들(부모, 교사, 배우자, 가족)	공적·사적 서비스 체계
개입 기술	면접기술에 기초한 케이스워크, 집단지도, 가족치료	행정, 정책, 평가, 사회개발, 사회계획, 사회행동
개입 모델	정신분석, 형태치료, 놀이치료, 교류분석, 현실치료, 심리극, 행동치료	지역사회조직, 재정 및 인력관리, 정책분석, 프로그램 평가, 사회행동, 슈퍼비전
개입 차원	미시적 차원	거시적 차원

출처: 김융일 외, 2009; 최금해 외, 2010 재인용.

1) 직접적 개입

직접적 개입은 클라이언트를 대상으로 이루어지는 활동이며, 여기에는 지지적 기술, 인지재구조화 기술, 행동수정 기술, 문제해결 기술, 스트레스 관리기술, 그리고 사회적 기술 등 클라이언트의 문제와 관련되어 변화목표를 달성하기에 적합한 개입 방법을 선택해야 한다.

(1) 정서적 지지 기술

정서적 지지란 낮은 자존감과 우울, 불안, 분노 그리고 사회적 위축 등과 같은 정서적 문제를 가지고 있는 클라이언트에게 긍정적 관심과 수용적 태도로 지지와 격려를 제공함으로써 클라이언트의 문제해결능력을 향상시키는 것을 말한다. 이를 위해 정서적 지지 기술로 격려, 재보증, 일반화, 환기를 사용할 수 있다(Sheafor, et al., 1997; 도광조, 2012).

〈표 10-5〉 정서적 지지 기술

구 분	내 용
격려	클라이언트의 행동이나 태도를 인정하고 칭찬함과 동시에 강점과 가능성에 대한 확신을 표현하는 것이다. 예) "당신은 이번 학기에 좋은 성적을 받을 수 있을지에 대해 염려하고 있군요. 당신이 이번 학기에 수행한 레포트와 발표 성취도를 볼 때 나는 분명히 원하는 결과를 얻을 수 있으리라 생각해요."
재보증	합리적이고 현실적인 생각과 결정에 대해 의구심을 갖고 있는 클라이언트에게 본인의 능력과 자질을 재확인하고 보증하는 것이다. 예) "넌 이번 프레젠테이션을 성공적으로 할 수 있어. 지난번에도 300명 앞에서 네 연구를 잘 발표했었잖아."
일반화	클라이언트가 자신의 생각, 감정, 행동을 비난하고 부정할 때 많은 사람들이 같은 것을 경험하고 있음을 알려주는 것이다. 예) "사랑하는 사람과 헤어질 때는 누구나 너와 같이 비참한 느낌을 갖는단다."
환기	클라이언트의 억압된 감정을 자유롭게 표출하도록 돕는 것이다. 예) "네가 화나는 감정이 풀어질 때까지 울어도 좋아."

출처: 최금해 외, 2010 재구성.

(2) 행동수정 기술

행동주의 이론에 기초한 행동수정 기술은 클라이언트에게 새로운 행동을 학습시키거나 문제가 되는 행동을 바꾸기 위해 강화나 소멸 같은 기법을 활용한다. 예를 들어 바람직한 행동을 강화시킬 때 토큰(token)을 주는 것이나 규율을 어기거나 문제행동을 했을 때 그것을 강화시키는 환경으로부터 일정 기간 분리시키는 타임아웃(time out) 등이 행동수정 기술로 활용된다. 이 외에 바람직한 행동을 제한된 공간에서 미리 연습해 보는 행동 시연(behavioral rehearsal), 행동변화에 서면으로 동의하는 행동 계약(behavioral contract), 상대방의 역할을 해 봄으로써 다른 사람의 관점을 이해하도록 실시하는 역할 전환(role reversal) 등도 사용된다.

〈표 10-6〉 행동수정 기술

구 분	내 용
강화와 처벌 (reinforcement & punishment)	• 강화와 처벌은 Skinner의 조작적 행동학습이론에 기초한 기법임 • 강화는 표적행동이 과거보다 빈번하게 일어날 가능성을 증가시키는 사건이나 행동으로 정적강화(positive reinforcement)와 부적강화(negative reinforcement)가 있음 • 처벌은 표적행동을 제거시키거나 그 강도를 감소시키기 위해 클라이언트가 표적행동을 행할 시 고통스럽고 불쾌한 자극을 제시하는 기법임
행동연쇄 (chaining)	• 한 번에 한 단계씩만 가르치는 절차를 의미하는 것으로 서로 연결된 단위행동은 각각 선행된 단위행동에 대해 일종의 강화물로 작용함으로써 완성된 행동을 배워나가게 됨 • 행동연쇄는 전방연쇄(forward chaining)와 후방연쇄(backward chaining)가 있음
소멸 (fading)	• 소멸은 클라이언트가 바람직한 행동을 습득해 나감에 따라 강화의 빈도를 줄이거나 점차적으로 촉구를 철회하는 과정임 • 클라이언트의 새로운 행동을 습득하도록 돕기 위해 지속적 강화와 촉구를 사용하다가 이후 클라이언트가 표적행동을 수행하게 되면 강화와 촉구의 빈도를 줄이거나 점차 소멸시킴
모델링 (modeling)	• 모델링은 클라이언트가 유사한 행동을 할 수 있도록 특정 행동에 대해 예를 들어 제시하고 타인의 행동을 보고 모방하도록 하는 방법임
과제부여 (task assignment)	• 과제부여란 클라이언트가 개입 과정에서 수행할 구체적 과제나 행동을 부여하여 새로운 행동을 학습하도록 함으로써 새로운 기술습득 및 새로운 행동패턴을 개발하여 사회적 기능상의 문제를 해결하도록 지원하는 것임

출처: 황철수, 2009 재구성.

(3) 문제해결 기술

이것은 클라이언트로 하여금 당면 문제들을 효과적으로 대처함으로써 자존감과 자신감을 향상시키고, 더불어 앞으로 경험할지 모르는 문제들에 대해서도 대처능력을 강화시키기 위한 기술을 의미한다. Hwpworth 등(2006)이 제시한 문제해결 6단계를 간략히 살펴보면 〈표 10-7〉과 같다.

〈표 10-7〉 문제해결 기술

구 분	내 용
문제 인식	다루고자 하는 문제가 무엇인지 구체적이고 세부적이며 실행 가능한 것을 인식
문제분석과 참여자들의 욕구확인	문제의 원인을 분석하고, 문제와 관련된 사람들의 욕구가 무엇인지 확인
가능한 대안책 마련을 위한 브레인스토밍	개방적이고 자발적인 분위기에서 모든 참여자가 문제해결을 위한 대안을 제시
참여자들의 욕구를 고려한 대안평가	브레인스토밍을 통해 제시된 대안들에 대해 논의하고 평가하여 최종적으로 실행 가능한 대안을 선택
선택된 대안 실행	선택된 대안을 실행하는 데 모두가 협조적으로 참여
문제해결 노력 결과평가	실행 과정과 결과에 대해 지속적인 관찰과 점검을 수행

(4) 스트레스 관리기술

스트레스란 어떤 갈등이나 위협을 느끼는 상황이 스스로 통제하거나 대처할 수 없을 정도로 지각될 때 일어나는 생리적·심리적 반응을 의미한다. 스트레스에 잘 대처할 경우 상황에 대한 통제력과 자아존중감을 향상시킬 수 있고, 더불어 스트레스를 능동적으로 변화시키는 것도 가능하다. 스트레스와 관련된 세부 기술은 앞에서 언급한 인지재구조화 기술과 함께 긴장이완훈련, 스트레스 면역훈련 등이 있다(양옥경 외, 2010).

〈표 10-8〉 스트레스 관리기술

구 분	내 용
긴장이완 훈련	• 스트레스를 받았을 때 나타나는 생리적 반응에 초점을 두고 정반대의 반응을 의지적으로 나타내도록 훈련 • 이것을 위해 편안한 장소와 시간을 선택하고, 어떤 단어를 반복하여 생각을 집중하며, 수동적이면서도 편안한 자세를 유지
스트레스 면역 훈련	• 스트레스를 느끼는 강도를 서서히 높임으로써 면역력을 향상시키는 것임 • 자신의 스트레스 반응을 인식할 수 있도록 교육하고, 웬만한 자극에는 스트레스를 느끼지 않을 정도로 감정적 반응 수위를 조절하는 연습을 함 • 이러한 것을 스트레스 상황에서 적용하여 훈련

출처: 양옥경 외, 2010 재구성.

(5) 사회적 기술

사회적 기술은 클라이언트가 사회적 관계에서 자신의 감정과 욕구를 상대방에게 정확히 전달하여 대인관계에서 어떤 목표를 성취할 수 있도록 하는 것을 말한다. 여기에는 대인관계 기술과 의사소통기술들이 포함된다.

① 대인관계기술

대인관계란 대개 두 사람 이상의 사회적 관계에서 상대에 대한 생각이나 느낌 행동이 무엇인가? 상대방으로부터 어떤 느낌과 행동을 기대하는가? 뿐만 아니라 상대방의 행동에 어떤 반응을 보이는가와 관련된 것이다. 즉 대인관계는 대인 간의 상호작용이라고 할 수 있는데, 권리행사를 위한 주장행동, 데이트하기, 도움요청하기, 거절에 대한 대처 등이 이에 해당된다. 클라이언트의 대인관계기술을 향상시키기 위한 개입 방법으로 역할전환과 빈 의자 기법, 가족조각 등이 활용될 수 있다.

〈표 10-9〉 대인관계 기술

구 분	내 용
역할전환	• 역할전환은 한 사람이 다른 사람의 역할을 맡아 다른 타인의 관점에서 사물을 보도록 하는 방법임 • 클라이언트의 문제가 가족구성원 간 갈등에 있을 때 가족을 대상으로 면담을 실시할 때 사용됨
빈 의자 기법	• 빈 의자 기법은 클라이언트가 자기 자신이나 의미 있는 타인에 대한 자신의 감정을 이해하도록 돕기 위한 목적으로 수행되는 방법임 • 일반적으로 대인갈등에 포함된 이슈를 명확히 하기 위해 활용됨
가족조각	• 가족조각은 집단 회기 내에 클라이언트나 클라이언트의 가족이 가족행동의 중요한 측면을 재연하여 갈등과 문제를 완화시키도록 돕기 위해 활용됨 • 조각기법은 3명 또는 4명의 가족구성원에게 적용하기 적합함 • 가족구성원을 다양한 신체적 자세로 배열시킴으로써 가족구조를 시각적으로 묘사하는 기법임

출처: 황철수, 2009 재구성.

② 의사소통 기술

의사소통은 상대방의 감정과 욕구를 정확히 파악하고, 그것에 대응할 수 있는 효과적인 전략을 수립하며, 말하고자 하는 내용을 가장 효과적으로 전달하는 과정으로 언어적 비언어적 의사소통을 포함한다. 클라이언트의 문제를 해결하기 위한 효과적 의사소통 기술로는 얼굴표정, 클라이언트와 시선맞추기, 목소리 조절하기, 자세, 상대방과의 거리, 걸음걸이, 적극적 경청, 격려와 지지, 질문, 말하기, 대화 유지하기, 자기주장하기, 칭찬하기, 사과하기, 감사하기 등이 있다.

2) 간접적 개입

간접적 개입은 직접적 개입과 같이 클라이언트를 대상으로 하기보다는 클라이언트를 둘러싸고 있는 사회적 지원 체계를 개발하고 변화시키는 활동을 일컫는 것으로 사회적 지지체계를 개발하거나 기관 간의 서비스를 조정, 그리고 필요한 프로그램을 개발, 불평등한 사회 구조로 인해 차별받는 클라이언트의 권익을 옹호하는 강력한 개입방법도 활용된다(최금해 외, 2010).

(1) 사회적 지지체계 개발

사회적 지지체계란 클라이언트에게 필요한 정서적·물질적 지원을 할 수 있는 외적 관계망을 말한다. 지지체계는 클라이언트가 거주하고 있는 지역사회를 중심으로 형성되며, 가족, 친구와 같은 미시적 체계를 비롯하여 행정, 정책, 법과 같은 제도적 측면의 거시적 체계까지 범위가 확대된다. 여기서 사회복지사는 클라이언트를 중심으로 공식적 지지체계와 민간 지지체계를 확인하고 상호 간 연계하는 역할을 담당한다. 사회적 지지체계가 부족할 경우 적극적으로 개발해야 하는 데, Hepworth 등(2006)은 구체적인 방법을 제시하였는데, 〈표 10-10〉과 같다.

〈표 10-10〉 사회적 지지체계 개발

구 분	내 용
자연적 지지체계의 활성화	이미 형성되어 있는 지지체계들을 클라이언트의 욕구에 맞게 연결시킴으로써 복지체계로의 전환을 도모
자조집단 구성	공통의 문제를 가진 클라이언트들이 자발적으로 상호원조집단을 구성하도록 하는 방법
자원봉사자 활용	지역사회에서 인적 자원을 개발하여 클라이언트의 욕구 충족을 위해 훈련하고 배치하는 활동
공적 지지체계 활용	기존에 다양한 활동을 전개하고 있는 공적 기관이나 프로그램을 파악하여 클라이언트가 활용할 수 있도록 하는 방법

(2) 기관 간 서비스 조정

클라이언트의 욕구가 갈수록 다양해지고 있으며, 문제 양상도 매우 복잡해지고 있다. 뿐만 아니라 서비스를 제공하는 기관 간의 상호 협의가 부족할 경우 서비스의 중복이나 누락과 같은 상황도 발생한다. 따라서 클라이언트의 욕구와 문제의 특성에 맞는 서비스가 적절하게 제공될 수 있도록 사회복지기관 간의 협의와 조정 과정을 거치는 것이 개입의 한 방법이다. 세부적으로는 유관 기관들이 서로 서비스를 연결하여 중복을 예방하고, 다른 기관에 의뢰하거나 사례관리를 하는 것이다.

(3) 프로그램 개발

클라이언트에게 필요한 자원이나 서비스가 지역사회에 없을 경우 욕구조사나 주민 조직을 통해 필요성을 알리고 자발적으로 프로그램을 개발하도록 독려할 수 있다. 프로그램을 개발하는 절차는 문제 확인, 욕구 파악, 우선순위 결정, 목적과 목표설정, 성취목표의 구체화, 서비스의 비용 및 효과 예측, 대안 선택, 세부 프로그램 설계, 예산 배분, 집행, 평가, 피드백의 과정으로 이루어진다.

(4) 옹호

사회복지실천의 궁극적 목적은 모두가 인간다운 삶을 살도록 하는 것이다. 그러나 사회제도가 불평등할 경우 인간으로서의 기본 권리마저 보장받지 못하는 사회적 약자들이 발생한다. 클라이언트를 위한 옹호는 정치적인 영향력 행사는 불평등한 현상에 대해 언론과 같은 매체를 활용하여 이슈화시키고 관련 기관들의 연합체를 구성하여 관련 법이나 정책을 변화시키도록 정치인과 관료들을 압박해야 한다. 예를 들어, 장애인들의 이동권에 대한 권리를 확보하기 위해 이러한 문제가 해결될 수 있도록 법적·정치적 노력하는 것을 말한다.

(5) 사회행동

클라이언트의 요구가 받아들여지지 않았을 때 사회행동을 하게 된다. 여기서 사회행동은 정치적인 요구가 무시당할 때 정책 결정자들에게 대항하여 갈등과 대결, 그리고 직접적인 행동을 표현하는 것으로, Rothman(1996)은 사회적으로 불이익과 박탈을 당하고 있는 사람들의 권익을 되찾아 주기 위해 대중을 조직하여 압박하는 권력구조와 사회제도를 변화시키고자 행하는 활동이라고 보았다. 예를 들어, 학교 내에서 학교폭력이 발생했을 때 학교 관계자들이 이를 은폐하려고 하거나 부당하게 처리한 경우 이를 사회적으로 공론화시키는 등 사회행동을 하는 것을 말한다.

연습 문제

1. Kirst-Ashman과 Hull이 주장한 계획 단계가 아닌 것은?

① 클라이언트를 배제하고 작업하기
② 문제의 우선순위 정하기
③ 문제를 욕구로 전환하기
④ 개입 수준 평가하기
⑤ 목적 설정하기

2. Kirst-Ashman과 Hull이 주장한 계획 단계 중 문제를 욕구로 전환하기에 대한 설명으로 옳은 것은?

① 클라이언트의 참여를 통해 동기부여를 시킨다.
② 어떤 문제부터 접근할지 서로 상의한다.
③ 문제해결을 위해 무엇을 해야 하는지 구체화시킨다.
④ 최우선적으로 해결해야 할 문제를 합의한다.
⑤ 클라이언트의 강점을 활용하여 문제 개입한다.

3. Johnson과 Yanca가 주장한 상황에 따른 목적에 대한 설명이 바르지 않은 것은?

① 관계 유지하기
② 구체적인 행동변화
③ 환경변화
④ 행동단계 구체화
⑤ 관계변화

4. Hepworth와 Larsen이 주장한 목표설정의 지침이 아닌 것은?

① 클라이언트의 욕구를 반영해야 한다.
② 달성 가능해야 한다.
③ 긍정과 부정적 용어를 포함하여 기록해야 한다.
④ 사회복지사의 중요한 권리나 가치에 상응해야 한다.
⑤ 기관이 가지고 있는 기능 및 목표와 일치해야 한다.

5. 정서적 지지 기술이 아닌 것은?

① 격려
② 재보증
③ 일반화
④ 환기
⑤ 강화와 처벌

정 답

1. ① 2. ③ 3. ④ 4. ③ 5. ⑤

제 11 장

평가와 종결

학습목표

1. 평가의 목표와 유형을 이해한다.
2. 종결의 목표와 유형을 이해한다.
3. 종결에 필요한 요소를 이해한다.

개요

사회복지실천은 개입에 대한 평가와 사회복지사와 클라이언트 간의 관계를 종결시킴으로써 마무리된다. 평가는 개입 과정과 목표달성 여부를 확인하는 과정으로 대부분 종결과정에서 이루어진다. 이 장에서는 평가와 종결을 구분하여 살펴보기로 하며, 각각의 목표와 유형, 종결 요소에 대하여 알아보고자 한다.

제11장

평가와 종결

1. 평가

1) 평가 목표

평가는 사회복지실천 과정에서 개입 과정과 목표달성 여부를 살펴보기 위해 과학적이고 구체적으로 확인하는 과정이다. 사회복지사가 클라이언트에게 서비스를 제대로 제공했는지, 윤리와 가치를 잘 지켜냈는지, 기관의 프로그램과 지침에 맞는 서비스를 제공했는지 등을 평가하며, 이는 사회복지사의 책무성과도 연관되어 있으므로 필수적으로 이루어져야 한다. 일반적으로 책무성은 효과성(목표달성 여부)과 효율성(투입된 비용과 산출된 성과 간의 비율) 개념으로 구성되며, 사회복지실천 개입 과정의 효과성과 효율성을 측정함으로써 평가는 이루어진다. 책무성에 기반한 평가를 실천함으로써 목표달성 효과 측정이 가능하고, 개입활동의 보완과 수정이 이루어지며, 개입의 확대 및 투입 인력을 사정하고, 클라이언트의 반응과 한계를 파악하며, 프로그램의 계속적인 지원, 홍보와 기금 조성이 가능해진다.

평가는 사회복지실천 전반의 과정에서 지속적으로 이루어지지만 궁극적인 성과는 대부분 종결 단계에서 이루어진다. 종결 단계의 평가는 개입계획을 세울 때 평가기준을 미리 설정하면 효과가 극대화된다. 개입 초기에 설정한 목표가 얼마나 달성되어 있는지 혹은 어떤 요인이 목표달성을 가능하게 했는지 평가하기가 수월해진다. 종결 전 개입진행 단계에서도 역시 평가는 진행되며, 긍정적인 평가뿐 아니라 부정적인 평가도 함께 수행함으로써 설정한 목표를 수정해 나가는 과정을 거친다.

2) 평가 유형

사회복지실천 현장에서 사회복지사는 다양한 평가 방법 중 적절한 평가 방법을 선택 및 활용하여 과학성과 전문성을 강화하고, 책임성을 높일 수 있다. 평가 종류와 기술은 일반적으로 다음과 같이 분류된다.

(1) 평가 종류

① 총괄평가와 형성평가(평가 내용에 따른 유형)

평가 내용에 따라 총괄평가와 형성평가로 분류된다. 총괄평가는 개입의 결과를 평가하며, 목표달성 여부(효과성)와 효율적으로 예산 집행 여부(효율성)을 평가한다. 반면, 형성평가는 개입의 과정을 평가한다. 개입 과정의 문제점을 관찰하고 수정, 확대 및 개선에 도움이 되는 정보를 제공하는 데 목적을 둔다.

② 양적평가와 질적평가(평가에 사용되는 방법에 따른 유형)

평가에 사용되는 방법에 따라 양적평가와 질적평가로 분류된다. 양적평가는 설문지를 사용하거나 수치상의 자료를 수집하여 비교·평가함으로써 평균적인 경향성을 파악하는 데 도움이 된다. 질적평가는 객관적인 양적평가와 달리 클라이언트의 개인적 경험과 의미 변화와 같이 주관적인 내용을 평가하는 데 활용한다.

③ 클라이언트 평가, 참여자 평가 및 사회복지사 평가(평가 주체에 따른 유형)

평가 주체가 누구인가에 따라 클라이언트 평가, 참여자 평가, 사회복지사 평가로 분류된다. 클라이언트 평가는 클라이언트가 프로그램에 대한 만족도, 사회복지사의 성실성과 전문기술성 등에 대해 평가하는 것이다. 그러나 일부 개입에 적극적이고 좋은 인상을 받은 클라이언트만 참여를 할 수 있다는 한계점을 가지기도 한다. 참여자 평가는 프로그램의 운영절차와 지역사회자원의 이용 측면에 대해 평가한다. 사회복지사 평가는 사회복지사 본인 스스로 개입 내용에 대해 객관적이고 전문가적인 입장에서 평가하기도 하며, 담당 사회복지사 외 제 3자가 기관 차원에서 실시된 프로그램과 사회복지사의 실천 내용을 평가할 수도 있고, 경우에 따라 외부 전문평가자에 의해 평가가 이루어지기도 한다.

④ 임상평가와 관리평가(평가 영역에 따른 분류)

평가 영역에 따라 임상평가와 관리평가로 분류된다. 임상평가는 사회복지사가 클라이언트에게 직접적으로 서비스를 제공한 임상적 실천 영역에 대해 평가한다. 클라이언트의 욕구를 반영하여 목표를 설정했는지, 사회복지사와 클라이언트와의 관계가 목표달성이나 문제해결에 어떤 영향을 미쳤는지 등 관계적인 실천 영역 부분을 평가하는 것이다. 관리평가는 기관 직원들이 수행하는 업무의 효율성, 기관 후원 자원체계로 인한 서비스 종결 현황 등 기관 운영의 행정적인 측면의 평가로 이루어진다.

(2) 평가 기술

① 실험설계와 유사실험설계

실험설계(experimental design)는 성과를 비교하기 위해 실시하는 설계 방법이다. 먼저 최대한 성별, 연령, 가정환경 등이 최대한 유사한 다수의 대상자를 구해서 무작위(random)로 선별하여 두 집단으로 나누고, 두 집단에 프로그램을 진행한 후 그 변화를 집단 간 비교해 보는 것이다. 아무것도 개입하지 않는 통제집단과 프로그램 등의 개입을 실시한 실험집단으로 나누어 처음과 변화된 점을 비교하여 평가하는 설계방법이다. 이처럼 실험설계는 가장 정교한 평가방법이나 실제 현장에서는 유사집단을 구하는 과정과 통제집단을 관리하는 과정이 매우 어렵고, 윤리적인 이슈가 대두될 수 있으므로 대신 유사실험설계를 주로 활용한다. 유사실험설계(quasi-experimental design)는 프로그램 대상자들의 특성이 많이 일치하지 않지만 비슷한 특성으로 평가되는 비교집단을 통제집단으로 선별하는 것이다.

② 단일사례설계

사회복지현장에서는 유사한 문제를 가진 다수의 대상자들이 모일 때까지 기다렸다가 서비스를 제공하고 평가하기 어려우므로 단일사례설계를 주로 활용한다. 단일사례설계(single subject design)는 비교 대상 없이 한 사례의 실천 활동을 평가하며, 사례는 개인뿐 아니라 가족, 집단, 지역사회도 포함한다. 단일사례설계 방법은 한 사례에 대해 평가지표를 정하고 이 지표의 개입 이전 상태를 기초선(baseline)으로 설정한 후, 개입 이전과 이후의 변화를 비교하는 것이다. 이 평가방법은 클라이언트의 변화 목적이 측정 가능한 형태로 제시되어 있어야 하고 타당도와 신뢰도가 있는 측정도구를 선택해야 하며, 그 결과를 그래프로 나타낼 수 있을 때 효과적이다(박차상 외, 2014). 흔히 AB설계라고도 하며, A는 개입 이전 상태, B는 개입 이후의 상태를 의미한다. AB설계 외에도 ABA′설계, ABA′B′설계, BAB′설계, ABCD설계 등으로 변형이 가능하다.

구체적으로 AB설계는 A는 기초선, B는 개입을 의미한다. 즉, 기초선을 설정한 후 개입이 일어난 것을 말한다. 만약 기초선과 다른 변화가 일어났다면 그것은 개입의 영향으로 평가할 수 있다. ABA′설계는 기초선 설정 후 일정 기간 개입을 실시하고 나서 중단하는데, 이는 개입의 효과가 있는지 확인하기 위한 것이다. 중단 후 기초선으로 되돌아가면 그동안의 변화가 개입의 효과이고, 그렇지 않으면 변화가 개입 때문이 아닌 클라이언트를 둘러싼 다른 요인에 의한 것으로 해석할 수 있다. ABA′B′설계는 ABA′설계에서 다시 개입이 추가된 설계형태이다. 개입이 두 번 이루어지는 것이며, 두 번째 개입 후 또 변화가 발생하면 개입에 의한 변화임이 확실히 증명될 수 있는 방법이다. BAB′설계는 처음에 기초선을 설정하지 않고 바로 개입하고, 클라이언트 상황이 안정되면 개입을 중단하고 기초선 자료를 측정한 후 다시 개입을 실시하는 방식이다. 클라이언트가 기초선을 설정할 수 없는 부득이한 경우(예, 위기에 처해 있는 경우) 활용하며, 개입이 이루어진 후 기초선을 설정하기 때문에 개입의 효과가 어느 정도 반영되어 있다는 점을 고려하여야 한다. ABCD설계는 하나의 기초선 자료에 여러 방법으로 개입을 연속적으로 실시하는 방식이다. 개입의 변화가 미치는 영향을 분석하기 위해 여러 방법을 시도하며, 도움이 되지 않는 개입은 수정하거나 개입의 어떤 부분이 실제 변화를 가져오는지 설명하고자 할 때 사용한다. 그러나 여러 개입이 순차적으로 진행되므로 이월효과, 순서효과, 우연한 사건효과가 나타날 수 있으므로 개입 순서를 바꾸는 식으로 변형하여 앞선 효과를 줄여나갈 수 있다.′

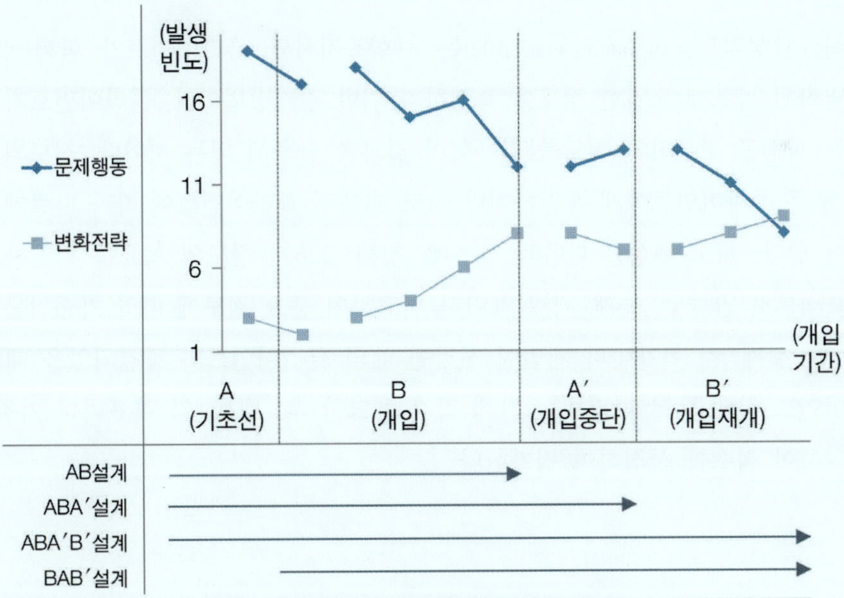

[그림 11-1] 단일사례 설계 예시 그래프

③ 과업성취척도

과업성취척도(task achievement scale)는 과제중심모델을 근거로 개입할 때 적합한 평가방법이다. 단일사례설계를 이용하기 어려울 때 활용할 수 있다. 과업성취를 위해 여러 개의 활동과 과제로 나누어 설정한 후 과제를 수행함으로써 문제를 해결해 나가는 방식이며, 과업은 한 시점에 3개 이상 부여하지 않고, 보통 며칠 혹은 길어야 2~3주 내에 성취 가능한 것으로 설정한다. 각 과제를 평가하기 위해 점수 및 등급을 매긴다. 예를 들어 4개 등급으로 평가하는 경우, 1은 완전성취, 2는 상당히 성취되었으나 아직 행동이 필요, 3은 부분적 성취되었으나 할 일이 남아있음, 4는 아직 성취되지 않았음으로 나누어 각 과제마다 등급을 부여하는 것이다.

④ 목표달성척도

목표달성척도(goal attainment scale)는 사회복지사와 클라이언트가 함께 설정한 개별화된 목표에 도달한 정도를 측정하기 위한 평가방법이다. 클라이언트가 수행하는 과정을 기록하고 척도를 활용하여 결과를 산출해 내는 것이다. 척도의 형식은 모든 클라이언트에게 동일하지만 척도 내용은 클라이언트에 따라 다르게 적용해야 한다. 척도 구성은 다음과 같은데, 첫째, 2~5개 정도의 목표를 확인하고 각 5점 척도로 만들고, 둘째, 각 목표마다 비교하여 중요 정도에 따라 가중치를 부여한 후, 셋째, 각 목표마다 개입이 시작될 때의 클라이언트와 종결되었을 때의 클라이언트 상태를 잘 나타내는 칸에 각각 체크한 후, 넷째, 각 목표마다 가중치를 고려하여 점수를 산정하여 평가한다.

2. 종결

1) 종결 목표

종결은 사회복지실천 과정에서 사회복지사와 클라이언트와의 개입활동을 계획에 따라 체계적으로 마무리하는 것을 말한다. 일반적으로 종결은 계획된 개입기간이 종료되었거나, 합의한 목표를 성취하였을 때 일어난다. 개입 과정에서 사회복지사와 클라이언트 간의 관계가 형성되었기 때문에 분리로 인해 클라이언트는 상실이나 불안한 감정을 느낄 수 있으며, 반대로 목표 성취나 자율성이 생긴 것에 대해 즐거운 감정을 느낄 수도 있다. 또한 종결 이후 클라이언트는 스스로 문제를 해결해야 한다는 막연함이나 불안감, 혹은 기대감을 가질 수 있다. 따라서 사회복지사는 본인뿐 아니라 클라이언트가 그동안의 과정을 잘 마무리 하고 후속 문제가 생기지 않도록 성공적인 원조 관계 종료를 위해 신중하게 계획을 세우고 노련한 기술을 사용해야 한다.

종결이 적합한지 결정할 때는 다음과 같은 기준을 고려해야 한다(박차상 외, 2014). 첫째, 개입목표가 달성되었는지, 둘째, 서비스 제공이 합의된 시간 내에 달성되었는지, 셋째, 클라이언트가 가진 문제나 상황이 충분히 해결되어 클라이언트가 현재 만족스러운 수준으로 기능하고 자신이나 타인을 해칠 위험이 없는지, 넷째, 사회복지사와 기관이 만족할만한 성과 없이 시간, 에너지, 기술을 투입하고 있는지, 다섯째, 클라이언트와 사회복지사는 모두 차후 개입에서 더 이상의 성과를 기대할 수 없다는 결론에 도달했는지, 여섯째, 클라이언트가 사회복지사나 기관에 적절하지 않게 의존하게 되었는지, 일곱째, 클라이언트를 다른 기관이나 다른 전문가에 의뢰하는 것이 더 적합한지 여부이다. 사회복지사는 이러한 기준을 참고하여 원활한 종결이 이루어지도록 한다.

2) 종결 유형

종결은 사회복지사와 클라이언트가 합의한 목표가 달성된 후 계획하에 종결하는 것이 바람직하다. 그러나 실천 현장에서는 예상치 못한 변수가 존재하여 종결에도 영향을 미친다. 종결 유형은 다음과 같이 분류된다.

(1) 일정 기간 제공되는 계획된 종결

일정 기간 제공되는 계획된 종결은 학교나 병원처럼 서비스를 제공할 수 있는 시기가 정해져 있는 경우에 해당되며, 기관 특성에 따라 시간상의 제약이 따른다. 그러나 개입 전 종결 시기를 정해 놓기 때문에 클라이언트는 미리 대비할 수 있어 종결에 따른 감정을 충분히 정리할 수 있는 시간을 가질 수 있다는 장점이 있다. 그러나 그 기간 내에 문제가 해결되지 않았을 경우 클라이언트는 개입이 중단되어 버려졌다는 감정을 느낄 수 있다는 단점도 있다. 이런 경우 사회복지사는 클라이언트에게 시간 제약의 한계를 알려주고 남아 있는 감정을 정리해 줄 필요가 있다. 그 외 문제해결을 위한 개입이 더 필요한 경우 다른 기관에 의뢰하는 방법도 가능하다.

(2) 시간제한이 있는 종결

시간제한이 있는 종결은 개입 초기 사회복지사와 클라이언트가 개입 시간이 제한되어 있음을 동의한 유형이다. 제한된 시간 내에 목표를 달성해야 하기 때문에 사회복지사와 클라이언트 모두 보다 열심히 개입에 임할 수 있다. 시간제한 없이 서비스가 제공될 수 있다는 생각은 클라이언트의 노력을 경감시키거나 의존을 조장시킬 수도 있다. 시간제한이 없는 종결보다는 종결에 대한 정서반응이 덜하지만 그래도 정서반응이 나타나므로 사회복지사는 민감하게 반응해야 한다. 비록 시간제한을 설정하고 개입을 진행하지만 클라이언트에게 추가 서비스가 필요할 때는 개입 시간을 연장하거나 개방적인 양식에 의한 계획된 종결방식으로 전환이 가능하다.

(3) 시간제한이 없는 종결

시간제한이 없는 종결은 개입 초기 종결 시점을 결정하지 않고 개입하는 과정에서 종결 시점을 결정하며, 이 과정은 매우 중요한 과제이다. 사회복지사가 종결을 결정하는 시점은 클라이언트에게 충분한 진전이 있다고 판단되거나 더 이상 사회복지사로부터 얻을 것이 없다고 판단될 때이다. 사회복지사는 클라이언트에게 종결을 언급하고 클라이언트의 동의를 얻어 종결 계획을 세우게 된다. 하지만 대부분 장기적인 개입과 갑작스런 종결 소식에 의해 클라이언트는 거부, 불안, 두려움 등 강한 정서적 반응을 보일 수 있다. 따라서 사회복지사는 클라이언트의 변화와 목표달성 여부를 짚어줌으로써 종결이 필요함을 충분히 설득할 필요가 있다.

(4) 클라이언트에 의한 조기종결

클라이언트에 의한 조기종결은 클라이언트가 약속된 면접에 나타나지 않거나, 형식적인 종결 이유를 대거나 문제에 대해 논의하기를 거부하거나, 더 이상 찾아오지 않겠다고 통보함으로써 이루어진다. 이러한 경우 사회복지사에 대한 저항이나 의심, 클라이언트 자기 문제에 대한 절망에 의한 것일 수 있으므로 사회복지사는 클라이언트와 이런 감정을 탐색할 시간을 가질 필요가 있다.

(5) 사회복지사에 의한 조기종결

사회복지사에 의한 조기종결은 사회복지사가 직장을 그만두거나 옮기는 경우, 업무가 변경되는 경우에 일어난다. 이런 경우 클라이언트는 버림받았다는 생각에 상처를 받을 수 있으므로 상황에 대해 충분히 설명하고 다른 사회복지사나 기관에 의뢰하는 방법을 찾아볼 수 있다.

그 외 사회복지사가 개입 과정에서 클라이언트의 비협조와 동기 부족으로 개입이 아무런 도움이 되지 못한다고 느낄 때, 클라이언트가 사회복지사에게 신체적 위해나 위협을 가할 때, 클라이언트가 사회복지사에게 공식적으로 불만을 제기했을 때에도 개입은 중단될 수 있다.

3) 종결 요소

Hepworth 등(1990)은 종결에서 사회복지사는 종결 시기를 결정하고, 이별 과정 중 공통적으로 경험하는 정서적 반응을 상호해결하고, 제공된 서비스의 목표달성 정도를 평가하고, 얻어진 이득을 유지하며 계속적 성장 계획을 수립하는 과제들을 수행해야 한다고 주장한다(조흥식 외, 2009 재인용). 앞서 언급한 평가를 제외하고 나머지 요소 외에 사후관리와 의뢰 요소를 추가하여 살펴보도록 한다.

종결을 위해 사회복지사는 종결 시기를 결정하고, 클라이언트의 정서적 반응을 다루어주고, 클라이언트와 목표달성 여부를 평가하고 변화를 안정화하며, 상황에 따라 의뢰를 하거나 사후관리를 실시한다.

(1) 종결 시기 결정

사회복지사는 사회복지실천 개입을 마무리하기 위해 종결 시기를 결정해야 한다. 종결을 위한 기준은 첫째, 개입목적의 달성 정도, 둘째, 서비스의 시간 내 제공 완료 여부, 셋째, 클라이언트 문제 상황의 해결 정도, 넷째, 사회복지사와 기관의 투자 노력, 다섯째, 이득 체감에 대한 사회복지사와 클라이언트의 합의 여부, 여섯째, 클라이언트의 의존성, 일곱째, 클라이언트에 대한 새로운 서비스의 적합성 여부이다(엄명용 외, 2016).

(2) 정서적 반응 해결

사회복지사와의 개입 과정에서 클라이언트는 수용적이고 안정적인 관계형성, 개입 과정에서의 긍정적 감정 경험, 문제해결 성취경험 등 긍정적인 정서를 주로 경험한다. 이러한 긍정적 관계가 단절된다는 것은 클라이언트에게 서운함, 슬픔, 두려움, 불안 등 부정적인 감정을 불러올 수 있다. 이런 경우 클라이언트는 면담에 나타나지 않는 식으로 종결을 거부하거나, 과거에 문제가 되었던 행동패턴으로 후퇴하여 미숙한 행동방식을 나타나는 철회의 방어기제를 보이거나, 매달리는 행동을 보이거나, 새로운 문제를 만들어 사회복지사와의 관계를 지속하고자 한다. 이런 상황에 대처하기 위해 사회복지사가 가장 먼저 해야 할 일은 예방적인 차원에서 클라이언트가 스스로 삶에 잘 대처해 나가는 것이 궁극적인 목적이라는 점을 명확히 하고 도움의 관계와 과정은 일시적이라는 점을 강조하는 것이다(최혜지 외, 2013). 개입 과정에서도 클라이언트와 성취한 것들을 짚어나감으로써 클라이언트가 목표를 달성하고 이에 따라 종결 시기도 다가오고 있음을 인식하게 한다. 클라이언트 스스로 해결할 수 있다는 자신감을 부여함으로써 추후 종결 불안을 감소시킬 수 있다. 종결 단계에서는 클라이언트와 감정에 대해 직접적으로 다루는 것도 방법이 될 수 있다. 사회복지사가 먼저 감정 표현을 함으로써 클라이언트의 감정을 이끌어 낼 수 있다. 클라이언트가 생각과 감정을 구체적으로 충분히 표현하고 정리하도록 돕는다.

(3) 목표달성 평가, 유지 및 강화

사회복지사는 클라이언트와 설정한 목표가 성취되었는지를 평가하는 과정을 거친다. 사회복지사가 그동안 성취한 내용을 정리해 줌으로써 클라이언트는 자신의 변화와 성장을 인식하게 된다. 또한 이러한 변화는 다음과 같은 방법을 통해 종결 이후에도 유지하고 강화할 수 있도록 돕는다. 첫째, 클라이언트가 변화를 시도할 수 있는 적절한 상황을 선택하도록 하며, 둘째, 클라이언트가 자신의 능력에 확신을 갖도록 도우며, 셋째, 새로운 행동을 습득하도록 도울 때는 다양한 상황과 환경을 활용하도록 하며, 넷째, 인위적 상황보다는 자연적 상황에서 습득하도록 도우며, 다섯째, 문제해결 과정을 가르침으로써 차후 문제 상황에 직면하여 실제로 문제해결 기술을 향상할 수 있도록 돕는 것이다(박주현 외, 2014).

(4) 사후관리

사회복지사는 클라이언트가 종결 후 변화된 모습을 잘 유지하고 있는지 전화나 면접을 통해 확인하는 과정을 갖는다. 종결과정에서 클라이언트에게 사후관리에 대해 알려줌으로써 종결의 충격을 줄일 수 있고, 차후에 긍정적인 피드백을 받기 위해 노력할 가능성을 준다. 사후관리를 통해 클라이언트는 자기 노력에 대해 확인과 격려를 받을 수 있어 강화를 경험하게 되고, 사회복지사는 필요한 경우 추가적인 원조를 제공할 수 있게 된다(엄명용 외, 2016).

(5) 의뢰

사회복지실천 대상자인 클라이언트는 복합적인 문제를 가지고 있기 때문에 정해진 기간 내에 모든 문제를 해결하기는 어렵다. 다루지 못한 문제가 남아 있거나 현재 기관에 없어 제공하지 못한 서비스가 있는 경우 사회복지사는 다른 기관이나 외부 자원을 클라이언트에게 연계하기 위해 의뢰를 하기도 한다.

의뢰를 할 때 주의할 사항이 있는데, 첫째, 클라이언트가 새로운 서비스로 인해 부정적인 감정을 갖지 않도록 배려해야 한다. 다른 기관에서 서비스를 받으라고 했을 때 클라이언트가 거부되었다는 느낌이나 불신, 불안 등을 갖지 않도록 의뢰가 클라이언트를 위한 것임을 충분히 설명하도록 한다. 둘째, 클라이언트의 자기결정권을 존중해 주어야 한다. 사회복지사는 클라이언트에게 여러 가지 대안을 제시하여 검토하고, 최선의 결정을 내릴 수 있도록 돕는다. 셋째, 사회복지사는 다른 기관의 서비스에 대한 헛된 약속이나 비현실적 보장을 하지 않아야 한다.

클라이언트가 쉽게 수용할 수 있도록 의뢰 서비스에 대해 잘못된 정보를 제공하지 말고 구체적이고 사실적으로 정보를 전달하도록 한다. 넷째, 의뢰 기관의 정보를 정확히 알고, 의뢰 절차를 숙지해야 한다. 사회복지사는 의뢰하는 기관 서비스의 내용과 질을 파악하기 위해 타 기관과 밀접하고 연속적인 관계를 유지해야 한다. 또한 클라이언트에게 의뢰 기관에 접촉하는 방법(의뢰 기관 명칭, 주소, 약속 방법, 접촉할 기관 담당자 이름과 연락처 등)을 알려주고, 기관에는 클라이언트의 정보를 비밀보장의 원칙하에 전달해 줄 필요가 있다.

연습 문제

1. 다음 과정에 해당하는 평가방법은?

> 멘토링 프로그램에 참여한 청년들에게 설문지를 나눠주고 작성하게 한 후, 설문지를 수집하고 수치화하여 결과를 평가한다.

① 형성평가
② 양적평가
③ 질적평가
④ 참여자 평가
⑤ 임상평가

2. 단일사례설계에 대한 설명으로 옳은 것을 모두 고른 것은?

> ㄱ. 가장 정교한 평가방법이다.
> ㄴ. 대상자를 두 집단으로 나누어 프로그램 진행 후 그 집단 간의 변화를 비교하는 방법이다.
> ㄷ. 개인뿐 아니라 가족, 집단, 지역사회도 포함하여 평가할 수 있다.
> ㄹ. 결과를 그래프로 나타낼 수 있을 때 효과적으로 평가할 수 있다.
> ㅁ. 여러 개로 나누어진 과제를 수행한 후 각각 점수를 주어 평가한다.

① ㄱ, ㄴ
② ㄷ, ㄹ
③ ㄹ, ㅁ
④ ㄱ, ㄷ
⑤ ㄱ, ㄷ, ㄹ

3. 종결을 위한 과업으로 해당되지 않는 것은?

① 적절한 종결 시기의 결정

② 클라이언트의 감정 다루기

③ 개입을 통해 얻은 효과의 유지와 강화

④ 사회복지사의 감정 감추기

⑤ 필요한 경우 클라이언트를 다른 자원으로 의뢰하기

4. 의뢰 과정에서 사회복지사의 역할로 적합하지 않은 것은?

① 사회복지사는 제한된 기간 내에 클라이언트의 문제가 해결되지 않았을 때, 다른 기관이나 자원과 클라이언트를 연결시켜 줄 수 있다.

② 사회복지사는 의뢰를 안내할 때 클라이언트가 느낄 감정까지 자세히 다루어주지 않아도 괜찮다.

③ 사회복지사는 클라이언트에게 사회복지사가 더 이상 개입하고 싶어서가 아니라 다른 기관이나 서비스가 문제해결에 더 도움이 되는 것임을 설명해야 한다.

④ 사회복지사는 클라이언트에게 어떤 의뢰 서비스가 가장 도움이 될지 추천하되 결정해 주지는 않는다.

⑤ 사회복지사는 성공적인 의뢰를 위해 지역사회기관을 포함한 자원들이 제공하는 서비스의 내용, 질, 정책과 절차에 대해 잘 알고 있어야 한다.

정답

1. ② 2. ② 3. ④ 4. ②

제 12 장

사례관리

학습목표

1. 사례관리의 도입 배경을 이해한다.
2. 사례관리의 기본개념을 이해한다.
3. 사례관리의 기능과 원칙 사례관리자의 역할을 이해한다.
4. 사례관리의 진행과정과 적용방법을 이해한다.

개요

사례관리는 사회복지실천 현장에서 유용한 실천 방법의 하나로 주목을 받고 있다. 사회환경변화에 따른 클라이언트의 욕구가 갈수록 복잡해지고 있고 이러한 복합적인 문제를 효율적으로 개입하는데 실천 방법으로 유용하기 때문이다. 사례관리는 클라이언트의 복합적인 욕구의 문제를 돕기 위해 서비스를 연결하고 조정하여 문제해결의 기능을 극대화한다. 즉, 사례관리는 클라이언트의 다양한 욕구를 만족시키기 위해 통합적인 서비스를 계획하고 서비스를 제공하는 실천 방법이라 할 수 있다. 이에 이 장에서는 사례관리가 사회복지실천 방법으로 자리를 잡게 된 배경을 이해하고 사례관리의 기초개념을 학습하도록 한다. 또한 사례관리자의 역할에 대해서 살펴보고 사회복지실천에서 어떻게 사례관리가 진행되고 적용될 수 있는지를 이해하도록 한다.

사례관리

1. 사례관리의 발달

1) 사례관리 등장 배경

사례관리는 미국에서 1970년대 후반부터 사회복지실천 방법의 하나로 주목을 받기 시작하였고, 1980년대에 이르러서야 사회복지서비스 분야에서 인정을 받기 시작하였다. 우리나라는 2000년대 이후부터 주요 실천 방법의 하나로 적용되기 시작하여, 최근에는 공공과 민간 차원의 다양한 사회복지실천 영역에서 활용되고 있다. 사례관리가 사회복지실천 분야에 등장하게 된 역사적 배경은 다양한 사회문화적 · 경제적 · 정치적인 측면에서 살펴볼 수 있으나 대체로 탈시설화, 사회인구학적 변화에 따른 서비스 욕구의 복합성, 서비스의 단편성과 비공식적 · 사회적 지지체계에 대한 인식의 증대 등이 등장 배경으로 이해할 수 있다.

(1) 탈시설화의 영향

미국은 1960년대 초 인도주의 운동가들이 대규모 정신병원의 열악한 생활조건과 비인간적인 처우 등의 반기를 들고 정신장애인들을 집단 수용시설에서 지역사회로 복귀시킬 것을 주장하며 '정신보건강령'(Action for Mental Health)이라는 보고서를 의회에 제출하였다. 이 보고서에 근거하여 1963년 케네디 대통령이 '지역사회

정신건강센터 건립법'(Mental Retardation Facilities and Community Mental Health Centers Construction Act)을 제정하게 되었고, 지역사회정신건강의 개념이 등장하게 되었다(조흥식 외, 2009). 이후 탈시설화는 급속도로 진행되었고 지역사회 내에서 장애인들이 거주하기 시작하면서 이들의 보호와 관리체계가 필요하게 되었다. 장애인들이 집단수용시설에 있을 때는 별도의 서비스 관리가 필요하지 않았지만 지역 내로 흩어지게 되면서 이들을 보호차원의 목적으로 사례관리가 도입되기 시작한 것이다.

또한 시설에서 퇴소한 정신장애인들이 지역사회로 흡수되어 살아가면서 다양한 문제들이 출현하게 되었다. 이들의 복합적인 욕구에 따른 서비스가 지역사회 내에서 통합적으로 다루어져야 함에도 불구하고 기존의 전달체계로는 효과적으로 도움을 주지 못했기 때문이다. 즉, 흩어져 있는 여러 종류의 서비스기관들을 정신장애인과 가족들이 직접 찾아가야 한다는 번거로움과 실제로 그들이 지역사회 내에서 제대로 보호 받지 못하고 있는 점이 확인되었기 때문이다. 따라서 이들이 지역사회에 거주하게 되면서 지역사회 전체에 분산되어 있는 서비스를 통합적으로 제공하는 서비스관리체계의 필요성이 제기되었다. 또한 각 기관들마다 서비스 중복지원이 많고 업무의 효율성이 떨어지는 등 분산된 서비스를 연결하고 조정하여 관리하는 전문적인 업무의 필요성이 요구되었다. 이처럼, 탈시설화로 인한 클라이언트를 지역사회 내에서 지속적으로 보호하고 관리할 수 있는 효과적인 방법으로 사례관리가 필요하게 된 것이다.

(2) 서비스의 지방분권화

지방분권화는 사례관리의 필요성을 더욱 가속화시키는 배경이 되었다. 최근 우리나라에서도 서비스전달체계가 많은 부분 지방으로 옮겨오게 됨에 따라 기관운영과 책임이 중앙에서 지방으로 이양되고 있다. 그러나 기관 간의 협력이나 서비스 조정을 위한 체계가 갖추어져 있지 않아 서비스 이용에 많은 어려움이 발생하였고, 이러한 정책은 클라이언트와 가족들에게 많은 부담과 책임감을 감당하도록 하였다. 따라서 지방분권화에 따른 부정적 영향을 완화할 수 있는 통합적인 서비스 관리가 필요하게 되었다. 즉, 서비스기관 간의 자원들을 연계하고 조정하여 클라이언트의 욕구에 만족하는 서비스 기능이 요구된 것이다. 따라서 사례관리가 다양한 서비스를 조정하고 통합하는 역할을 수행하면서 비용을 억제하는 데 효과적인 실천 방법으로 인정되기 시작한 것이다.

(3) 서비스의 단편화

탈시설화 이후 정신장애인들의 보호에 대한 책임이 지역사회와 기관으로 이전되면서 이들의 복잡한 욕구를 일원화하여 지원하는 서비스기관을 제대로 찾기가 어렵게 되었다. 이러한 상황에서 지속적인 보호와 관리가 필요한 클라이언트에 대한 지원이 배제되기도 하고 서비스가 적절하게 보장되지 못한 점들이 문제점으로 지적되었다. 클라이언트의 욕구는 다양하지만 서비스가 이러한 부분을 고려하지 않고 단편적인 서비스로 그치고 있다는 점이 한계점으로 드러나기 시작하였다. 이러한 서비스의 단편화를 방지하고 기관의 서비스를 통합하고 조정하는 사례관리가 필요하게 되었다.

(4) 복합적 욕구를 가진 서비스 인구의 증가

지역사회는 다양한 유형의 장애로 인한 복합적인 문제를 가지고 살아가는 사람들이 갈수록 증가되고 있다. 사회복지실천 현장에서 보면 지적장애, 정신질환, 신체장애 등 수준에 따라 의료, 심리, 사회, 교육, 경제적인 어려움들이 수반되며, 이들은 실질적으로 지속적인 지원을 필요로 한다. 이러한 다양한 욕구를 가지고 있는 인구가 증가됨에 따라 한 기관의 역량만이 아닌 다양한 기관과의 협력관계가 중요해지고 있다. 이러한 점에서 갈수록 지역사회에서 흡수되어 살아가고 있는 클라이언트의 복합적인 욕구에 대해 통합적인 서비스를 전문적으로 제공하는 접근방법이 필요하게 되었다.

(5) 사회적 지원체계와 지지망의 중요성에 대한 인식 증가

클라이언트와 밀접히 관련을 맺고 있는 가족, 친척, 친구, 교회 등의 일차집단은 이들의 결핍된 기능을 향상시키는 데 중요한 역할을 한다. 사회복지실천에서도 이러한 점이 긍정적으로 입증되면서 서비스 개입 시 비공식체계를 조력자 역할로 이끌고자 노력하였다. 그러나 공적인 서비스와의 통합이나 조정이 제대로 이루어지지 않을 경우 오히려 부정적인 영향을 미칠 수가 있다는 점이 지적되었다. 이에 공식적이고 전문적인 서비스와 비공식적인 자원체계와 지원망이 상호 보완될 수 있는 사례관리방법이 주목을 받게 된다.

2) 한국의 사례관리 발전 배경

우리나라에서 사례관리가 본격적으로 학계나 실천 현장에서 소개되고 적용되기 시작한 시기는 1990년대부터이다. 사례관리가 사회복지실천 방법으로 인정받게 된 계기는, 1993년에 「노인복지법」 개정으로 인한 재가복지가 사회복지사업의 한 분야로 규정되면서 사회복지관, 노인복지관, 장애인복지관에서 진행되는 재가복지사업이 실천 방법으로 사례관리가 주목을 받기 시작하였다. 또한 1995년도에 「정신보건법」에서 사례관리가 지역사회정신보건사업의 필수사업 가운데 하나로 지정되면서 인식이 높아지는 계기가 되었다. 아울러 1993년에 김만두 교수는 『사례관리』라는 편역서를 발간하며 사회복지학계와 실천 현장에 사례관리를 폭넓게 확산시켰다. 이후 사례관리에 관한 학계의 연구들이 점차 진행되었고, 사례관리에 관한 개념과 방법론, 사례관리 적용방안 연구가 이루어지기 시작했다. 이를 토대로 사회복지실천의 다양한 영역을 중심으로 한 연구들이 활발하게 진행되었다. 또한 사례관리 실천적용에 대한 연구가 본격화된 계기는 한국사례관리학회와 한국케어매니지먼트학회 창설을 계기라고 볼 수 있다. 2009년도에 학자들이 중심이 되어 한국사례관리학회가 창설이 되었는데, 사례관리에 관한 제도와 서비스를 개발하고 실천 방법을 보다 전문화하기 위해서 만들어졌다. 또한 2007년에는 노인복지 관련 학자들을 중심으로 한국케어매니지먼트학회가 창설이 되었는데, 2008년부터 시행되는 노인장기요양보험제도 도입에 따른 노인에 대한 전문적인 케어서비스를 개발하고 케어서비스 제공자 교육에 역점을 두고 설립되었다.

최근 우리나라의 사회복지 환경변화의 흐름은 수요자 중심의 질적 서비스가 공공과 민간 기관 차원에서 더욱 필요한 점을 제기하고 있다. 사회복지전달체계가 공급자 중심으로 되어 있어서 복합적인 욕구를 가진 대상사자 다양한 서비스를 이용하는 데 어려운 점이 많았다. 이러한 점이 반영되어 2008년 중앙정부는 수요자 중심의 통합적 서비스를 공공과 민간이 효과적으로 실시할 수 있는 시스템 구축을 목적으로 사회복지현장의 전달체계 구조를 재편하기도 했다. 또한 보건복지부는 시범으로 실시하던 공공사례관리를 2010년 1월부터 전국 지방자치단체로 확대하여 기초생활보장수급자, 차상위계층, 긴급지원가구 등을 대상으로 사례관리를 시행하고 있다. 이처럼 사회복지전달체계부문에서 클라이언트 중심의 통합된 서비스를 제공하기 위한 노력이 더해지면서 사례관리가 보다 전문화되는데 기여하게 되었다. 현재 우리나라에서는 사례관리가 사회복지서비스 영역에서 보편화 되어가고 있는데, 이는 전문적인 사례관리 개입을 통해 공급자와 수요자 측면에서 욕구를 만족시키는 데 주요한 실천 방법으로 인정을 받고 있다는 점을 알 수 있다.

2. 사례관리의 이해

최근 우리나라의 사회복지실천에서 가장 주목받고 있는 통합적 실천 방법의 하나가 바로 사례관리이다. 사례관리가 주요한 실천 방법으로 강조되고 있는 이유는 첫째, 현대사회의 변화와 적응에 따른 클라이언트의 다양한 욕구변화라 할 수 있다. 사회변화에 따른 클라이언트의 복합적인 욕구변화가 단순히 생계보호의 차원을 넘어 수준 높은 삶의 질을 추구하고 있다. 둘째, 이러한 클라이언트의 삶의 질을 향상시키는 데 필요한 보호비용을 효율적으로 조절해야 하는 새로운 서비스 전달방식이 필요하게 된 것이다. 셋째, 클라이언트의 다양한 욕구에 대한 통합적인 서비스를 제공하고 개입할 수 있는 전문적인 사회복지사의 기대가 요구되고 있다. 이러한 맥락에서 사례관리가 사회복지실천 영역에서 중요한 실천 방법의 하나로 부각되고 있는 것이다. 초기에는 만성질환이 있는 노인이나 중증 장애인 등 주로 정신보건 관련 대상자들에게 다양한 서비스를 효과적이고 효율적으로 관리하기 위해 사례관리를 도입하였다. 그러나 점차 사례관리의 유용성이 입증되면서 재가복지 영역, 직업재활 영역, 정신보건 영역, 노인복지 영역, 아동 및 청소년 복지 영역 등에서 포괄적이고 다양하게 활용되고 있다.

1) 사례관리의 정의

사례관리는 다양한 분야에서 합의되지 않은 채 활용되고 있어서 그 개념을 명확히 규정하기란 쉽지 않으나, 지역사회 중심의 사회복지실천으로서의 사례관리는 어느 정도 합의가 이루어지고 있다. 사례관리란 복합적인 욕구와 문제를 가지고 있는 클라이언트 및 그 가족을 대상으로 필요한 서비스를 체계적으로 연계하여 제공하는 통합적인 실천 방법으로 정의할 수 있다. 사실상 사례관리라는 용어는 의료현장에서 주로 사용되는 명칭으로서 사회복지 현장에서는 적절하지 않다고 보는 관점도 있다. 이러한 측면에서 최근에는 클라이언트 입장을 고려하여 보호관리, 보호조정, 서비스조정 등의 용어로도 사용되고 있다.

사례관리에 대한 여러 학자들의 정의를 요약해 보면 다음과 같다. 먼저 미국사회복지사협회(NASW, 1984)에서는 사례관리란 서비스전달체계의 요소들을 연결하고 조정하여 개인의 보호를 위한 욕구를 충족시킬 수 있는 포괄적인 프로그램을 제공하는 하나의 기제로 정의한다. Barker(1987)는 복잡한 여러 문제와 장애를 가지고 있는 대상자가 그들이 필요로 하는 모든 서비스를 받을 수 있도록 서비스를 공급하는 접근법으로 정의한다. Moxley(1989)는 복합적인 욕구를 가진 사람들의 기능을 향상시키고 그들의 복지를 위해 공식적·비공식적 자원체계의 활동과 관계망을 조직, 조정, 유지하는 활동으로 보았다. 아울러 사례관리자란 복합적인 욕구를 가진 클라이언트를 대상으로 욕구를 사정하고 기회와 급여 확인, 포괄적인 서비스 계획, 서비스 개발, 서비스 이용을 위한 옹호, 적절하고 효과적인 서비스전달을 점검하고 평가하는 역할로 정의한다.

Kumar(2000)는 사례관리란 사정, 계획, 조정, 전달과 모니터링 등의 서비스과정을 통하여 책임 있는 서비스로의 접근성을 용이하게 함으로써 클라이언트 중심의 서비스 통합을 달성하기 위한 전문적인 서비스로 정의한다.

이상의 정의를 종합해 보면, 사례관리란 복합적인 욕구가 있는 클라이언트 및 그 가족을 대상으로 그들의 사회적 기능을 회복하기 위해 전문가가 체계적인 운영과정을 통해 통합적인 사회복지서비스를 제공하는 실천 방법으로 정의해 볼 수 있다. 다음은 사례관리의 정의를 〈표 12-1〉에 제시하였다.

〈표 12-1〉 사례관리의 정의

학 자	사례관리 정의
NASW (1984)	서비스전달체계를 연결하고 조정하여 개인의 보호를 위한 욕구를 충족시킬 수 있는 포괄적인 프로그램을 제공하는 하나의 기제
Barker (1987)	복합적인 문제를 가지고 있는 대상자에게 필요로 하는 모든 서비스를 받을 수 있도록 공급하는 방법
Moxley (1989)	복합적인 욕구를 가진 사람들의 기능을 향상시키고 그들의 복지를 위해 공식적·비공식적 자원과 활동의 관계망을 조직, 조정, 유지하는 활동
Weil & Karls (1991)	서비스 대상자에게 그들이 원하는 서비스를 통합적·효과적·효율적으로 제공하고 보장하는 과정과 방법
Baker & Intalgiata (1992)	사례관리는 통합적이고 효과적이며 효율적인 방식으로 필요한 서비스를 제공받도록 보장하는 과정으로, 일반적으로 한 기관이 클라이언트에 대한 책임을 지고 클라이언트를 위해 서비스를 조정하며 클라이언트를 대변하고, 자원을 통제, 서비스를 구입하는 것

Bellow & Mink (1996)	사례관리는 한 번에 여러 원조자로부터의 원조가 요구되는 복합적인 문제로 인해 삶이 만족스럽거나 생산적이지 못한 사람들을 돕는 과정
Kumar (2000)	사례관리는 사정, 계획, 조정, 전달과 모니터링을 통하여 적절하고 책임 있는 서비스로의 접근성을 용이하게 함으로써 클라이언트 중심의 서비스 통합을 달성하기 위한 과정이자 전문적 서비스
한국사례관리학회 (2012)	사례관리는 복합적이고 장기적인 욕구가 있는 클라이언트와 가족의 사회적 기능회복을 위해 서비스 운영체계를 확립하고, 이를 기반으로 체계적 사정과 지역사회의 다양한 자원을 활용하여 지속적이고 효과적인 사회복지서비스를 제공하는 통합적 실천 방법

2) 사례관리의 목적

사례관리는 사회복지실천 현장에서 개발된 분야로서 클라이언트에게 효과적인 서비스를 전달하려는 목적으로 등장하게 되었다. 사례관리의 목적은 클라이언트의 다양하고 복합적인 욕구를 충족시킴으로써 사회적 기능과 자립을 극대화하는 데 목적이 있다(Moxley, 1989). 그러나 사례관리의 궁극적인 목적은 클라이언트의 사회적 기능을 회복하여 삶의 질을 향상시키는 것이라 할 수 있다. 이러한 사례관리의 목적을 실천적 측면과 서비스전달체계의 측면으로 구분하여 살펴볼 수 있다(Intagliata, 1992).

(1) 실천적 측면에서의 목적

실천적 측면에서의 목적은 서비스 이용자의 권익 옹호와 욕구를 충족하는 데 실천 방법의 주안점을 두고 있다.

첫째는 클라이언트의 생활기술 및 문제해결 능력을 향상시키는 데 초점이 있다. 또한 클라이언트로 하여금 자원체계를 어떻게 이용하고 접근해야 하는지를 그 능력을 향상시켜서 궁극적으로는 자신의 문제해결 능력을 극대화시키도록 한다. 이에 사례관리자는 클라이언트와 협력관계를 형성하고 모든 실천 과정에서 개인의 잠재력과 자율성이 기능하도록 도와야 한다.

둘째는 클라이언트의 비공식적 환경체계의 자원을 적극 활용하여 보호할 수 있는 능력을 최대화한다. 사례관리 실천 과정에 참여하는 가족, 친구, 이웃 등 의미 있는 사람들의 역량을 강화함으로써 클라이언트를 최대한 보호할 수 있는 능력을 발휘하도록 하는 것이다.

셋째는 공식적 도움체계의 능력을 최대화한다. 이는 클라이언트와 그의 가족의 욕구를 충족시키는 데 있어 사회복지기관, 지역사회 관련기관, 종교기관 등의 비공식적인 도움체계의 능력을 최대화시킨다. 실천적 측면에서 사례관리는 클라이언트의 기능회복과 삶의 질 향상을 위해 공식적·비공식적 자원체계를 적극 활용하여 클라이언트의 욕구에 맞추어 통합적으로 서비스를 제공하는 것이라 볼 수 있다.

(2) 서비스전달체계 측면에서의 목적

서비스전달체계 측면에서의 목적은 첫째, 보호의 연속성이다. 이는 시간의 경과에 따라 변화하는 클라이언트의 욕구를 충족시킬 수 있도록 포괄적인 서비스를 지속적으로 제공해 주어 보호의 연속성을 보장하는 것이다.

둘째, 서비스의 접근성이다. 이는 클라이언트가 서비스를 접근하는 데 장애를 극복하고 개인의 필요한 서비스를 쉽게 이용하도록 원조하는 것이다.

셋째, 사회적 책임성이다. 이는 클라이언트에게 제공되는 서비스에 대한 전반적인 책임을 지는 것으로 이해할 수 있다. 클라이언트와 합의된 목적을 최대한 달성하기 위해 제한된 자원으로 가장 많은 효과를 거둘 수 있는 효율적인 서비스를 제공해야 함을 의미한다.

넷째, 서비스의 통합성이다. 사회환경에 따라 다양하게 변화되는 이용자의 욕구를 해결하기 위해 많은 기관의 서비스와 기능을 통합하여 포괄적인 서비스를 조정하고 제공해야 하는 것을 의미한다.

다섯째, 클라이언트의 역량강화이다. 사례관리 목적은 클라이언트가 직면하고 있는 어려움을 극복할 수 있도록 직접, 간접서비스를 충분히 제공함으로써 클라이언트가 다양한 자원을 적극 활용할 수 있도록 하는 것이다. 서비스전달체계 측면에서의 사례관리자는 클라이언트의 입장에서 목표가 달성되도록 해야 하며 클라이언트의 적극적인 참여와 더불어 그에게 필요한 서비스들이 책임성 있게 전달되도록 노력해야 함을 의미한다.

3) 사례관리의 특성

사례관리의 특징을 이해하기 위해서는 전통적인 사회복지실천 방법(case work)과의 차이점을 이해할 필요가 있다. 먼저 전통적인 개별사회사업은 개인을 대상으로 직접적인 서비스를 제공하는 것이 목적이라면, 사례관리는 개인과 환경적인 측면이 모두 포함된 사회적 자원을 최대한 이용하여 문제해결의 초점을 둔다. 또한 전통적인 개별접근방법은 정신분석론에 근거하여 개인의 기능 향상에만 목표를 두지만, 사례관리는 생태체계이론을 근거로 하여 개인과 환경 기능의 변화를 중점에 두며 개입한다. 즉, 생태체계관점에서 클라이언트의 문제를 사정하고 개인이 환경변화에 잘 적응할 수 있도록 포괄적으로 서비스를 제공한다. 따라서 과거의 정신역동이론에 근거한 실천개입과 달리 생태체계이론에 근거한 통합적 방법론이라는 측면에서 차이가 있다. 또한 과거에는 클라이언트와 사회복지사 간의 관계 내에서 특정한 과업을 위해 단편적인 서비스를 제공하는 직접서비스 형태였으나, 오늘날은 간접서비스의 비중이 보다 높아져 보호의 연속성 보장, 보호능력 향상, 비용에 대한 효과성의 증대, 서비스 접근성 등의 통합적 서비스를 목적을 추구한다.

〈표 12-2〉 개별사회사업과 사례관리의 비교

구분	개별사회사업	사례관리
개념	스스로 해결하기 힘든 문제를 가진 개인에게 전문가가 도움을 주는 개별적·의도적 문제해결과정	복합적인 욕구를 가진 클라이언트의 욕구충족과 사회적 기능향상을 위해서 그들과 사회자원을 연결 조정하여 보호하는 과정
목적	개인의 성격과 사회적응능력의 향상	보호의 연속성, 접근성과 책임성, 일차집단의 보호의 능력향상, 사회적 기능향상
대상	특정한 문제를 가지고 있는 개인	복합적인 욕구를 가진 개인과 가족
장소	사회복지기관 상담소, 가정, 학교	클라이언트의 가정, 클라이언트가 생활하고 있는 환경(시설, 요양원 등), 지역사회 자원기관
기능	치료, 상담, 손상된 능력 회복, 개인적 사회적 자원제공, 예방	클라이언트와 서비스의 연결, 비공식체계와의 상호작용촉진, 기관 상호 간의 서비스 조정, 문제해결능력, 보호, 옹호
과정	접수-조사-사정-치료-종결	접수-사정-기획-조정-점검-평가-사후관리
장소	사회복지기관	다양한 기관과 지역사회
원칙	개별화, 의도적인 감정표현, 통제된 정서적 관여, 수용, 비심판적 태도, 클라이언트의 자기결정, 비밀보장	클라이언트의 변화 가능성과 잠재능력에 대한 신념, 자기결정권, 책임성과 보호의 연속성, 서비스 제공의 포괄성, 적극적인 지역사회자원의 개발, 비밀보장 등
업무 특징	특정 전문가에 의한 주도적인 개입상담, 치료자로서의 역할 강조	사례에 따른 다양한 전문가들에 의한 팀 접근과 중재자, 조정자의 역할이 요구됨

정리하여 요약해 볼 때, 첫째는 사례관리는 다양한 문제와 복합적인 욕구를 가진 클라이언트를 대상으로 한다. 둘째는 개입 과정에서 클라이언트와의 협력관계, 자기결정권을 중요시한다는 점과 치료와 문제해결보다는 욕구충족과 보호에 더 중점을 둔다. 셋째는 클라이언트의 사회적 기능과 독립심을 극대화하기 위해서 보호의 연속성과 책임성을 중요시한다. 넷째는 서비스의 효과성과 효율성을 높이

기 위해 포괄적인 서비스를 제공하고 서비스의 조정과 점검을 실시한다. 다섯째는 클라이언트와 그를 둘러싼 환경과의 상호작용에 관심을 집중하면서 다양한 지원체계를 활용한다. 여섯째는 클라이언트를 직접 찾아가는 가정방문 또는 아웃리치 형식의 적극적인 개입방법에 중점을 둔다. 일곱째는 개별적인 실천기술과 지역사회 실천기술이 통합된 개입방법을 적용한다.

3. 사례관리 관련 이론

1) 생태체계관점과 사례관리

생태체계관점(eco-systematic perspectives)은 통합적인 시각에서 개인의 문제원인과 해결방안을 이해하고 접근한다. 이러한 관점에서 사례관리자는 클라이언트의 문제를 이해하고 개입하는 데 개인에게만 초점을 두지 않고, 다양한 환경체계 간의 상호작용에도 관심을 기울이면서 클라이언트의 문제를 개입해 나간다. 생태체계관점으로 클라이언트의 문제를 개입해야 하는 이유는 개인의 내부 요인에 의해 욕구문제가 발생할 수도 있지만, 가족, 직장, 친구 등의 외부 요인에 의한 역기능적인 환경에 의해서도 문제가 발생될 수 있다. 이에 사례관리자는 클라이언트 개인 수준에서 인식되고 해결되어야 할 과제로만 인식하기보다는 환경체계에서의 역동성에도 관심을 가져야 한다. 이러한 시각에서 접근할 때 근본적인 문제에 대한 원인이해와 개선되어야 할 환경기능이 회복됨으로써 클라이언트의 잠재능력을 극대화할 수 있다. 따라서 사례관리자는 클라이언트의 욕구와 관련된 다양한 환경체계수준에서 클라이언트와 함께 협력하여 문제를 해결해 나가야 한다.

또한 사례관리자는 생태체계관점으로 개인과 환경 간의 기능을 사정하고 최대한의 환경자원을 활용하여 클라이언트의 문제해결능력을 향상시켜 나가야 한다.

이러한 맥락에서 생태체계 사례관리 실천목표는 클라이언트 자신과 클라이언트가 밀접하게 관련을 맺고 있는 환경체계와의 긴밀한 협력관계를 통해 문제를 해결해 나가는 것을 목표로 한다. 따라서 사례관리자는 생태체계관점을 기반으로 복합적인 문제를 가진 개인 및 가족과 함께 일하면서 그들의 사회적 기능을 회복하는데 필요한 다양한 환경자원을 활용하고, 또한 이러한 환경 자원을 스스로 활용하거나 개발할 수 있도록 도와야 한다. 〈표 12-3〉은 체계를 거시체계, 중간체계, 미시체계로 구분하고 이에 따른 사례관리 실천 내용을 제시하였다(권진숙 외, 2015).

〈표 12-3〉 생태체계관점과 사례관리실천

생태체계 구분	사례관리실천 내용
거시체계	• 지역사회 및 사회 재구조화 • 지역정책 변화 및 옹호
중간체계	• 지역사회 자원 개발 • 자원 연계 및 네트워크 기능 • 서비스 체계 통합
미시체계	• 개인 및 가족의 욕구 파악 • 환경체계 자원 사정 • 공식적 및 비공식적 자원 활용 • 서비스 제공 • 서비스 점검 및 평가
개입목표: 문제해결 기능 향상	

2) 임파워먼트관점과 사례관리

임파워먼트관점은 클라이언트와 가족, 주변 환경체계에 대해 잠재적인 가능성을 지니고 있다고 전제로 한다. 이러한 관점에 기초한 사례관리자는 클라이언트에게 자신감을 갖도록 용기를 북돋아주고 주변 환경의 자원을 찾아내어 클라이언트가 접근할 수 있도록 도와줌으로써 궁극적으로는 클라이언트 자신이 문제해결의 힘을 갖도록 한다. 이는 사례관리의 목적이 클라이언트의 잠재력을 극대화함으로써 문제를 해결하고 환경체계를 잘 활용할 수 있는 능력을 갖게 하는 것과 일치한다.

임파워먼트가 개인과 환경에 영향을 미치기 위해서는 개인적 임파워먼트, 대인관계 임파워먼트, 구체적인 실천영역에서의 임파워먼트 측면에서 더욱 역량이 강화되어야 한다(Miley et al., 2004).

첫째, 개인 차원의 임파워먼트는 클라이언트 자신의 잠재력과 강점을 인식하고 수용하는 임파워먼트를 의미한다. 클라이언트는 자신의 강점들을 발견하고 인식할 때 자신감을 얻게 되어 문제해결의 의지를 갖게 된다고 본다. 때문에 사례관리자는 클라이언트의 잠재능력과 가능성을 믿어주고 이러한 강점이 실천으로 연결될 수 있도록 도와야 한다.

둘째, 대인관계 차원의 임파워먼트로서 클라이언트가 타인에게 영향을 미치는 능력을 의미한다. 개인적 임파워먼트는 내적 자신감에 보다 중점을 두고 있다면, 대인관계 임파워먼트는 이러한 자신감이 외부로 발현되어 타인에게 긍정적인 영향을 미치는 것으로 이해될 수 있다. 사례관리자는 클라이언트의 강점이 대인관계에서 좋은 영향력으로 발휘도록 도와야 한다.

셋째, 사회구조와 관련된 클라이언트의 임파워먼트다. 우리가 맺고 있는 많은 관계는 사회구조와 밀접하게 관련되어 있다. 때문에 사례관리자는 구조적 변화를 통하여 클라이언트를 비롯해 환경체계의 역량이 강화될 수 있도록 해야 한다. 구조적 변화란 자원 접근에 대한 가능성과 형평성을 높여주어 새로운 기회의 구조를 제공하는 것을 의미한다. 즉, 사회구조 차원에서 접근 가능한 자원을 개발해 나감으로써 클라이언트와 환경에 대한 임파워먼트를 높인다고 볼 수 있다. 이렇게 임파워먼트관점은 개인에게만 적용되는 것이 아니라 가족, 집단 등의 사회 구조에서도 역량을 강화시켜 잠재능력의 기회가 발현되도록 도울 수 있다. 따라서 사례관리자는 클라이언트 개인을 비롯해 가족, 이웃, 지역사회 등 다양한 사회구조 범주를 충분히 이해하고 구조를 잘 조정하여 역량을 분배할 수 있어야 한다 (Miley et al., 2004; Swift & Levin, 1987). 〈표 12-4〉는 임파워먼트관점으로 사례관리 실천에서 적용해 볼 수 있는 실천지침을 제시하였다.

〈표 12-4〉 임파워먼트관점과 사례관리실천

영역	활용방안
초기	• 클라이언트에 대한 존중과 희망 갖기 • 클라이언트와 관심사 초점 • 라포(친밀감) 형성과 협력관계 수립
사정	• 클라이언트의 강점과 능력 사정 • 클라이언트와 가족 및 지역사회의 자원 사정 • 클라이언트의 태도·신념, 비판적 사고, 행동력 사정
개입	• 클라이언트와 가족의 강점과 능력 활용, 강점 확대 • 클라이언트의 비공식적 자원 활용과 비공식적 보호 강화 • 공식적·비공식적 자원의 사정에서 클라이언트 선택권 보장 • 스스로가 자원을 활용할 수 있는 능력 강화 • 교육·기술·자조집단·자원 확보 및 연계
점검	• 클라이언트의 자율성, 임파워먼트 등 변화점검 • 개인내적 역량, 대인관계 역량, 정치적·지역사회 행동
종결 및 평가	• 클라이언트와 종결시점 결정 • 스스로 자원을 활용할 수 있는 능력 개발, 유지 • 클라이언트 문제해결능력 평가

4. 사례관리실천의 이해

1) 사례관리의 기능

사례관리의 기능은 크게 세 가지로 구분해 볼 수 있는데, 직접적인 서비스의 기능, 간접적인 서비스의 기능, 통합적인 서비스의 기능이다. 먼저 직접적인 서비스의 기능은 클라이언트의 문제를 개입함에 있어서 인간 중심 상담기법에 입각하여 클라이언트의 정서적인 측면에 관심을 기울이는 것을 의미한다. 반면, 간접적인 서비스의 기능은 행정적인 측면에 보다 중점을 두고 관련 서비스를 연결, 조절, 옹호 등을 하게 된다. 마지막으로 통합적 서비스의 기능은 클라이언트 욕구에 대한 직접적인 서비스 기능과 간접적인 서비스 기능 모두에 관심을 갖는 것으로 이해될 수 있다. 이러한 사례관리의 기능을 구체적으로 제시하였다.

(1) 직접적 서비스 기능

① 심리적 지지

사례관리자는 클라이언트에게 직접 서비스를 제공하는 실천 전문가이다. 클라이언트와 직접관계되어 일하기 때문에 클라이언트가 직면하고 있는 어려운 상황을 이해하고 공감하는 기술이 필요하다. 이러한 측면에서 먼저 사례관리자는 심리적으로 불안하고 위축되어 있는 감정들을 수용해줌으로써 클라이언트가 문제해결의 의지를 갖도록 도움을 주어야 한다. 클라이언트가 환경 속에서 힘든 경험을 많이 한 경우 부정적인 감정이 누적되어 불안함과 낮은 자존감의 정서를 보이게 된다. 이에 사례관리 과정 속에서 지속적인 정서적 지지를 통해 용기와 변화의 동기를 심어 주도록 노력해야 한다.

② 문제해결 역량강화의 기능

문제해결 역량강화는 직접적인 서비스의 기능으로서 클라이언트의 문제해결 능력의 역량을 높이는 데 초점을 둔다. 사례관리 대상자가 되는 클라이언트는 자신의 욕구에 따른 자원을 스스로 찾고 충족하기 어려운 경우가 많다. 따라서 사례관리자는 이러한 욕구를 충족할 수 있도록 자원과 관련된 정보를 제공하고 훈련하여 클라이언트가 스스로 문제해결의 역량을 향상시켜 나갈 수 있도록 지원한다. 아울러 클라이언트와 가족이 문제를 단계적으로 해결해 나갈 수 있도록 구체적으로 사례관리를 계획하고 그 역할을 수행한다.

(2) 간접적 서비스 기능

① 서비스 연결기능

사례관리는 클라이언트의 욕구와 문제해결에 필요한 서비스를 연결하기 위한 기능을 갖는다. 이는 지역사회 자원을 적극적으로 활용하여 최대한의 서비스를 제공하는 것을 의미한다. 클라이언트에게 필요한 서비스가 잘 연결되기 위해서는 공식적・비공식적 자원을 잘 파악하고 자원 간의 상호교류가 원활히 이루어지도록 해야 한다.

② 사례관리기관 간의 조정기능

사례관리실천의 초점은 서비스의 중복과 누락을 개선하기 위해 서비스 제공기관 간의 관계를 조율하여 효과적으로 서비스를 제공하는 데 있다. 따라서 서비스가 효과적으로 제공되기 위해서는 서비스 관련 기관 간의 활발한 의사소통이 이루어짐으로써 목표가 합의되어야 한다. 이러한 점에서 사례관리자는 다양한 자원이 제공되는 과정에서 클라이언트에 대한 서비스가 적절하게 분배되고 있는지에 대한 관리와 책임을 갖는다. 아울러 서비스를 제공하는 기관에 대한 정보

수집 및 클라이언트 정보제공, 지역사회 자원 확인, 연계, 조직화의 활동을 수행하게 된다.

③ 옹호기능

사례관리 클라이언트 대상자는 자신의 힘만으로 욕구에 대한 적절한 서비스를 제공받는 데 한계점이 많다. 클라이언트 입장을 대변하여 공평한 서비스가 제공되도록 옹호 역할을 하게 된다. 옹호의 기능은 클라이언트가 서비스를 제공받는 것에 대한 장벽을 제거하기 위해 계획하고 실행하는 모든 활동이라 할 수 있다. 이러한 옹호 활동의 전략은 법, 정책, 행정, 서비스전달체계 과정에서의 영향력을 발휘하는 것 등을 포함하여 관련 역할을 수행한다.

(3) 통합적 서비스 기능

오늘날 사례관리서비스의 기능은 개인과 사회환경 변화에 따라 지속적으로 달라진다. 이러한 변화는 사회복지실천에서 사례관리가 보다 융통성 있게 그 기능이 발휘되어야 함을 의미한다. 현대사회가 될수록 클라이언트의 욕구변화가 다양해지고 복잡해져 이러한 욕구들을 만족할 수 있는 맞춤식 서비스가 강조된다. 이러한 맞춤식 서비스는 직·간접 서비스의 기능이 통합된 서비스라 할 수 있다. 따라서 사례관리자는 클라이언트의 측면에서 개입과 서비스기관의 차원에서 필요한 자원을 연계, 조정, 개발 등의 활동을 수행한다. Rothman(2002)은 사례관리의 통합적 서비스 기능이란 서비스 전체의 과정으로 정의한다. 즉 클라이언트가 기관에 오기, 접수, 사정, 목표 설정, 개입 계획, 자원 확인, 공식적 서비스 연계, 비공식적 자원 연계, 점검, 재사정, 평가 등 서비스의 전체 과정이 통합적 기능을 갖는다고 보았다.

2) 사례관리의 원칙

사례관리가 사회복지실천에서 유용한 실천 방법으로 적극 활용되기 위해서는 기본적인 원칙에 입각해서 서비스를 제공할 때 그 유용성을 인정받게 된다. Woodside와 McClaim(2006)이 밝힌 사례관리가 갖추어야 할 원칙을 소개하면 다음과 같다.

(1) 서비스의 통합

사례관리자는 클라이언트의 문제를 개입할 때 통합적인 관점에서 욕구를 파악하여 필요한 서비스를 전달해야 한다. 즉 클라이언트는 심리, 사회, 의료, 재정, 교육, 직업 등의 차원에서 복합적인 욕구와 문제를 경험하게 된다. 이러한 복합적인 욕구와 문제를 안고 있는 클라이언트에게 필요한 서비스가 통합되어 최적의 서비스를 제공할 때 개인의 기능이 빠르게 회복될 수 있다. 사례관리에서 서비스의 통합이란 클라이언트에게 제공되는 다양한 서비스 계획과 자원개발에 함께 참여하여 실행하는 모든 과정을 의미한다. 이에 사례관리자는 대부분의 클라이언트가 다양한 욕구를 갖고 사례관리 과정에 들어오기 때문에 관련 기관과의 협력관계를 통합할 수 있어야 한다. 이러한 통합된 서비스는 단편적인 서비스와 중복서비스의 가능성을 낮춰주고 제공된 서비스 간의 긍정적인 상호작용을 지지해 준다.

(2) 보호의 지속성

보호의 지속성 원칙은 현재 클라이언트가 충족하길 원하는 욕구만이 아니라 앞으로 변화될 수 있는 욕구들에 대해서도 지속적으로 원조를 제공하는 것을 의미한다. 예를 들면, 정신장애인과 관계되어 일하는 사례관리자는 의료, 취업, 주거, 경제, 대인관계 등의 복합적인 욕구를 이해하여 포괄적인 보호를 제공해야 한다. 뿐만 아니라 건강으로 인해 병원에 입원했을 때 보호와 퇴원 이후의 외래 및 건강관리, 지역사회 적응 등에 이르기까지 변화하는 클라이언트의 욕구에 대해 장기적인 안목을 갖고 보호를 계획하고 제공해야 함을 의미한다. 이러한 측면에서 보호의 지속성은 단순히 서비스 연계 차원을 넘어 클라이언트의 가족과 중요한 일차집단들과의 친밀한 관계유지와 사회적 관계망을 촘촘하게 계획하여 장기적인 개입목표가 포함될 수 있도록 한다.

(3) 서비스 이용의 평등한 접근

서비스 이용의 평등한 접근이란 민족, 종교, 성적 취향, 사회경제적 지위 등과 관계없이 누구나 원조를 필요로 하는 사람들에게 서비스 접근이 가능한 동등한 권리를 가져야 한다. 구체적으로는 서비스 이용자의 자격기준, 정책, 절차 등과 관련된 서비스 접근에 대한 장애물이 검토되어 동등한 서비스 접근이 이루어질 수 있도록 개발되어야 한다. 사례관리서비스는 전통적인 사회복지실천 대상자에게 국한된 서비스가 아니라 모든 대상자가 이용할 수 있는 권리보장의 원칙을 갖는다.

(4) 서비스의 질적 수준

클라이언트에게 제공되는 모든 서비스는 이용자가 만족하는 서비스가 되어야 함을 의미한다. 사례관리자는 클라이언트의 권리를 존중하며 수준 높은 서비스를 제공해야 하는 전문가로서의 책임성을 요구하는 것이기도 하다. 클라이언트가 만족하는 수준의 보호를 위해 서비스의 달성목표를 점검하고 지속적으로 개선해 나가려는 노력이 요구된다.

(5) 클라이언트의 임파워먼트

사례관리과정에서 임파워먼트관점은 클라이언트의 존엄성을 존중함으로써 개인의 강점과 잠재력을 적극 활용하는 것을 의미한다. 사례관리자는 개입 과정에서 클라이언트와의 협력관계에 초점을 두고 스스로 문제해결의 힘을 갖도록 이끌어주는 것을 목표로 삼아야 한다. 이는 클라이언트 자신이 변화의 주체자임을 인식하도록 하여 적극적으로 문제를 해결해 나갈 수 있도록 지지하는 것을 의미한다.

(6) 사례관리의 평가

사례관리는 두 가지 차원에서 평가가 필요하다고 볼 수 있다. 첫 번째는 기관 차원에서의 필요성으로서 업무의 질적 수준을 평가하기 위한 것이다. 두 번째는 클라이언트 개인의 욕구 차원에서 필요한데, 이는 자신이 받아본 서비스의 질을 평가해 보고 점검해 볼 수 있다는 차원에서 필요하다. 평가는 클라이언트와 관련된 가족을 포함하여 초기 단계부터 종결 단계의 과정에서 제공되는 서비스 질에 대한 사정을 의미한다.

사례관리 프로그램 내용에 대한 원칙을 제시하면 다음과 같다(Steinberg & Carter, 1983).

- 분명한 목표와 표적 집단은 서비스 제공자의 기술과 기관의 능력 수준에 적절해야 한다.
- 사례 발견과 관련해서 클라이언트에 대한 스크리닝 과정이 체계적으로 있어야 한다.
- 사정과정이 잘 정의되어 있어야 한다.
- 프로그램은 클라이언트가 필요로 하는 서비스와 다른 자원을 동원하는 데 있어서 숙련됨이 필요하다는 것을 인식해야 한다.
- 프로그램은 클라이언트의 경제적 · 사회적 · 환경적 상태뿐 아니라 신체적 · 정신적 건강에 대한 내용이 포함되어야 한다.
- 보호계획은 클라이언트의 독특한 욕구, 조건과 참여로부터 나와야 한다.
- 사례기록에는 계획, 활동과정, 제공된 서비스가 잘 나타나야 한다.

- 클라이언트와 환경에 대한 사후관리, 지지적 관계, 재평가가 제공되어야 한다.
- 서비스 제공자들에 대한 조직 간 연계에 주의를 기울여야 한다.
- 프로그램의 행정가와 사례관리자는 클라이언트 개인의 목표뿐만 아니라 서비스 제공 체계의 향상을 위해서도 노력해야 한다.

지금까지 제시한 사례관리의 목적에 따른 원칙을 간략하게 요약해 보면 먼저, 서비스의 개별화이다. 이는 클라이언트의 욕구에 맞게 서비스를 제공하는 것을 말한다. 둘째는 서비스 제공의 포괄성이다. 이는 지역사회망을 연결, 조정, 점검하여 자원을 활용하는 것이다. 셋째는 클라이언트의 자율성을 극대화시키는 것으로, 이는 클라이언트의 자기결정권을 존중하는 것을 의미한다. 넷째는 서비스의 지속성으로, 서비스를 지속적으로 제공할 수 있도록 해야 한다. 다섯째는 서비스의 연계성으로 다른 서비스전달체계와 연결할 수 있도록 해야 한다.

3) 사례관리자의 역할

사례관리자는 단순한 정보제공의 업무를 비롯해서 보다 포괄적인 활동을 수행하기도 한다. 이러한 사례관리자의 역할은 간접적인 서비스에 대한 역할과 직접적인 서비스에 대한 역할로 구분해 볼 수 있다. 직접적인 서비스 역할은 클라이언트의 문제해결 과정에 직접 참여하여 실질적인 도움을 주는 활동을 말한다. 반면, 간접적인 역할은 클라이언트의 지속적인 보호와 관리를 위해 지역사회 자원과 서비스를 조정하고 연결하며 필요할 경우 다른 전문가들과 함께 협력하여 일을 하게 된다. 또한 사례관리자는 공식적 자원과 비공식적 자원체계를 통합하고 대인관계를 촉진하여 클라이언트가 독립적으로 기능하도록 돕는 데 그 역할이 있다(Kirst-Ashman et al., 1995). 요즘처럼 급변하는 현대사회에서 사례관리자의 역할은 보다 포괄적이면서 전문적인 개입을 요구받고 있다. 이러한 측면에서 사례관리자는 다양한 역할과 책임을 갖고 업무를 수행하게 된다(Woodside et al., 2006).

(1) 옹호자의 역할

사례관리자는 클라이언트 편에서 그의 입장을 대변해 주고 최우선 이익을 위해 역할을 수행해야 한다. 대체로 사례관리가 필요한 클라이언트의 경우 스스로 자신을 대변하고 옹호할 수 있는 능력이 부족하다. 이러한 점에서 클라이언트에게 필요한 자원이 제대로 공급되지 않을 경우 가능한 자원을 최대한 확보하여 공평한 기회가 주어질 수 있도록 해야 한다. 또한 사례관리자는 클라이언트 자신이 스스로를 보호하고 옹호하는 힘을 기를 수 있도록 교육함으로써 자신의 문제를 관리하도록 도와야 한다.

(2) 상담가의 역할

사례관리자는 상담가 또는 치료자의 역할을 담당하게 된다. 이에 사례관리자는 클라이언트 개인과 가족, 친척, 친구 등의 지지체계와 관계되어 상담가로서의 역할을 하게 된다. 상담가로서의 사례관리자는 클라이언트의 발달에 영향을 미치는 신체적·심리적·사회적인 어려움을 감소시키고 지지체계의 역량을 강화하는 데 그 역할을 수행하게 한다.

(3) 기획자의 역할

기획자로서의 사례관리자는 클라이언트의 욕구 충족을 위해 사례계획, 서비스 통합, 서비스 자원 개발 등을 종합적으로 설계하게 된다. 즉, 클라이언트 문제에 관한 모든 계획 과정에 참여하고 합의된 목표가 실행될 때까지 지속적으로 관여하게 된다. 이러한 기획자의 역할은 클라이언트가 받게 될 서비스 준비, 사정, 실행, 평가 등을 전반적으로 설계하고 질적인 서비스가 이루어졌는지 평가하는 것을 포함한다.

(4) 중개자의 역할

중개자로서 사례관리자의 역할은 클라이언트를 필요한 서비스에 연결시키는 것을 말한다. 클라이언트의 욕구문제가 명확해지면 클라이언트에게 가장 적합한 서비스를 선택하고 서비스 전달조건을 협상하여 원조한다. 이러한 업무를 수행하기 위해서는 사례관리자가 확보한 자원의 전문지식이 중요하며 최적의 서비스를 제공하는 데 기여하게 된다. 중개자로서의 사례관리자는 서비스에 대한 이용, 적절성, 접근성, 수용성, 서비스 자격기준, 기관의 주요 서비스 등에 관한 지식 등을 포괄적으로 이해하고 있어야 한다.

(5) 조정자의 역할

대부분의 클라이언트는 복합적인 문제와 이에 따른 다양한 욕구들이 상충된다. 이에 사회복지실천 현장에서는 한 가지 이상의 서비스가 아닌 다양한 서비스의 필요성이 요구된다. 이러한 측면에서 조정자로서의 역할은 서비스가 중복되거나 배제되지 않고 잘 통합되어 서비스가 제공될 수 있도록 하는 데 업무의 목표가 있다. 이에 사례관리자는 클라이언트의 현재 욕구와 앞으로 변화될 수 있는 욕구 수준을 잘 파악하고 원조를 수행하는 과정에서 클라이언트의 욕구와 자원과의 관계, 서비스기관 간의 관계 등에서 타협하고 조정해야 할 책임이 있다.

(6) 문제해결자의 역할

사례관리자는 클라이언트의 문제해결과정에 전반적으로 참여함으로써 개인의 기능을 회복할 수 있도록 원조하는 데 그 역할을 갖는다. 이에 문제해결자의 사례관리자의 목표는 클라이언트의 문제에 대해 주도적으로 해결방법을 제시하기보다는 클라이언트 스스로가 어려움을 극복할 수 있도록 원조한다. 즉, 클라이언트가 자신의 강점을 발견하고 직면하고 있는 현재 상황에 대해 새로운 대안을 찾도록 방향에 대해 지속적인 도움을 준다.

(7) 평가자의 역할

사례관리자는 평가자로서의 역할을 수행한다. 평가자로의 사례관리자는 서비스 전달과정에 대한 전체 평가를 분석하는 역할로서 서비스의 효과성과 효율성을 점검하기 위하여 사례관리과정 전반에 관한 모든 정보와 자료를 수집, 분석, 기록한다. 사례관리자는 개별 클라이언트의 서비스 계획에 따른 목표달성, 질적 서비스 제공, 서비스전달체계의 효과성 등을 분석하여 서비스 개선에 중요한 자료로 활용한다.

아울러, 사례관리자는 공통적으로 정보수집과 사정활동, 서비스 계획, 프로그램 배치 및 제공, 조정활동, 계획의 수행정도 점검, 지속적이고 원활한 의사소통, 옹호활동, 지역사회활동 역할의 업무를 수행하게 된다(Sheafor & Horejsi, 2006).

4) 사례관리서비스 수준에 따른 역할

사례관리자는 클라이언트와 합의한 목표를 실행하기 위해 서비스를 어느 수준까지 제공할 것인지를 고려해야만 한다. 앞서 살펴보았듯이 사례관리자의 역할은 클라이언트의 욕구에 따라 단순한 업무에서부터 포괄적인 활동의 역할이 요구된다. 이처럼 사례관리자의 역할을 명확히 규정할 수 없는 이유는 문제의 유형에 따라 서비스의 개입방향이 다양하다는 점이다. 이러한 점에서 황성철(1995)은 사례관리자의 역할을 서비스 수준에 따라 단순형, 기본형, 종합형, 전문관리형으로 구분한 것을 〈표 12-5〉로 정리하여 제시하였다.

〈표 12-5〉 서비스 수준별 사례관리자의 역할

구 분	단순형	기본형	종합형	전문관리형
목적	지역사회의 지원과 서비스 연계	지역사회의 자원과 서비스 연계와 기초상담, 조언	지역사회의 자원과 서비스 연계, 심층상담 또는 치료	직간접적 서비스 제공과 관리자로서의 서비스 관리
기능	욕구인식 및 사정, 사례계획과 서비스 연계, 서비스 점검	적극적 사례 발굴, 사정, 사례 계획 및 개입, 서비스 연계, 상담, 서비스 점검	Rothman의 15개 기능수행	기본적인 사례관리 기능과 자원배분, 통솔, 의사결정 기능 포함
역할	자원과 서비스 중개자	중개자, 상담자, 교육자, 지지자, 서비스 점검자	자원 및 서비스 중개자, 상담 또는 치료자, 교육자, 클라이언트 옹호자	연계자, 상담자, 치료자, 교육자, 관리자
교육 및 전문성	준전문가, 비전문가(전문대 졸업자 또는 훈련된 자원봉사자)	준전문가, 전문가(전문대 졸업자 또는 초년 사회복지사)	전문가(경력이 풍부한 선임 사회복지사)	특수 분야별 전문가
위치 및 슈퍼비전	기존의 조직과 업무수행 부서에서 수행, 전문가에 의한 엄격한 슈퍼비전 필요	기존의 조직 내에서 수행, 경험 많은 사회복지사의 슈퍼비전이 필요	독립된 사례관리 부서, 최소한의 슈퍼비전 필요	독립된 팀 형성, 슈퍼비전 필요 없음
담당 사례 수	비교적 많음	적절한 사례 (30건 내외)	비교적 적은 사례 (10~20건)	최소한의 사례 (10건 미만)
개별/팀 접근	팀 접근/개별접근 가능	개별적 접근	개별적 접근	팀 형성에 의한 접근
자율성/권위	자율적인 결정권이 없음. 전문가와 협의 요망	어느 정도 자율성이 보장됨	자율적인 의사결정이 보장됨	전문 분야별 자율성 보장, 공동결정 요망

5. 사례관리 실천과정

1) 사례관리 대상자 유형

사례관리 대상자는 사회복지서비스를 이용하기 원하는 클라이언트와 가족으로서 정보 이용자, 서비스 이용자, 잠재적 사례관리 대상자, 사례관리 대상자, 위기관리 대상자로 구분해 볼 수 있다. 사례관리 대상자의 유형에 따라 서비스 내용을 [그림 12-1]로 제시해 볼 수 있다(한국사례관리학회, 2012 재구성).

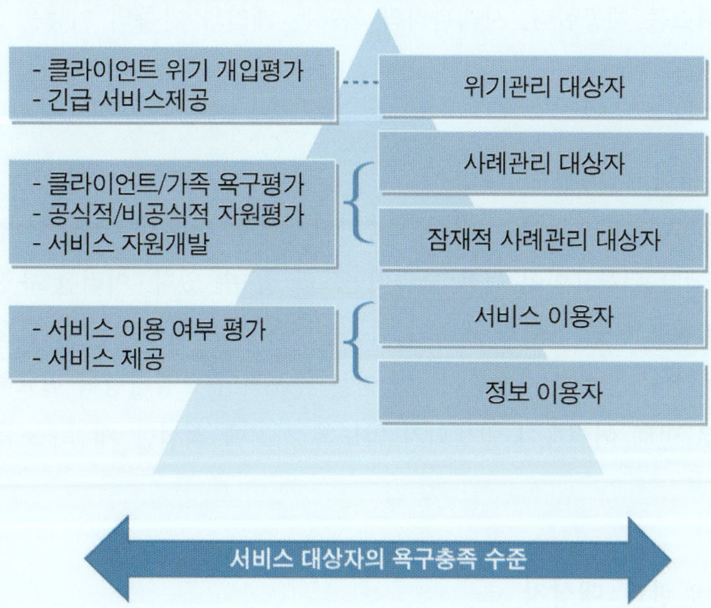

[그림 12-1] 사회복지서비스 대상 구분

(1) 정보 이용자

정보 이용자 사례관리는 사회복지 관련 정보의 부족으로 당면한 문제해결이나 욕구 충족에 어려움을 겪고 있는 클라이언트를 가리킨다. 주로 일회성 상담을 통해 직접적이고 구체적인 정보를 제공하나 필요한 자원을 스스로 획득할 수 있도록 주변자원을 활용하도록 지도한다.

(2) 서비스 이용자

개인과 가족의 욕구와 기능향상을 위해 특정한 사회복지서비스가 필요한 클라이언트라 할 수 있다. 서비스 이용자 사례관리 방법은 서비스별 이용자 기준에 따라 서비스를 제공한다. 사례관리의 목표는 개인과 가족의 기능을 도모하는데 개입 목표를 갖는다.

(3) 잠재적 사례관리 대상자

잠재적 사례관리 대상자는 욕구가 충족되지 못한 상태가 지속되어 있는 경우로 일상생활에서 위험요인이 높은 클라이언트라 할 수 있다. 이러한 유형은 지속적인 사회지원을 통해 개인과 가족의 기능을 유지하고 회복하는 일에 도움을 주는 일에 관여한다. 잠재적 사례관리 대상자는 지속적인 모니터링이 필요하며 복합적인 욕구로 인해 어려움이 발생되지 않도록 사전에 적절한 개입구조를 마련해야 한다.

(4) 사례관리 대상자

잠재적 사례관리 대상자 중 집중적으로 관리하여 서비스를 제공해야 되는 클라이언트를 가리킨다. 이 유형은 기관의 사례관리 선정기준에 부합된 자이어야 하며, 서비스 개입방법은 사례관리의 주요 진행절차에 의해 필요한 서비스를 제공하게 된다. 그리고 사례관리 문제유형에 따라 서비스 제공방식이 결정되며 사례관리자의 업무관리목표가 달라진다.

(5) 위기관리 대상자

위기관리 대상자는 긴급한 사회적 지원이 없다면 개인과 가족의 물리적 안전이나 심리적 안전을 확보하기 어려운 클라이언트를 가리킨다. 이 유형의 개입방법은 기관 입장의 서비스 이용기준이 엄격하게 적용되지 않고 최단기적으로 개인과 가족의 최소한의 안전 확보를 위해 필요한 서비스를 제공하는 것을 목표로 한다. 따라서 가족의 위기상황이 안정화되도록 안전보호, 의료지원, 심리정서적 지원, 경제적 지원 등 위기상황에 필요한 서비스를 제공하기 위해 사례관리자가 개입한다.

2) 사례관리 진행과정

사례관리는 클라이언트의 욕구에 따른 목적을 달성하기 위해 일련의 체계화된 과정을 통해 개입하게 된다. 사례관리과정은 접수, 사정, 계획, 서비스 제공, 조정 및 점검, 평가 및 종결, 사후관계 등의 흐름으로 진행된다. 그러나 이러한 일련의 사례관리과정은 클라이언트의 문제 속성에 따라 유연성을 갖고 재조정해 나가는 것을 의미한다. 예를 들면, 개입 과정에서 새로운 문제가 발견되면 다시 계획의 단계 또는 전 사정의 단계로 가서 서비스 계획을 다시 점검할 수 있다. 사례관리의 과정을 단계적으로 설명하면 [그림 12-2]와 같다.

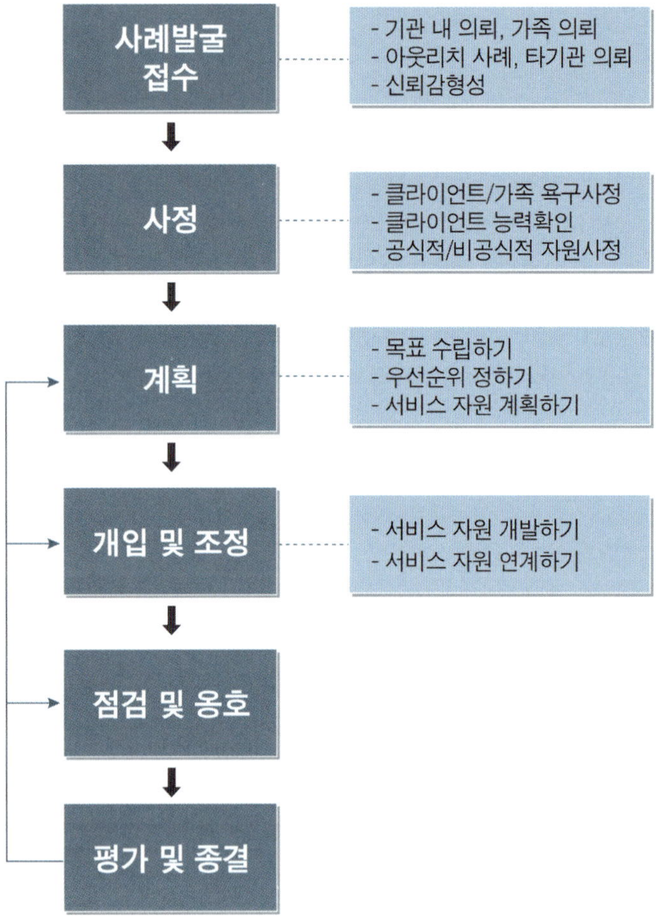

[그림 12-2] 사례관리 업무 흐름도

(1) 초기 단계

초기 단계는 접수와 서비스를 받을 자격이 있는지를 점검하는 선별(스크리닝) 과정으로 이루어진다. 접수는 직접 기관방문, 가족, 타 기관, 이웃 등에 의해 의뢰되어 클라이언트와 접촉하게 되는 경우이다. 또한 아웃리치를 통한 사례 발굴 접수 방식은 사례관리자가 클라이언트를 찾아가 접촉하는 접근방식이다. 대부분의 클라이언트는 자발적으로 기관에 찾아와 도움을 요청하는 경우보다 외부로부터 의뢰되어 오는 비자발적인 클라이언트가 많다. 때문에 사례관리자는 신뢰감을 구축하는데 관심을 기울이면서 제한된 정보 안에서 최대한의 욕구를 파악해야 한다. 사례관리자가 초기과정을 잘 이끌기 위해서 클라이언트의 부정적 감정을 다룰 수 있는 상담기술이 요구되며, 사례를 의뢰한 주변인(가족, 친척 등)이 진술한 내용 등을 잘 기록하여 다음 사례회의를 통해 근거로 제시하는 것이 필요하다.

초기 단계 목표는 면접과정을 통해 기본적인 문제 여부를 검토하고 서비스 자격요건과 기관에서 서비스를 제공할 수 있는지의 여부를 판단한다. 기초적으로 클라이언트 상황을 이해하는 데 필요한 정보 수집을 위해 초기 면접지를 활용하여 기본적인 사례계획을 진행한다.

(2) 사정 단계

사정 단계에서는 클라이언트의 욕구를 확인하고 현재 상황에 관한 모든 정보를 수집하고 분석하는 것에 초점을 둔다. 사례관리 사정과정에서 다루어야 할 내용은 크게 클라이언트의 기본 욕구사정 및 강점사정, 가족의 욕구사정, 공식적・비공식적 자원체계 사정으로 나눌 수 있다.

사정과정은 클라이언트가 처한 상황을 보다 다양한 측면에서 이해하고 개입계획을 세우는 데 중요하므로 좀 더 철저하게 계획되어 클라이언트의 능력을 파악해야 한다. 사례관리 사정과정에서 파악되어야 할 주요 내용은 클라이언트에 대한 사정과 클라이언트를 원조하기 위한 자원에 관한 사정이다. Moxley(1989)는 클라이언트의 욕구, 클라이언트의 능력, 공식적 지역사회자원체계, 비공식적 사회관계망과 사회적 지지 체계 등으로 제시하였다.

사정은 클라이언트가 원하는 주된 욕구 내용을 일차적으로 파악하는 것이 중요하지만 가족 등의 욕구들이 고려된 보다 포괄적인 사정이 요구된다. 클라이언트의 구체적인 욕구로는 경제문제, 직업관련 욕구, 주택과 보호, 건강, 일상관련 어려움, 사회적 관계, 법률 자문 등의 욕구가 포함될 수 있다. 또한 문제를 검토하는 데 가족, 이웃 등의 정보제공과 과거 서비스를 이용한 외부 기관의 정보 등을 참고한다. 아울러 클라이언트가 문제해결에 참여할 수 있는 강점들과 문제해결에 장애가 되는 방해물들이 포함되어야 하며, 보다 면밀한 사정이 요구된다면 관련 전문가들의 도움을 요청할 수 있다. 사정도구는 가계도, 생태도, 사회적 관계망, 욕구 사정표 등이 있으며, 기타 필요하다면 표준화된 측정도구나 개별화된 주관적 척도를 활용하여 사정할 수 있다.

〈표 12-6〉 욕구사정의 영역

항 목	욕구영역	항 목	욕구영역
안전	• 가족 내 안전 유지 • 가족 외부로부터의 보호	경제	• 기초생활 해결 • 자산관리
건강	• 신체적 건강유지 • 정신적 건강유지	교육	• 기초지식 습득 및 향상 • 교육계선
일상생활 유지	• 의식주 관련 일상 생활 유지 • 여가생활 활용	직업	• 취업(창업) • 취업준비
가족관계	• 관계형성 • 가족 돌봄, 부양부담	생활환경 및 권익 보장	• 주거 내부 환경개선 • 주거 외부환경 개선
사회적 관계	• 친인척 및 이웃 간 관계 형성 • 소속된 집단 및 사회생활		• 권익보장

출처: 보건복지부, 2010.

(3) 계획 단계

계획 과정은 사정을 통해 밝혀진 내용에 기초하여 달성하고자 하는 변화목표를 분명히 설정해 나가는 단계이다. 이 과정에서 사례관리자는 클라이언트를 문제해결 과정에 적극적으로 참여할 수 있도록 격려해야만 한다. 즉, 클라이언트가 자신의 문제를 정확히 인식하고 환경 자원을 이용하는 방법을 함께 계획해 나감으로써 궁극적으로는 클라이언트가 문제해결의 주체자임을 인식하도록 한다. 따라서 계획 수립은 클라이언트와의 협력을 통해 변화의 목적을 분명히 하고 합의된 목표를 달성하기 위한 전략과 방법을 설계하는 과정이라 볼 수 있다. 계획 수립의 과정에는 욕구사정 내용에 대한 종합적으로 분석된 내용이 최종적으로 검토되어야 한다.

다음으로 변화목표 수립의 단계로서 구체적인 변화목표가 설정되도록 우선순위가 클라이언트 수준에서 합의되어야 한다. 아울러 합의된 변화목표는 구체적이고 측정 가능한 변화목표이어야 하며, 클라이언트, 가족, 사례관리자가 합의점을 찾아 실현 가능한 목표로 계획되어야 한다. 또한 사례관리자는 목표에 따른 서비스를 제공할 수 있는 자원들을 발굴하고 탐색하는데 초점을 둔다. 클라이언트 자신이나 가족, 친인척, 이웃 등 지역사회의 비공식 지지체계 자원을 어떻게 효과적으로 참여시킬 수 있을지, 공식적인 서비스 자원을 연계하고 새로운 자원을 개발할 수 있을지를 분석한다. 이 단계에서 사례관리자는 효율적인 서비스 지원계획을 위해 관련 있는 다양한 전문가들과 함께 협력하는 역할이 요구된다. 마지막으로 서비스 목표와 서비스 제공과 관련된 자원이 확정이 되면 대상자와의 계약이 이루어지며 계약내용에는 서비스 제공기관, 제공방식, 개입기간, 평가, 정보 제공 공유동의서 등이 포함된다.

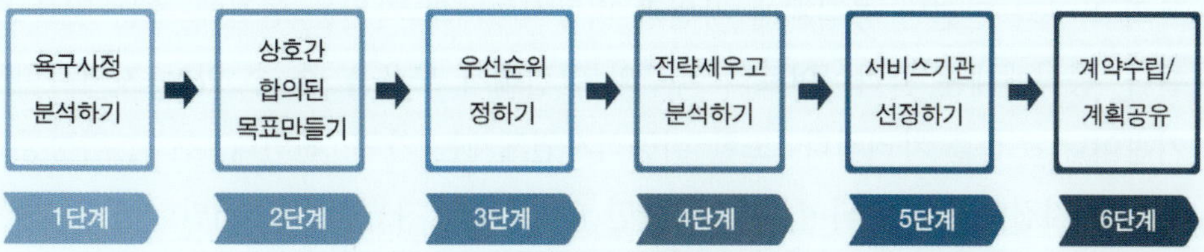

[그림 12-3] 사례관리 과정 흐름도

(4) 개입 및 조정단계

① 직접서비스 개입

서비스 계획목표가 세워지면 서비스를 실행하는 과정으로 이어진다. 개입 과정은 사례관리자가 클라이언트와 그 주변 사회관계망, 관련된 서비스 제공자 등을 변화시키기 위해 직·간접적으로 관여하는 과정을 말한다.

직접적인 개입은 클라이언트로 하여금 스스로 서비스에 접근하고 이용할 수 있는 능력과 기술을 향상시키도록 돕는 과정에 초점을 둔다. 이에 사례관리자는 임상적인 측면에서의 상담자 및 치료자의 역할과 정보를 제공하고 훈련하는 교육자, 안내자 등의 역할로도 개입하게 된다. 현재 클라이언트가 경험하고 있는 위기 상황을 잘 극복하는 데 필요한 정서적 지지와 행동적 기술을 가르치고 훈련한다. 아울러 구직활동을 위해 주변자원체계를 스스로 활용하는 방법 등을 교육하고 정보를 안내하게 된다.

② 간접서비스 개입

간접서비스 개입 과정에서 사례관리자의 역할은 자원체계 연결과 기관 간의 조정의 역할에 초점을 두고 업무를 수행하게 된다. 먼저, 자원체계 개입은 클라이언트의 욕구와 관련된 공식체계 자원과 비공식체계의 자원을 연결해 주는 것을 말한다. 공식체계는 클라이언트의 욕구와 관련해서 도움을 줄 수 있는 지역사회의 기관이나 조직을 가리킨다. 또한 비공식자원체계는 가족, 친인척, 친구, 직장동료 등의 지지집단이 해당되며, 필요하다면 더 다양한 자원체계를 개발하는 것 등이 포함된다. 사례관리자는 계획된 목표와 절차에 의해 필요한 자원체계 조건이 적절한지 계속해서 점점하고 수정해 나가야 한다. 만약 비공식체계인 가족이나 친척의 역할이 오히려 클라이언트 욕구를 더 좌절시킨다면 자원 연계를 재조정해야 한다.

효과적으로 서비스 자원체계를 연결하기 위해서는 사례관리자의 정보수준과 역량이 중요하게 작용된다. 사례관리자는 주변 환경자원을 최대한 많이 확보해 놓는 것이 필요하며 도움이 필요할 때 이러한 자원을 어떻게 활용할 것인지에 대한 지식이 요구된다. 때문에 관련 기관간의 네트워크 개발과 전문가집단 간의 상호작용이 원활히 이루어질 수 있도록 노력해 나가야 한다. 사례관리자가 사회적 자원망을 연결하는 데 있어서 주요 역할을 정리해 보면 〈표 12-7〉과 같다.

〈표 12-7〉 사례관리자의 사회적 자원 연결의 역할

항 목	내 용
교육적 활동	• 클라이언트에 대한 이해를 증진시키기 • 클라이언트의 욕구에 대응하는 방법을 가르치기 • 자조집단으로 발전시키기
이차적 지원활동	• 일차적 지원망이 지지치 않도록 쉬는 시간 제공 • 일차적 지원망(가족 등)이 이차적 지원을 활용하도록 돕기 • 일차적 지원망의 스트레스 해소, 긴장완화를 위해 지지망 증가시키기 • 사회망을 위한 위기개입 상담과 실제 서비스 제공
기술적 지지와 협상을 제공하는 활동	• 사례관리자가 서비스제공기관에 새로운 지식, 정보, 전략을 소개하여 서비스대상자에 대한 서비스 수준과 내용을 향상시키기 • 필요한 자문과 교육에 응하는 것 • 서비스제공자에게 격려와 지지를 해 주는 것

출처: 한국사례관리학회, 2012 재구성.

또한 자원을 연결하는 것 못지않게 중요한 것은 클라이언트의 문제해결 수준에 따라 여러 자원을 효과적으로 조정하는 일이다. 조정의 의미는 클라이언트에게 새로운 서비스를 추가적으로 제공하거나 다른 기관으로 의뢰하는 과정이 아니라 문제와 관련해서 계속 개입하는 것을 말한다. 즉 클라이언트 문제에 대해 자원체계가 제대로 서비스를 제공하고 있는지 확인하여 조정하기, 합의된 목적달성을 위해 개인차원의 노력여부 확인하기, 그렇지 않다면 상호 목표를 다시 조정해 나갈 수 있어야 한다. 사례관리자는 수립한 서비스 제공계획이 클라이언트의 삶에 변화를 가져올 수 있도록 지속적으로 관찰해야 한다. 조정의 역할자로서의 질문을 제시해 보면 〈표 12-8〉과 같다.

〈표 12-8〉 조정을 위한 질문

항 목	내 용
협력	• 상호 합의된 목표에 따른 실천 방법을 위해 자원망 속의 개인들과 함께 일하고 있는가?
관계	• 각자의 노력이 상대방의 작업에 어떤 영향을 미치고 있는가?
	• 각자는 영향력의 관계를 어떻게 인식하고 있는가?
갈등	• 각각의 노력을 통합하고 갈등을 줄여 나가고 있는가?

(5) 점검 및 옹호

점검은 현재의 서비스 전달이 클라이언트에게 제대로 이루어지고 있는지를 확인하는 과정이다. 새로운 문제 욕구가 발생했는지를 점검하거나 어느 정도 욕구가 충족되고 있는지를 점검하게 된다. 점검과정은 클라이언트만이 아니라 가족과 주변의 정보를 종합하여 어떠한 변화가 이루어지고 있는지를 평가해 볼 수 있다. 특히 위기 상황이 관찰될 경우 사전에 개입구조를 마련해 놓아야 하며, 자원체계와도 이러한 문제를 대비하여 협조를 구해 놓아야 한다. 또한 장기적이고 계속적인 보호가 필요한 클라이언트의 경우 재사정을 통해 서비스가 지속되도록 계획한다.

점검에 대한 평가는 클라이언트 개인평가와 가족의 진술 검토하기, 구조화된 척도를 사용하여 객관적으로 평가하는 방법 등이 동원된다. 다음은 사례관리자가 점검해 볼 수 있는 질문목록을 제시해 보면 〈표 12-9〉와 같다.

〈표 12-9〉 점검을 위한 질문

항 목	내 용
클라이언트 만족도	• 클라이언트 자신의 상황을 긍정적으로 인식하고 있는가? • 클라이언트의 주변 환경은 클라이언트의 변화를 인식하고 있는가?
서비스계획 정도	• 클라이언트의 새로운 욕구가 발생되었는가? • 서비스계획은 수정되어야 하는가?
서비스 제공기관	• 서비스지원 기관의 협력 정도는 잘 지속되고 있는가?

아울러, 사례관리자의 옹호역할은 중요하면서도 어려운 역할이 될 수 있다. 클라이언트의 문제유형에 따라 때로는 환경체계를 변화시키는 일에 관여하게 된다. 예를 들면, 원조의 기회제한이 불평등할 경우 공적체계에 대해 정당한 권리를 주장할 수 있다. 또한 클라이언트를 위해 필요하다면 새로운 자원을 개발하거나 서비스의 접근성을 높이기 위해 관련 기관들과 문제를 협상해 나갈 수 있다. 옹호의 역할은 클라이언트 이익을 원칙에 두고 필요한 서비스를 위해 권리를 주장하는 것을 말한다.

(6) 평가 및 종결 단계

사례관리의 마지막 단계는 평가와 종결의 단계이다. 그동안 클라이언트에게 제공된 서비스 목표가 얼마나 잘 달성되었는지를 최종평가하게 된다. 평가의 내용은 다음과 같다(엄명용 외, 2016). 첫째, 투입에 대한 평가로서 개입계획 시 구성된 전문 인력, 서비스 그리고 자원들이 목표로 삼은 사례관리 목적을 달성하기에 적정한 것인지의 여부를 평가한다. 둘째, 과정에 대한 평가로서 클라이언트에 대한 서비스와 지지계획에서 정해진 활동과 과업이 적절한 방법으로 수행되고 있는지의 여부를 평가한다. 셋째, 연관성 평가로서 클라이언트에 대한 서비스와 지원계획은 클라이언트의 욕구에 부응할 수 있는 것인지, 특히 클라이언트 지지망에 대한 계속적인 사정과 점검을 통해 드러난 욕구와 관련해서 볼 때 이 계획은 여전히 욕구에 부응할 수 있는 것인지의 여부를 평가한다. 평가는 클라이언트 차원의 평가, 공적 차원과 비공식적 차원의 평가 등이 포괄적으로 포함된 구조화된 척도를 활용한다.

종결은 클라이언트의 문제 상황에 따라 다르게 적용될 수 있다. 서비스가 중단되지 않고 마지막까지 종결된 경우는 계약이 종료된 경우이다. 그러나 클라이언트가 갑자기 사망을 하였거나 부득이하게 다른 곳으로 이사를 해야 하는 경우 서비스가 종결이 되는 경우도 있다. 또는 사례관리자의 종합적인 견해로서 제공되고 있는 서비스가 더 이상 도움이 되지 않는다고 판단한 경우 종결로 이행될 수 있다. 다음은 사례관리 종결의 조건목록을 제시해 보면 〈표 12-10〉과 같다.

〈표 12-10〉 종결의 조건목록

항 목	내 용	
목표를 달성했을 때	• 목표달성 여부 확인 • 종결 준비사항 확인 • 사후관리계획 수립	• 최선의 종결 시점 탐색 • 사례관리 전 과정 검토 • 성과의 일반화
의뢰가 효과적일 때	• 자원 활용 한계 인식 • 의뢰를 통해 기대할 수 있는 것 인식하기	• 자연스럽게 의뢰하기 • 의뢰 후에 과정 모니터링
대상자가 서비스 중단을 원할 때	• 사례관리가 종결되기 원하는 이유 이해하기	• 대상자와 사례관리자를 위한 해결방안 탐색하기

출처: 강미경, 2011.

6. 사례관리 기록양식

사례관리 실천 과정은 일련의 규칙적인 과정을 통해 클라이언트에게 서비스를 제공하게 된다. 그리고 각 단계마다 제시된 기록양식을 바탕으로 사례관리를 실행하게 된다. 기록양식은 사회복지실천 세부영역에 따라 다양하게 제시되고 있으나 사례관리자 유형에 따라 〈표 12-11〉로 요약해 볼 수 있다. 다음은 사례관리 실천을 보다 효과적으로 운영하고 평가하기 위한 사례관리 양식을 제시해 보았다. 이러한 모든 양식은 기관이나 대상자의 특성을 고려하여 융통성 있게 활용할 수 있어야 한다.

〈표 12-11〉 단계에 따른 사례관리 기록양식

실천 과정	기록양식	사례관리자 유형		
		단순형	일반형	전문형
초기 단계	• 초기면접지	○	○	○
	• 사례관리 동의서	○	○	○
사정 단계	• 사례관리 사정결과표	○	○	○
계획 단계	• 서비스 계획표	○	○	○
실행 단계	• 사례관리 과정기록지	*	○	○
	• 서비스 의뢰서	*	○	○
	• 사례관리 점검일지	○	○	○
	• 사례회의록	○	○	○
	• 슈퍼비전 회의록	*	*	○
	• 사례보고서	*	*	○
평가/종결 단계	• 사례관리 종결보고서	○	○	○

주: ○ 필수, * 선택사항
출처: 대전광역시사회복시사협회, 2011.

〈표 12-12〉 사례관리 초기면접지 양식 예시

사례관리 초기면접지						
접수번호			사례관리자		접 수 일	
접수경로	□내담자 직접 요청(방법:) □사례관리자가 직접 발굴 □기관 내 타 부서로부터 의뢰 ( ) □타기관으로부터 의뢰 ( ) □다른 내담자의 소개 ( )					
가정방문 여부	□예 (이유:) □아니오 (이유:)					
내담자 및 가족 현황						
주 내담자	성 명	□남 □여		주민등록번호		
	주 소	(연락처:)				
	직 업	□정규직 □계약직 □일용직 □직업없음 (직종 및 내용:)				
	기 타					
가족사항	관 계	성명	연령	학력	직업	기타
	가족 형태	□모자(사유:) □부자(사유:) □미혼부모(사유:) □기타(사유:)				
주거 및 경제 상황	주거형태	□단독주택 □연립주택 □임대아파트 □일반아파트 □기타 ( )				
		□방(개) □화장실(개) □주방( ) □기타 ( )				
	소유형태	□자가 □전세(만원) □월세(계약금 만원, 월세 만원) □기타( )				
	보호구분	□일반수급 □조건부수급 □법정저소득한부모 □일반한부모 □일반 □의료특례				
	총 수 입	월 원 (수급액 원 + 가족수입 원 + 기타 원)				
가계도			사회관계망(생태도)			
대상자의 진술(도움요청 내용)			면접자평가			
			사례판정	□ 대상(긴급/일반) □ 비대상(정보제공/연계:)		

〈표 12-13〉 사례관리 사정표 양식 예시

<table>
<tr><th colspan="5">사례관리 사정표</th></tr>
<tr><td>사례번호</td><td colspan="2"></td><td>사례관리자</td><td></td></tr>
<tr><td>사정일시</td><td colspan="2"></td><td>정보제공자</td><td></td></tr>
<tr><td>사정유형</td><td colspan="4">□ 초기사정 □ 재사정(□ 새로운 욕구가 발생 □ 긴급한 상황이 발생 □ 기타)</td></tr>
<tr><td>영 역</td><td>우선순위</td><td>제시된 욕구</td><td>이용 가능한 자원(강점)</td><td>내적/외적 장애물</td></tr>
<tr><td>개인수준의 욕구</td><td></td><td></td><td></td><td></td></tr>
<tr><td>가족수준의 욕구</td><td></td><td></td><td></td><td></td></tr>
<tr><td>기관수준의 욕구</td><td></td><td></td><td></td><td></td></tr>
<tr><td>기 타</td><td></td><td></td><td></td><td></td></tr>
<tr><td rowspan="2">척도를
이용한
사정</td><td colspan="2">척도종류</td><td colspan="2">사정결과</td></tr>
<tr><td colspan="2"></td><td colspan="2"></td></tr>
<tr><td>개입수준판정</td><td colspan="4">□위기사례 □집중사례 □일반사례</td></tr>
<tr><td>종합의견</td><td colspan="4"></td></tr>
</table>

〈표 12-14〉 사례관리서비스 계획표 양식 예시

<table>
<tr><th colspan="8">사례관리서비스 계획표</th></tr>
<tr><td>사례
번호</td><td></td><td>대상자</td><td></td><td>사례
관리자</td><td></td><td>유형</td><td>□위기사례 □집중사례
□일반사례</td></tr>
<tr><td rowspan="2">영역</td><td colspan="2" rowspan="2">합의된 목표</td><td colspan="4">실천계획</td><td rowspan="2">개입기간</td></tr>
<tr><td colspan="2">내담자 역할</td><td colspan="2">사례관리자 역할</td></tr>
<tr><td></td><td colspan="2"></td><td colspan="2"></td><td colspan="2"></td><td></td></tr>
<tr><td></td><td colspan="2"></td><td colspan="2"></td><td colspan="2"></td><td></td></tr>
<tr><td></td><td colspan="2"></td><td colspan="2"></td><td colspan="2"></td><td></td></tr>
<tr><td colspan="8">이상과 같은 서비스 제공계획에 동의하며, 목표달성을 위해 적극 참여하고 협력할 것을 상호 약속합니다.
년 월 일
성명: (인) 보호자: (인) 사례관리자: (인)</td></tr>
</table>

〈표 12-15〉 사례관리 과정기록지 양식 예시

<table>
<tr><th colspan="6">사례관리 과정기록지</th></tr>
<tr><td>사례번호</td><td colspan="2"></td><td>대상자</td><td>사례관리자</td><td></td></tr>
<tr><td>월/일</td><td>개입시간</td><td>방법</td><td colspan="2">내용</td><td>개입/유형</td></tr>
<tr><td></td><td></td><td></td><td colspan="2"></td><td>□내방 □방문
□전화 □기타</td></tr>
<tr><td></td><td></td><td></td><td colspan="2"></td><td>□내방 □방문
□전화 □기타</td></tr>
<tr><td></td><td></td><td></td><td colspan="2"></td><td>□내방 □방문
□전화 □기타</td></tr>
</table>

〈표 12-16〉 사례관리 종결보고서 양식 예시

<table>
<tr><th colspan="5">사례관리 종결보고서</th></tr>
<tr><td>사례번호</td><td colspan="2"></td><td>대상자 / 성별/나이</td><td></td></tr>
<tr><td>종결날짜</td><td colspan="2"></td><td>소속기관 / 사례관리자</td><td></td></tr>
<tr><td>종결사유</td><td colspan="4">□ 사망 □ 타지역 이사 □ 욕구해결
□ 서비스 포기 □ 타기관 이용 □ 기관의 자원능력의 한계</td></tr>
<tr><td>구분</td><td>욕구유형</td><td>성과평가</td><td>서비스 종결 내용</td><td>서비스 제공 횟수</td></tr>
<tr><td rowspan="4">서비스 제공요약</td><td>개인수준</td><td>(/5점)</td><td></td><td></td></tr>
<tr><td>가족수준</td><td>(/5점)</td><td></td><td></td></tr>
<tr><td>기관수준</td><td>(/5점)</td><td></td><td></td></tr>
<tr><td>기 타</td><td>(/5점)</td><td></td><td></td></tr>
<tr><td rowspan="2">대상자 변화사항</td><td colspan="2">초기 상황</td><td colspan="2">종결 상황</td></tr>
<tr><td colspan="2"></td><td colspan="2"></td></tr>
<tr><td>사례관리자 종합의견</td><td colspan="4"></td></tr>
</table>

연습 문제

1. 사례관리의 목적으로 옳지 않은 것은?

① 개인의 욕구충족 및 사회 기능향상
② 공식적 · 비공식적 자원의 연계
③ 가족의 보호능력 극대화
④ 서비스 조정을 통한 효과적인 서비스 제공
⑤ 공공부문의 서비스의 질적수준에 따른 비용확대

2. 사례관리가 필요하게 된 배경으로 옳지 않은 것은?

① 복합문제를 가진 클라이언트의 증가
② 서비스전달체계 간 조정기능 부재
③ 중복서비스를 제공하는 전문기관의 확대
④ 임상적 치료모델에 대한 욕구증가
⑤ 지역사회중심의 보호 필요성 증대

3. 사례관리의 원칙으로 옳지 않은 것은?

① 서비스의 연계성
② 보호의 지속성
③ 서비스의 접근성
④ 서비스의 통합
⑤ 서비스의 표준화

4. 사례관리자에 대한 역할로 옳지 않은 것은?

① 중개자, 연결자, 조정자, 옹호자 등의 역할을 수행한다.
② 기관의 자원 기준에 맞추어 클라이언트의 문제를 사정하고 서비스를 제공한다.
③ 상담자와 치료자의 역할을 수행한다.
④ 사례관리자의 역할은 클라이언트의 욕구에 따라 업무가 달라질 수 있다.
⑤ 평가자로의 역할을 수행한다.

5. 사례관리 개입 계획을 수립하는 과정을 순서대로 옳은 것은?

ㄱ. 문제의 욕구를 사정한다.
ㄴ. 목표에 대한 우선순위를 정한다.
ㄷ. 상호간 합의된 목표를 정한다.
ㄹ. 서비스 계약을 수립한다.
ㅁ. 서비스 개입 전략을 세운다.

① ㄱ, ㄴ, ㄷ, ㄹ, ㅁ
② ㄱ, ㄴ, ㄹ, ㄷ, ㅁ
③ ㄷ, ㄴ, ㄱ, ㅁ, ㄹ
④ ㄱ, ㄷ, ㄴ, ㅁ, ㄹ
⑤ ㄷ, ㄱ, ㄴ, ㅁ, ㄹ

정답

1. ⑤ 2. ④ 3. ⑤ 4. ② 5. ④

참고 문헌

감정기 · 최원규 · 진재문, 2006. 사회복지의 역사, 나남출판

강미경, 2011. 사례관리 간접실천기술, 사례관리 전문가교육: 실무자 기초과정 자료집, 대전광역시사회복지사협회

고미영, 2003. 사회복지 지식의 정치성과 예술성, 상황과 복지, 15, pp.45-79

권중돈, 2014. 인간행동과 사회복지실천: 이론과 적용, 학지사

권진숙 · 박지영, 2015. 사례관리의 이론과 실제, 학지사

김기태 · 김수환 · 김영호 · 박지영, 2007. 사회복지실천론, 공동체

김미옥, 2014. 재혼가족의 생활적응 향상을 위한 부모교육 프로그램, 경성대학교 일반대학원 박사학위논문

김범수 · 서은주 · 손병돈 · 정재훈 · 조석연 · 최현미 · 신승연 · 최승희, 2008. 평택대학교 다문화가족센터, 다문화가족센터 파주, 2008. 다문화 사회복지론, 양서원

김성이 · 조학래 · 노충래 · 신효진, 2010. 청소년복지학, 양서원

김영희, 2013. 결혼과 가족, 양서원

김익균 · 강국진 · 신현석 · 이순배 · 이화영 · 정용민 · 조은정 · 최윤신, 2006. 사회복지실천론, 교문사

김충식 · 나용선 · 서상법 · 신상수 · 최명주, 2009. 사회복지실천론, 공동체

김혜란 · 공계순 · 박현선, 2013. 사회복지실천론, 나남출판

김혜란 · 홍선미 · 공계순, 2008. 사회복지실천기술론, 나남출판

김혜영 · 석말숙 · 최정숙 · 김성경, 2010. 사회복지실천론, 공동체

나동석 · 서혜석, 2008. 사회복지실천론, 나눔

남세진 · 조흥식, 2001. 집단지도방법론, 서울대학교 출판부

대전광역시사회복지사협회, 2011. 사례관리실천매뉴얼

도광조, 2012. 사회복지실천론, 양서원

박용순, 2006. 지역사회복지, 학지사

박주현 · 박연옥 · 김준환 · 배은숙 · 박서춘 · 박서영, 2014. 사회복지실천론, 창지사

박차상 · 김창곤 · 이현주 · 강윤경, 2014. 사회복지실천론, 창지사

법제처, 2015. www.moleg.go.kr

보건복지부, 2016. www.mohw.go.kr

보건복지부, 2010. 공공복지사례관리매뉴얼

서진환 · 이선혜 · 정수경, 2001. 현대사회복지실천이론, Malcolm, P., 1997, Modern Work Theory, 나남출판

양옥경 · 김정진 · 서미경 · 김미옥 · 김소희, 2010. 사회복지실천론, 나남출판

양정남 · 최선령, 2011. 사회복지실천론, 양서원

엄명용 · 김성천 · 오혜경 · 윤혜미, 2016. 사회복지실천의 이해, 학지사

이영분 외, 2012. 사회복지실천론. 동인

이영주 · 최경화 · 정윤태 · 김현희 · 오정아, 2015. 가족복지론, 양서원

이원숙, 2013. 사회복지실천론, 학지사

이윤로, 2008. 최신 사회복지실천론, 학지사

이준우 · 이화옥, 임원선, 2006. 사례와 함께하는 사회복지실천론, 인간과복지

1급사회복지사 시험연구회, 2008. 사회복지실천론 기출문제, 나남출판

임은희, 2010. 사회복지실천론, 학지사

조휘일 · 김선희 · 권순미 · 김정희 · 최원희, 2008. 사회복지실천론, 서현사(도)

조흥식 · 김연옥 · 황숙연 · 김융일, 2009. 사회복지실천론, 나남출판

최금해 · 오정아 · 홍기순, 2010. 사회복지실천론, 파란마음

최옥채, 2006. 교정복지론, 학지사

최혜지 · 김경미 · 정순둘 · 박선영 · 장수미 · 박형원 · 배진형 · 박화옥 · 안준희, 2013. 사회복지실천론, 학지사

한국사례관리학회, 2012. 사례관리론, 학지사

한인영 · 최현미 · 장수미, 2006. 의료사회복지실천론, 학지사

허남순 · 한인영 · 김기환 · 김용석, 2007. 사회복지실천이론과 기술, 나눔의 집

황성철, 1995. 사례관리실천을 위한 모형개발과 한국적 적용에 관한 연구, 한국사회복지

학, 27(11), pp.275-304
황철수, 2009. 사회복지실천론, 양서원

Allen-Meares, P., 1997. Analysis of Tasks in School Social Work, Social Work, 22(3), pp.196-201.

Baker, F., & Intalgiata, J., 1992. Case management in social work: Developing the professional skills needed or work with multiproblem client, Springfield, IL: Charles C, Thomas.

Barker, R. L., 1987. The Social Work Dictionary, Silver Spring: NASW.

Bartlett, H. M., 1970. The Common Base of Social Work Practice, Washington, D.C.: National Association of Social Work Inc.

Bellew, J. R., & Mink, G., 1996. Case management in social work, The Charles C, Thomans Publisher, Ltd.

Bertalanffy, L. von., 1975. Perspectives on General System Theory, New York: Braziller.

Bertalanffy, L. Von., & Laviolette, P. A., 1981. A system view of man, Boulder: Westview Press.

Biestek, F. P., 1957. The Casework Relationship, Illinois: Loyola University Press.

Bowers, S., 1949. The nautre and definition of social casework, Journal of Social Casework, 30(8), p.311.

Bronfenbrenner, U., 1979. The Ecology of Human Development, MA: Harvard Univ, Press.

Compton, R., & Galaway, B., 1994. Social Work Processes(5th ed), Belmont: Wadsworth.

Costin, L. B., 1981. School Social Work as Specialized Practice, Social Work, 26(1), pp.36-43.

Cournoyer, B., 2000. The Social Work Skills Workbook(3rd). Belmont: Brooks/Cole. 김인숙, 김용석 역, 2002. 사회복지실천기술 연습, 나남출판.

Dolgoff, R., Loewenberg, F. M., & Harrington, D, 2000. Ethical Decisions for Social Work Practice(6th ed.), Itasca : F. E. Peacock Publishers, Inc.

Fischer, J., 1978. Effective Casework Practice: An Eclectic Approach. New York: McGraw-Hill.

Friedman, N., & Sherman, R., 1987. Handbook of Measurements for Marriage and Family

Therap,. New York : Brunner/Mazel Publishers.

Germain, C. B., & Gitterman, A., 1994. The Life Model of Social Work Practice, NY: Columbia Univ Press.

Germain, C .B., 1979. Social Work Practice: People & Environments, NY: Columbia Univ Press.

Goldstein, H., 1973. Social Work Practice: A Unitary Approach, Columvia: Univ of South Carolina Press.

Gordon, W. E., 1965. Knowledge and value : Their Distinction and Relationship in the Clarifying Social Work Practice, Social Work, 10(3), pp.32-39.

Gordon, W. E., 1969. A Critique of the Working Definition, Social Work, 7(4), pp.3-13.

Hepworth, D., & Larsen, J. A., 1990. Direct Social Work Practice; Theory and Skill(3rd ed.). Belmont: Wadsworth Publishing Company.

Hepworth, D. H., Ronney, R. H., Ronney, G. D., Strom-Gottfried, K. S., & Larsen, J., 2006. Direct social work practice: Theory and skills(7th eds). Thomson Brooks/Cole.

Intalgiata, J., 1992. Improving the quality of community care for the chronically mentally disabled, In Stephen M. Rose(Ed.), Case management social work Practice(pp. 28-29), New York: Longman.

Johnson, L. C., & Yanca, S. J., 2007. Social work practice: A generalist approach(9th eds.). Pearson Education, Inc.

Karls. M., 2000. 임상사회복지 사정분류체계(PIE 매뉴얼 및 PIE 체계론), 임상사회사업연구 역, 나남출판.

Kirst-Ashman, K. K. & Hull, G. H. Jr., 1995, Understanding Generalist Practice, Chicago: Nelson-Hall Publishers.

Kumar, S, 2000. Multidisciplinary approach to rehabilitation, Butterworth Heinemann.

Levy, C., 1976. The Value Base of Social Work, Journal of Education for Social Work, 9(1), pp.32-43.

Loewenbert, F. M., Dolgoff, R. & Harrington, D., 2000. Ethical Decisions for Social Work, Practice(6th ed.), Itasca : F. E. Peacock Publishers, Inc.

McMahon, M., 1996. The General Method of Social Work Practice, Englewood Cliffs, NJ: Prentice Hall.

Miley, K. K, O'Melia, M., & Dubois, B. L., 2004. Generalist social work practice: An empowering approach, Allyn and Bacon.

Moxley, D. P., 1989. The Practice of Case Management, Sage Publications: The International Professional Publishers.

NASW, 1958. Working Definition of Social Work Practice reprinted in Donald Brieland, Historical Overview, Social Work, Sep., p.344.

NASW, 1984. NASW standards and guidelines for social work case management for the functionally impaired, Silver Spring, MD: Author.

NASW, 1995. Encyclopedia of Social Work, Maryland: NASW.

Olson, D. H., Russell, C. S., & Sprenkle, D. H., 1983. Circumplex model of marital and family systems: Family Process, 22, pp.69-83.

Olson, D. H., Sprenkle, D. H., & Russel, C., 1979. Circumplex model of martial and family system: I. cohesion and adaptibility dimensions, family types, and clinical applications, Family Process, 18(1), pp.3-28.

Perlman, H., 1957. Social casework : A problem-solving process, Chicago, IL : University of Chicago Press.

Pincus, A. & Minahan, A., 1973. Social Work Practice: Model and Method, Itasca: F. E. Peacock.

Reamer, F. G., 1995. Social Work Value and Ethic, Columbia Univ. Press.

Richmond, M., 1944. Social diagnosis, NY : Free Press.

Rokeach, M., 1973. The Nature of Human Values, NY: The Free Press.

Rothman, J., 1996. A Model of Case Management : Toward Empirically Based Practice, Social Work, 36(6), pp.520-528.

Rothman, J., 1996. The Interweaving of Community Intervention Approaches, *Journal of Community Practice*. 3(3/4), pp.69-99.

Rothman, J., 2002. An overview of case management, In Robert, A. R., & Greene, G. J.(Ed.),

Social worker's desk reference(pp. 467-472), NY: Oxford University Press.

Sheafor, B. W., & Horejsi, C. R., 2006. Technique and guideline for social work practice(4th ed.), Allyn & Beacon, Boston: MA.

Steinberg, R. M., & Carter, G. W., 1983. Case management and the elderly, Lexington Books.

Swift, C., & Levin, G., 1987. Empowerment: An emerging mental health technology, Journal of Primary Prevention, 8, pp.71-94.

Woodside, M., & MacClam, T., 2006. Generalist case management: A method of human service delivery(3rd ed.), Thomson Brooks Cole.

Zastrow, C., 1999, The Practice of Social Work(6th ed.), Practice Grove : Brooks/Cole Publishing Company.

Zastrow, C., & Kirst-Ashman, K., 2006. Understanding human behavior and the social environment, Cengage Learning.

찾아 보기

저/자/소/개

■ **최은희**

충북대학교 대학원 문학박사

현. 충북연구원 연구위원

저서 및 논문: 사회복지실천기술론(2016), 패널분석을 이용한 합계출산율에 영향을 미치는 요인분석(2016) 외 다수

■ **한애경**

충북대학교 대학원 문학박사

현. 청주시복지재단 연구원

저서 및 논문: 청주시 양성평등 기본계획 수립연구(2016), 근로빈곤층의 빈곤지위 변화 결정요인:성별과 빈곤유형을 중심으로(2015) 외 다수

■ **오정아**

충북대학교 대학원 문학박사

현. 충북대학교 아동복지학과, 백석문화대학교 사회복지학과 강사

저서 및 논문: 가족복지론(2015), 청소년의 학교폭력 가해행동에 관한 영향요인(2016) 외 다수

■ **김경은**

충북대학교 대학원 문학박사

현. 건신대학원대학교 사회복지학과 교수

저서 및 논문: 직장인의 스마트폰중독 관련변인연구(2016), 중학생의 사이버폭력 피해에 영향을 미치는 위험요인(2016) 외 다수

■ **조윤정**

충북대학교 대학원 박사 수료

전. 충북여성발전센터, 한국보건복지인력개발원 과제연구원

현. 서울디지털대학교 평생교육원 운영교수

저서 및 논문: 충북청년여성의 고용현황 및 욕구조사(2016), Estimating the Prevalence Rate of Child Physical and Psychological Maltreatment in South Korea(2016) 외 다수

사회복지실천론

1판 1쇄 인쇄 — 2017년 2월 5일
1판 1쇄 발행 — 2017년 2월 10일

저 자 - 최은희 · 한애경 · 오정아 · 김경은 · 조윤정
발 행 인 - 강 철 원
발 행 처 - 양 성 원
주 소 - 경기도 파주시 월롱산로 71
전 화 - 031-946-3861(代)
팩 스 - 031-946-3864
이 메 일 - tnwpub@naver.com
홈페이지 - tnwpub.co.kr
출판등록 - 2015년 8월 31일 제 2015-000211 호

ISBN 979-11-87118-96-1

정가 17,000원